교사는 어떻게 아이의 삶을 바꾸는가

교사는 어떻게
아이의 삶을 바꾸는가

해나 비치 · 타마라 뉴펠드 스트라이잭 지음 | 박영주 옮김

아이의 마음을 읽고
진정한 성장으로 이끄는 관계의 힘

한문화

일러두기

이 책의 바탕이 된 '관계 발달적 접근법'은 뉴펠드 연구소의 설립자인 고든 뉴펠드 박사가 개발한 이론 모델에서 영감을 받았다. 오른쪽 QR코드를 누르면 뉴펠드 연구소와 연구소의 업적에 관한 자세한 정보를 확인할 수 있다.

학생들이 자신의 감정을 표현하며, 신체 에너지를 배출하고, 배려심과 공동체 의식을 키우는 데 도움이 되는 다양한 활동을 모아 〈인사이드아웃 핸드북〉으로 소개한다. 오른쪽 QR코드를 찍은 후 코드명 'experience'를 입력하면 전체를 무료로 다운로드할 수 있다.

캐나다의 저명한 발달 심리학자이자 뉴펠드 연구소의 설립자

고든 뉴펠드Gordon Neufeld 박사

내가 이 책의 공동저자 중 한 명인 타마라 뉴펠드 스트라이잭의 아버지라는 점에서 어쩌면 독자 여러분의 편견 어린 시선을 받게 될지도 모르겠다. 하지만 장담하건대, 이 책이 지닌 가치는 나와 관련된 그 어떤 시선과도 동떨어져 있다. 해나와 타마라의 집필 과정에는 전혀 관여하지 않은 터라, 책의 마무리 과정에서 이 책을 검토하며 그 안에 담긴 메시지와 따뜻한 접근방식에 뿌듯한 마음을 감출 수 없었다. 또한 어느새 이 책에 열렬한 지지를 보내고 있는 내 모습을 발견할 수 있었다.

학습은 절대 마음의 문제와 분리될 수 없다. 학습이든, 발달이든, 성취든, 궁극적으로는 건강한 사회 구성원으로의 통합이든, 목적이 무엇이든 간에 아이들의 잠재력을 실현하는 문제의 중심에는 항상 '정서적 행복'이 있다. 이러한 인식이 우리 사회에 점차 확장되면서 나는 전 세계 수많은 지역으로 활동 영역을 넓혀, 다양한 학교를 관찰하고 연구할 기회를 얻을 수 있었다. 정서적 행복을 학교의 중심 과제로 삼아

야 한다는 데 반대하는 입장을 보는 경우는 드물었지만, 접근방법을 두고는 많은 학교가 혼란을 겪고 있음을 알 수 있었다.

그들이 고민하는 것들('교육과정에 감정 파악 능력을 추가해야 할까?' '자기 통제 기술을 가르치는 프로그램을 도입해야 할까?' '아이들 간의 사회성을 키워주는 일에 집중해야 할까?' '아이들에게 공감을 가르치는 시도를 해봐야 할까?')의 바탕에는 좋은 의도가 있었지만, 문제의 본질에 닿지는 못하고 있었다. 사실 해결책은 생각하는 것보다 훨씬 더 간단할뿐 아니라 실행하기도 쉽다.

정서적 건강과 행복에 관한 문제의 본질은 아이들이 자신의 감정을 가장 취약한 부분까지도 온전히 느껴야 한다는 데 있다. 자신의 감정을 느끼지 못하면 인간성도, 성숙함도, 회복탄력성도, 적응력도, 공감 능력도 생길 수 없다. 아이들에게 찾아온 정서적 건강의 위기는 아이들이 일상에서 자신의 감정을 온전히 느낄 기회를 상실하고 있다는 데서 비롯한다. 자신의 감정을 느끼고 건강하게 표출할 기회가 사라지면서 타인에 대한 공감 부족, 공격성 증가, 불안 증가, 참여 상실, 자살률 증가, 심지어는 정신질환의 급증이라는 결과로까지 이어진다.

그렇다면 우리 학생들이 처한 정서적 건강 및 행복의 위기에 대한 해결책은 어디서 찾아야 할까? 나는 정답의 한 축이 '관계'에 있다고 생각한다. 내가 말하는 '관계'는 흔히들 생각하는 '아이들 간에 맺는 교우관계'가 아니라, '학생과 학생을 책임지는 어른 간에 맺는 관계'이다. 아이들이 자신을 돌봐주는 어른과 맺는 안전한 정서적 유대야말로 아이들의 마음을 지켜주는 최고의 보호막이 될 수 있다. 교사와 학생 간의 유익한 관계가 정서적 건강 및 행복에 미치는 영향은 생각보다 심오하고 지속적이다. 이 책이 교사와 학생이 어떻게 관계 맺기를 해야 하는지 구체적이고 상세하게 다뤄준다는 점에서 무척 기쁘고 고맙다.

정답의 다른 한 축은 학생들에게 '감정 놀이터'를 마련해주는 데 있다. 초기 그리스 철학자들은 인간이 자신의 감정을 겉으로 표출해야만 건강한 인류 문명을 이룰 수 있다고 확신했다. 사실, 아테네에서 자유 시민으로 태어난 모든 아이들은 자신을 표현하는 수단으로 수금(고대의 현악기-옮긴이)과 성악을 배우는 것이 관례였다. 그리고 연극은 성별, 연령, 계급에 관계없이 모두가 참여하는 활동이었다.

우리가 일반적으로 '공연 예술'이라고 부르는 분야에서 시작된 감정 놀이가 인간의 정서적 건강 및 행복에 절대적으로 중요한 역할을 한다는 것은 다양한 사례와 연구 결과를 통해 확인할 수 있다. 신체 동작, 음악, 연극이 감정을 위한 놀이가 되는 순간, 치유 효과가 자연스럽게 생겨난다. 누군가에게 보여주기 위한 공연이 아닌 '경험'에 목적을 두는 것과 미리 짜놓은 프로그램이 아닌 바로 실행하기 쉬운 활동 중심으로 이끌어가는 것에 비결이 있다.

아이들의 감정을 보살펴주는 것은 많은 부분에서 우리 문명의 기본, 즉, 완전히 인간적이면서 인도적인 것의 본질로 되돌아가는 일과 연관된다. 다행인 점은, 우리 학생들을 아프게 하는 것의 해결책이 아주 가까이 있다는 것이다. 교사는 학생들의 보호막이 되어줘야 할 뿐만 아니라, 학생들의 정서적 건강과 행복을 지켜주는 역할을 해야 한다. 이 과정을 통해 학생들의 진정한 모습을 이끌어내고 삶을 변화시킬 수 있다. 해나와 타마라의 오랜 연구와 경험에서 비롯한 지혜와 성찰이 담긴 이 책이 당신에게 큰 도움이 될 것이라 확신한다.

차례

여는 글

"행동은 관계 속에서만 의미를 가지며,
관계에 대한 이해 없이는 어떤 행동이든 갈등만을 낳을 뿐이다.
관계를 이해하는 일은 그 어떤 행동 계획을 세우는 것보다 중요하다.[1]

인도의 철학자 지두 크리슈나무르티Jiddu Krishnamurti

이 책이 나오기까지

해나의 이야기

감정 건강과 포용을 주제로 교사 대상의 워크숍을 진행하다가 교사들과 전반적인 업무 피로감에 관한 이야기를 나눈 적이 있다. 교사들은 학급에서 발생하는 학생들의 공격적인 행동에 진이 빠지고 매일 아침 교실에 들어서는 일이 두렵다고 하소연했다. 그들은 자신들을 힘들게 하는 것은 학업 요인이 아니라, 학생들의 문제 행동이라고 입을 모았다. 교사들은 요즘 학생들이 교육자나 또래 학생 할 거 없이 모두에게 소리 지르고 욕하며 때리고 놀리며 괴롭히는 모습을 보인다고 우려했다. 교사들은 더 이상 자신의 역할이 중요하지 않게 느껴질 때가 많으며, 자신들의 영향력 또한 미미하다고 느꼈다.

　　그전부터 여러 교사들로부터 비슷한 이야기를 들어왔지만, 그날 따라 유독 교사들이 보인 지치고 절망한 모습에 내 마음이 움직였다. 어쩌면 그날 아침 워크숍 장소까지 운전하고 가던 길에 라디오에서 들은 '인기 있는 아기 이름 사연'에 영향을 받았는지도 모르겠다. 라디오 프로그램의 진행자들이 당부하길, 아기의 이름을 뭐라고 짓든 상관없지만 아이가 학교에서 심한 놀림을 받을 수 있으니 좋지 않은 것을 연상시키는 발음만은 피해달라고 했다. 출연자들 모두 박장대소했지만, 나는 우리 문화가 학교 안의 놀림이나 괴롭힘 문제를 수용하는 방식에 적잖이 충격을 받았다. 학교에서는 특이한 이름을 가져서는 안 되며, 눈에 띄는 옷을 입지 말아야 하고, 자신의 진짜 모습을 드러내지 않아야 한다는 데 암묵적으로 동의하고 있는 셈이 아닌가. 개성은 학교 문화 속에 흡수되지 못한 반면, 배려심 결여와 놀림은 일상으로 자리 잡은 것이다.

한편, 교사들은 자신의 역할이 얼마나 중요한지에 대한 인식 또한 잃어가고 있었다. 그들은 자신이 학생들의 삶에서 그 어느 때보다도 절실하게 필요한 존재임을 깨닫지 못했다.

나는 잠시 멈춰, 아이들이 성장하는 과정과 건강한 공동체가 발달하는 방식을 생각해보며, 우리 문화가 아이들을 건강하게 지원하지 못하고 있는 상황에 대해서도 찬찬히 되짚어봤다. 그러다가 고든 뉴펠드 박사의 저서를 처음 접했던 순간을 떠올렸다. 나는 우연한 기회에 그분이 집필한 책《아이의 손을 놓지 마라》를 읽었다. 나에게는 인생의 전환점이 된 순간이었다. 그분의 통찰은 학문적으로 흥미로울 뿐 아니라 본능적으로 마음속 깊이 울림을 주었다.

뉴펠드 박사는 내가 매일 하고 있던 일을 명료하게 정리해 주었는

데, 개인을 변화시키고 건강한 공동체를 구축하는 데 '관계'와 '감정 놀이터'를 활용하는 것이었다. 이전까지 명확하게 정의할 수 없는 영역처럼 느껴졌던 인간 잠재력의 발현과정을 명쾌하게 풀어낸 것이다. 이 접근법에 대해 더 깊이 있게 배우기 위해 방법을 찾아 나섰고, 결국에는 뉴펠드 연구소에서 강연자의 자리까지 오게 됐다.

교사를 대상으로 전문성 개발 교육을 진행하면서, 나는 뉴펠드 박사의 관계 발달적 접근법에 아이들과 학습 공동체의 감정 건강을 지원하는 방법을 접목하기 시작했다. 뉴펠드 박사의 통찰을 통해 왜 감정을 밖으로 표현해야 하는지 알 수 있었고, 거기에 더해 교사가 교실 안에서 아이들의 감정을 되찾도록 도와주는 적용법을 개발했다. 적절한 체계와 도구가 생겨나면서, 어려움을 겪는 교사들을 지원할 방법을 찾아주는 일에 더 큰 희망을 품을 수 있었다.

연구소에서 일하는 동안, 연구소의 공인 임상 상담 전문가이자 고든 뉴펠드 박사의 딸인 타마라를 알게 됐다. 나는 그녀가 진행하는 워크숍에 참석해 강의를 들었고, 그녀가 사람들을 따스하게 품어 학습 과정으로 끌어들이는 모습에 마음을 완전히 빼앗겨버렸다. 그녀의 모든 행동에는 진심과 겸손이 가득했다. 아이들에게 다가가는 그녀만의 직관적인 방식은 내 마음에 깊은 울림을 주었고, 그녀가 다른 사람들의 역량을 끌어내는 모습도 내 눈으로 지켜볼 수 있었다.

또한 타마라가 교육자, 학부모, 상담가와 함께 일하며 전 세계 아이들의 삶을 어떻게 변화시켰는지 많은 사람을 통해 들을 수 있었다. 그녀와 함께 일하고 프로그램을 개발하면서, 나는 수년간 마음속에 담아둔 책을 함께 쓰기에 더할 나위 없는 친구를 만났다는 것을 깨달았다.

타마라의 이야기

교사 및 교직원을 대상으로 아동 발달 워크숍을 진행해오면서 그들의 무기력한 모습을 너무나 많이 목격했고 심지어 공포와 두려움까지 보았다. 내가 이 여정을 처음 시작한 때는 12년 전으로 거슬러 올라간다. 한 중학교에서 사이버 왕따 사건 해결을 도와달라고 의뢰해왔는데, 당시에는 이런 사건이 비교적 새로운 현상에 속했다.

그때부터 학생, 교사, 학부모를 대상으로 마음을 치유하고 각자의 공동체에서 변화를 일으키려는 시도를 할 수 있도록 돕기 시작했다. 나는 학생들이 학습하고 성장할 수 있는 안전한 환경을 만들어 주는 일에 의욕이 넘쳐 있었다. 그러면서 학생들에게 '관계'가 주는 안정감과 '표현할 기회'가 필요하다는 깨달음을 얻었다. 특히 교내 음악, 미술, 연극 프로그램을 지지했는데, 그 안에서 학생들이 성장할 수 있는 엄청난 가능성을 보았기 때문이다.

그로부터 10년 후, 나는 뉴펠드 연구소에서 일하고 있다. 이곳은 임상 심리학자이자 발달 이론가인 나의 아버지 고든 뉴펠드 박사가 설립한 곳으로, 아동을 이해하고 부모와 교사의 손에 주도권을 다시 쥐여주는 일을 사명으로 하는 비영리기관이다. 연구소에서 중점적으로 다루는 주제는 인간의 잠재력 발현, 관계의 중요성, 인간의 연약함과 방어벽 이해, 놀이를 통한 표현의 필요성이다. 연구소에 처음 들어갔을 때부터 이러한 내용이 가장 필요한 사람들을 위한 강의를 만드는 일을 아버지와 함께 해오고 있다.

해나를 알게 된 건, 9년 전쯤 몬트리올에서 열린 학회에 참석했을 때였다. 놀이와 신체 동작을 통한 감정 표현을 다루는 그녀의 책을 소개받았는데, 학교에 변화를 가져오는 혁신적인 접근법에 감탄을 금치 못했던 기억이 지금도 생생하다. 관계, 경험 기반 교육, 표현을 중심에 둔 그녀의 작업을 보는 순간, 내가 아동 및 청소년을 대상으로 하는 일과 개인적으로 진행하는 상담 과정에 딱 맞아떨어진다고 느꼈다.

그렇게 몇 년이 지나고, 그녀가 만든 경험 기반 프로그램을 참관할 기회가 생겼는데, 전국 각지에 사는 여고생을 몇 명 선발해 밴쿠버 섬으로 데려와 밴쿠버 아일랜드 대학교에서 자신들의 작품을 선보이게 하는 것이었다. 이 여학생들은 포용적 자아 발견 및 공동체 구축을 지원하는 단체에서 사회 문제 탐구의 일환으로 선발한 대상이었다. 학생들은 배경, 능력, 종교, 피부색, 체격까지 모두 달랐다. 해나의 프로그램에 합류하기 전까지는 연극이나 춤을 접해보지 못한 학생들이 대부분이었다. 이 소녀들은 자신의 고단한 일상, 사회에서 부당한 대우를 받은 경험, 자신에게 중요한 신념을 신체 동작이나 예술작품으로 표현했다. 나는 이 활동에 크게 감동받았고, 학생들을 향한 해나의 헤아릴 수 없이 깊은 마음에, 그리고 표현과 발견을 위한 기회를 마련해준 그녀의 방식에 깊은 영감을 얻었다.

학생들을 대상으로 한 해나의 경험 중심 활동은 계속 성장하며 국민적 관심을 얻었다. 그녀는 캐나다 전역의 학교와 모든 연령대의 아이들을 대상으로 한 프로그램을 개발하고 있었다. 얼마 전 캐나다 인권 위원회(Canadian Human Rights Commission)에서는 캐나다에서 인권을 위한 변화를 선도하는 캐나다인 5인의 사례를 소개했는데, 해나가 그 중 한 명으로 선정되었다. 수많은 대학의 교육학과에서는 해나의 혁신적인 접근법을 학생들의 정서적 성장을 지원해줄 대안으로 보았다.

해나가 연구소의 강연자가 되면서 나는 그녀가 하는 일을 더 가까이서 볼 수 있었다. 그래서 해나가 이 책을 함께 만들자고 제안해왔을 때 흥분을 감출 수 없었다. 따스함과 열정, 투지와 끈기를 가진 사람과 같은 비전을 갖고 함께 일하는 것은 그 자체로 선물이다.

함께 전하는 이야기

우리 둘 다 교육자, 상담가, 교육 위원회, 학부모에게 변화를 일으키는 법을 주제로 상담을 의뢰받은 경험이 있다. 우리는 도심과 시골 지역 모두에서 학습 공동체 속 감정 건강을 주제로 한 워크숍을 개발하고 함께 진행하기 시작했다. 그리고 지역 대학의 교육학과 교수진을 대상으로 관계 및 발달적 관점에서 본 아동 발달 강의를 함께 하기 시작했다.

우리는 학생들의 불안과 공격성을 낮추고, 학교에 활기를 되찾아주며, 배려심과 공동체 의식을 불러일으킬 수 있는 방법에 대해 살펴봤다. 수많은 토론과 셀 수 없이 많은 야간작업을 거치고 나서야 책이 형태를 갖추기 시작했다.

20년 넘게 아이들과 교사들을 대상으로 실시한 체험활동을 바탕으로, 감정적, 사회적 건강 프로그램을 개발했다. 그런 다음 캐나다 여러 지역에서 따로 그리고 함께 시행해왔다. 이 모든 경험에 아동 및 교육자를 향한 우리의 마음을 더해 이 책에 담았다.

우리는 아이들이 교실 안에서뿐만 아니라 학교 울타리 밖에서도 감정적으로 건강할 수 있도록 돕는 일을 임무로 삼았다. 또한, 교사들이 보다 수월하게 성취감을 느끼며 일할 수 있도록 교사들 곁에서 학생들을 지원하는 중요한 업무도 수행해왔다. 수많은 훌륭한 교육자들 곁에서 함께 일하며 다양한 사연을 소개할 수 있어 영광으로 생각한다.

이 책의 저자는 두 명이지만, 한 명이 작성한 것처럼 이야기를 풀어가기로 했다. 우리 각자가 가진 경험은 특별하지만, '나, 해나는' 또는 '나, 타마라는'이라고 표현한다면 독자가 집중하는 데 방해 요인이 될 것이라 생각했다. 따라서 독자들이 쉽게 읽을 수 있도록 각자의 이야기와 경험을 섞었다.

또한 학생들과 교사들의 신원을 보호하기 위해 이름과 소속을 변경했다. 학생이나 교사의 이름 옆에 성이 들어가 있는 것은 실명이며, 책에서 실명을 언급하는 것에 동의한 경우다.

이 책에서 제시하는 접근법의 특징

교육계의 제도 변화는 이 책에서 논외로 한다. 우리 둘 다 제도 변화가 학교 내 감정 건강을 증진하는 데 도움이 될 것이라고 본다. 예컨대, 소규모 교실일수록 교사가 학생과의 관계를 발달시키는 데 더 많은 시간과 여력을 쏟을 수 있을 것이고 특별한 도움이 필요한 학생들을 더 많이 지원할 수 있을 것이다. 하지만 우리는 이 책이 주변의 여러 여건에 상관없이 아이들을 상대하는 모든 교육자에게 유용할 수 있기를 바랐다.

이 책은 모두를 위한 책이다. 야외활동을 하지 못해도, 콘크리트에 둘러싸인 혼잡한 교실 속에 있어도, 교장 선생님과 교육 위원회가 엄격하더라도, 교육과정에 목소리를 낼 만한 권한이 전혀 없다고 해도 그에 상관없이 누구나 도움을 받을 수 있다.

제도 변화로 보다 나은 정서적, 사회적 건강을 위한 환경을 마련하는 데 어느 정도 도움을 받겠지만, 그것이 핵심 요소는 아니다. 관계가 가진 힘, 아이들이 성장하고 학습하는 방식, 행동 이면의 의미, 그리고 건강한 공동체를 위한 변화 전략 수립 방법을 이해하는 과정에서 얻게 되는 통찰력이야말로 가장 현명한 길을 제시해줄 것이다.

　　이 책은 변화가 어떻게 일어나고, 어디서 비롯하는지 당신에게 알려줄 것이다. 단계라거나 마땅히 따라야 하는 전략 같은 것은 없다. 이 책은 당신을 슈퍼히어로가 되도록 도와주지 않는다. 완벽한 교사로 만들어주지도 않는다. 이 책은 인간이 다른 누군가에게 영향을 미치는 데 필요한 가장 본질적인 것으로 돌아가 유대와 애착이라는 인간 욕구의 근원을 살펴보는 것에 중점을 둔다. 이 책을 통해 당신은 아이들에게 어떤 종류의 유대가 필요한지, 교실 속 지도자인 당신에게 애착을 갖게 하려면 어떻게 유대를 쌓아야 하는지 확실히 알게 될 것이다.

"정원사가 식물을 자라게 할 수는 없다.
정원사의 역할은 최적의 환경을 마련해 주는 것이다."[2]

세계적인 석학이자《엘리먼트Element》의 저자 켄 로빈슨Ken Robinson

1장

교실의 현실

1
이상과 현실

이상적인 교실의 모습

마음속에 '이상적인 교실'을 그려 보자. 매일 아침 가고 싶은 교실, 교사들이 의욕적으로 지도하는 교실, 학생들이 즐겁게 배우고 생활하는 교실. 그런 교실은 어떤 모습, 어떤 느낌일까? 여러분 각자가 꿈꾸는 이상적인 교실의 모습은 다르겠지만, 학생들에게서는 다음과 같은 공통점을 발견할 수 있을 것이다.

- 수업에 적극적으로 참여한다.
- 교실이 안전하다고 느낀다.
- 실수나 모험을 하는 데 거리낌이 없다.
- 호기심이 충만하다.
- 학업에 몰입할 줄 안다.

• 학습에 열의와 흥미를 보인다.

이상적인 교실 속 학생들은 위의 공통점을 바탕으로 한 걸음씩 성장하는 모습을 보여줄 것이다. 이 책을 읽는 독자들은 이런 교실이 현실에서는 불가능하다고 생각할지 모른다. 하지만 여기서 한 단계 더 나아가 '이상적인 학급 문화'에 대해서도 생각해보자. 이상적인 학급 문화 속에서 학생들은 다음과 같은 모습을 보일 것이다.

• 자신이 속한 학급 공동체에 관심을 갖는다.
• 서로의 차이에 대해 호기심을 보인다.
• 서로의 관점에 열린 마음을 갖는다.
• 서로를 친절하게 대한다.
• 서로의 의견을 존중한다.
• 안전한 문화 형성에 기여한다.
• 감정이 풍부하다.
• 유대를 맺고 있다.

'이상적인 학급 문화'란 학생 각자의 개성이 돋보이면서도 학생들이 서로 연대하는 문화이다. 이 정도면 엄청나게 큰 꿈을 꾸고 있는 것이 맞지만, 이왕 시작한 김에 최고의 환경을 완성해보자. '이상적인 학급 문화가 있는 성장형 교실' 속의 학생들은 세상에 자신을 드러내고 싶어 할 것이다. 각자 자신이 가진 특별한 재능과 역량을 깨닫고, 자신의 재능으로 세상에 기여할 방법을 찾을 것이다. 이러한 교실에는 교사와 학생이 모두 함께 만들어가는 학급 문화가 존재한다.

교사가 교실에 없어도 학급 문화는 달라지지 않는다. 학생이 성장해 독립적인 성인의 모습에 가까워질수록, 교사의 존재 여부와 무관하게 학생은 변함없이 학업을 수행하고 서로를 존중할 것이다. 학생은 교사에게 잘 보이려고 예의 바르게 행동하거나 수업에 집중하거나 서로에게 친절하게 대하는 대신, 그러한 행동의 동기를 자신의 내부, 즉 각자의 내적 동기 및 학습 욕구에서 찾는다. 또한 이러한 동기는 긍정적인 학급 문화 형성에 기여하고 세상을 보다 나은 곳으로 만드는 데 참여하려는 마음에서도 비롯할 것이다.

이런 환경에서 학생들을 가르치는 교사는 뚜렷한 성취감과 의욕을 느낄 수 있다. 학생이 학업에 열중하는 만큼, 교사도 가르치는 것에 진정으로 열의를 품을 수 있다. 학생들은 교사에게 충족감을 안겨주고 활력을 불어넣을 것이다. 또한 학생과 교사가 함께 성장할 수 있을 것이다.

교사의 소명은 학생들 한 명 한 명의 마음속에 성장의 불씨를 심어주고, 영감을 불어넣어 주며, 학습에 도움을 주고, 학생이 자신의 가능성에 눈뜨게 하고, 서로에게서 장점을 찾고 인간미를 느낄 수 있게 돕는 것이다. 이렇게 이상적인 환경에서 가르친다면, 교사는 교육자로서의 소명에 점점 가까워지고, 교사라는 직업에서 의미와 목적을 찾을 수 있을 것이다.

그럼 이제, 이상적인 교실에 관한 이야기는 잠시 멈추고 '현실 속 교실'을 들여다보자. 상당수 아니 너무나 많은 교실의 실제 모습은 다음과 같다.

현실 속 교실의 모습

교실은 교사, 학생 할 것 없이 너무 많은 사람에게 감당하기 힘든 장소가 되어버렸다. 교실에는 불안한 아이들이 넘쳐나며, 학생들은 갖가지 방식으로 내면의 두려움을 표출한다. 아이들의 공격성이 점점 증가해 자기 자신이나 또래 친구에게 언어적으로나 신체적으로 폭력을 행사하는 경우를 겪어보지 않은 교사는 거의 없다. 학생은 교사에게 온갖 문제를 들고 오며, 많은 학생이 까다롭게 굴거나 자기 멋대로 행동한다. 어떤 학생들은 마음의 문을 걸어 잠그고 주변에 관심을 보이지 않는다. 학생들 간에 놀리고 조롱하는 모습을 수없이 목격할 수 있다.

거의 모든 학교에서는 아이들의 안전을 위해 교사가 신경 써야 할 큰 걱정거리로 '왕따 문제'를 꼽는다. 교실에 무질서, 불안, 이해할 수 없는 행동이 넘쳐나는 상황에서 교사가 이상적인 교실을 만들어갈 방법을 찾는 것은 어쩌면 불가능한 일처럼 느껴질지 모른다. 교사는 그저 이탈하는 학생 없이 문제없는 수준 정도만 유지하는 방법을 찾고 있을지도 모른다. 교사는 그저 하루를, 한 주를, 한 해를 무사히 지낼 방법을 궁리하느라 여념이 없을지도 모른다.

나 역시 그런 상황을 수없이 겪어봤고, 이것이 얼마나 힘든 일인지도 잘 알고 있다. 아이들 문제로 고민하는 중에도 '이 상황을 해결하려면 내가 어떻게 해야 하지? 학생들을 변화시키는 일이 가능하긴 한 걸까?'라는 궁금증이 머릿속을 떠나지 않았다.

당신이 아이들을 가르치는 교사라면, 이 책을 읽는 이유 중에는 당신의 소명을 실천하려는 목적도 포함되어 있을 것이다. 학생들이 예의 바르게 행동하거나 적극적으로 참여하기를 바라는 것은 단지 일을 좀 더 수월하게 하려는 목적이 아니라(당신이 그저 쉬운 일을 원했다면 교직을 선택하지 않았을 것이다!) 교사라는 직업이 당신의 소명에 가깝기 때문일 것이다. 교사 대부분은 아이들에게 먼저 손을 내밀고 학생 각자가 최상의 모습이 될 수 있도록 도우려 한다. 혼란스러운 상황이나 문제 행동에 가로막혀 이러한 소명을 다하지 못할 때 교사는 결국 지치고 만다.

당신이 이 책을 든 이유는 두렵고 힘들고 지치는 상황 속에서도 희망의 끈을 놓지 않고 더 나은 미래를 꿈꾸기 때문일 것이다. 당신의 내면에는 변화를 만들겠다는 소망과 더불어 할 수 있다는 믿음도 자리할 것이다. 변화가 쉽게 혹은 바로 찾아오지는 않겠지만, 이상적인 학급 문화가 있는 성장형 교실을 만들고 아이들의 삶을 변화시키겠다는 꿈은 확실히 실현 가능하다. 매일 진을 쏙 빼놓는 아이들을 머릿속에 떠올려보면, 지금으로서는 그야말로 말도 안 되는 소리처럼 들릴 것이다. 하지만 그런 학생들이야말로 당신이 이 책에서 얻게 될 지식과 통찰을 통해 변화하는 '최고의 수혜자'가 될 것이다.

2
관계와 애착이 먼저다

학생이 교사를 따르게 하는 법을 파악하려면, '관계'와 '애착'이라는 개념을 먼저 이해해야 한다. 아마도 당신은 왜 교사가 관계와 애착에 신경을 써야 하는지 의아해 할지도 모른다. 애착(attachment)이라는 단어를 들으면, 대개 유아들이나 육아를 떠올리는 경우가 많을 것이다. 도대체 애착이 가르치는 일과 어떤 연관이 있는 걸까? 우선 가르치는 일, '교수'의 진정한 의미부터 정리해보자.

- 교수란 학생이 배우고 성장하도록 돕는 일이다.
- 학생이 자신의 역량을 발견하고 키울 수 있도록 돕는 일이다.
- 학생이 서로의 재능과 강점을 볼 수 있도록 돕는 일이다.
- 학생이 자신의 잠재력을 볼 수 있도록 돕는 일이다.
- 모범을 보이는 일이다.
- 지식을 전하는 일이다.

이를 실천하려면, 먼저 학생이 교사의 지도를 잘 따르게 해야 한다. 신뢰하지 않거나 정서적으로 안전하지 않다고 여기는 대상을 따르는 일은 불가능하기 때문이다. 인간은 자신이 존중하지 않거나 유대를 맺지 않은 사람의 말에는 흔쾌히 귀를 기울이지 않는다. 이러한 이유로 교사가 시간을 들여 관계를 맺으려고 노력하지 않으면, 학생은 교사를 존중하지도 신뢰하지도 않을뿐더러, 교사의 말을 들으려 하지도 않을 것이다.

바로 이것이 교수 환경에서 애착이 갖는 의미이다. 애착이 있어야만 학생은 교사를 우러러보고 교사의 지도를 기꺼이 따를 수 있다. 하지만 이론으로는 애착에 관해 이해한다고 해도, 현실에서 학생을 지도하고 학생과 관계를 맺는 일이 너무나 힘들다. 그 이유는 무엇일까? 어쩌다 학생과 관계를 맺고 지도하는 일이 이토록 힘들어졌을까? 그 배경에는 예전과 너무나 달라진 '문화'가 있고, 아이들이 변화에 빠르게 반응하는 '현상'이 있다.

아이들은 더는 예전과 같은 방식으로 어른을 우러러보지 않는다. 아이들은 교사에게 지도를 받으려고 교실로 오지 않는다. 아이들이 과학기술을 이용해 서로 더 쉽게 소통하면서, 어른들과 유대를 맺을 기회가 줄어든 데다, 대면 소통이 매우 어렵고 불편한 일이 되어버렸기 때문이다. 또한 아이들이 즉흥적인 놀이의 기회를 상실하면서, 주변 세상을 탐색하고 체득할 기회도 사라져버렸기 때문이다. 각각의 요인에 대해 자세히 살펴보자.

어른을 지도자로 생각하지 않는 아이들

요즘 아이들은 교사를 지도자로 우러러보지 않는다. 비단 교사뿐만 아니다. 자신의 부모나 주변의 어른도 더는 인생의 지도자로 여기지 않는다. 그야말로 교수와 양육이 훨씬 더 힘든 일이 되어버렸다. 베이비부머(제2차 세계대전 후인 1946~1965년 사이 태어난 사람들-옮긴이) 이전 세대들은 아이들이 자신의 유년 시절과 비교해 어른을 공경할 줄도 모르고 예의도 없다며, "나 때는 말이야…"와 같은 말로 불만을 토로한다.

하지만 어린 자녀를 둔 부모들과 아이들을 매일 상대하는 교사들은 아이들의 공경심 부족이나 예의 없음을 넘어 직감적으로 무언가 더 크게 잘못되었음을 느낀다. 요즘 아이들에게서는 아이다운 모습을 찾아보기 힘들다. 아이들은 어른의 말을 들으려 하지 않고, 단순한 일이나 새로운 것에 호기심이나 흥미도 덜해 아이답지 않아 보이는 경우가 많다. 십 대로 접어들기 한참 전부터 '쿨해져서' 이미 모든 일을 다 겪어본 양 매사 심드렁하다.

게다가 아이들 대부분이 주변에 또래 친구나 전자 기기가 없으면 쉽게 따분해 한다. 이제 아이들은 예전만큼 혼자서 창의적인 놀이를 하지 않으며, 많은 부모는 아이가 혼자 노는 유일한 시간이 아이패드나 게임을 할 때라고 입을 모아 말한다.

양육 방식 또한 달라졌다. 요즘 부모들은 그 어느 때보다 적극적으로 아이의 요구사항을 들어주려 애쓴다. 아이가 스트레스를 받지 않게 하거나 떼쓰지 않게 하려다 보니, 아이를 살살 구슬리거나, 비위를 맞추거나, 모든 것을 주도해서 대신해준다. 그러다 아무리 노력해도 별

효과가 없을 때, 즉 아이가 말을 듣지 않아 감당하기 힘들어지면 결국에는 애원하거나 원하는 것을 무조건 들어주거나 상벌을 주게 된다. 이것조차 먹히지 않으면, 마침내 분노가 폭발하고 자신에게는 '부모가 갖춰야 할 가장 기본적인 자질도 없다'는 좌절감에 젖는다.

부모와 자식 간의 관계가 이처럼 단절되면 교사에게도 영향이 있다. 오랜 세월 동안 교사는 부모와 함께 '지도 팀'의 일원을 담당했다. 교사는 부모와 한편에 서서, 아이가 배우고 성장하고 최고의 잠재력을 발휘할 수 있도록 도왔다. 그런데 부모와 자식 간의 관계가 단절되면, 교사의 교수 활동에도 영향을 미쳐 교사와 학생 간의 관계도 단절될 수 있다.

부모와 교사가 아무리 아이와의 관계를 바로잡아보려 노력해도 아이들은 단단한 바위처럼 버거운 존재로 느껴질 것이다. 어른의 말을 듣지 않는 것을 당연하게 여기는 아이들이 너무나 많다 보니, 부모나 교사가 스승이나 지도자 같은 역할을 맡는 일이 힘들어졌다. 역설적이게도 우리는 그 어느 때보다 아동 발달에 관해 많이 알고, 역사상 유례가 없을 정도로 많은 사람이 양육과 교수에 관해 배우는 시대에 살고 있다. 그렇다면 대체 무엇이 달라진 걸까? 왜 이렇게 된 걸까?

앞서 말했듯이 일단 아이들이 자라나는 문화가 달라졌다. 아이들은 이제 어른에게 인생의 지혜와 지도를 구하지 않는다. 이렇게 문화가 변하면서 아이들은 자신을 보살피는 어른과 단절되었고, 어른의 지도에 자연스레 마음을 여는 문화적 환경도 사라져버렸다. 교사가 성공적으로 지식을 전달하려면, 아이가 수용적인 태도를 보여야 한다. 교수의 비결은 교사가 무엇을 '하는가'에 있지 않고, 교사가 아이에게 어떤

'존재인가'에 있다. 아이가 교사를 존경하는 대상, 지도를 구할 대상으로 바라봐야 한다. 결국 교사가 자연스럽게 지도력을 발휘하려면 아이가 교사에게 애착부터 가져야 한다. 이것은 기술을 더 많이 익히거나 정확한 기술을 적용하는 문제가 아니라, 교수에서 '관계'가 차지하는 역할을 이해하는 문제에 해당한다. 학생이 자연스럽게 교사의 지도를 따르게 하려면, 학생이 교사와 어떤 관계를 맺어야 하는지부터 생각해야 한다.

교사의 효과적인 지도 능력을 갉아먹는 가장 위협적이면서 핵심적인 문제는 아이들이 또래에 대해 갖는 애착이 증가하는 것이다. 아이들에게 친구가 없어야 한다는 말이 아니다. 친구를 사귀는 일은 아이의 삶에서 가장 자연스럽고 건강하고 신나는 일이지만, 요즘 아이들은 건강한 우정의 정도를 넘어서는 방식으로 서로에게 애착을 보인다.

제2차 세계대전 무렵부터 젊은 사람들은 부모나 교사, 주변의 책임감 있는 어른 대신 서로에게 의지해 지도, 설명, 조언을 구하고, 서로의 행동을 본보기로 삼았다. 하지만 아이들이 서로를 지도하는 것은 절대 자연스러운 일이 아니다. 그런데 지금 그런 상황이 일어나고 있다. 오늘날 아이들은 자기들끼리 맺은 유대 관계로 어른과 맺어야 할 관계를 대체한다. 아이들이 또래와의 유대 관계를 삶에서 가장 중요한 관계로 인식하는 경우가 많기 때문에 아이들을 지도해보려 애쓰는 어른들의 노력은 제대로 힘을 발휘하지 못한다.[3] 요즘의 문화에는 아이들이 살아가면서 어른에게 애착을 갖도록 도와주는 의식이나 제도가 존재하지 않는다. 부모와 마찬가지로 교사도 학생들에게 도움을 주기 위해 그 어느 때보다 더 많은 정보력을 갖추고 더 열심히 노력하지만,

학생들은 그 어느 때보다 교사에게 반항하며 수업 중에도 여러 문제행동을 보인다. 부모가 자녀의 양육에 필요한 애착을 갖기 힘든 것처럼 교사는 교수에 필요한 애착을 상실했다. 그리고 그것을 되찾기 전까지는 가르치는 일이 절대 수월해지지 않을 것이다.

어른과 아이의 유대를 방해하는 과학기술

과학기술은 경이롭다. 인간에게 대단한 발견을 안겨주었고 완전히 새로운 세상을 열어주었다. 하지만 이러한 혜택과 더불어 아이의 삶을 아주 힘들게 만드는 데도 어느 정도 일조했으며, 다양한 측면에서 아이가 어른과 맺는 유대 관계를 바꿔놓았다.

그중 하나는 아이에게 지식을 전달하는 방법이다. 과학기술은 어른의 역할 중에서 아이에게 적절한 시기에 적절한 방법으로 정보를 전달하는 일을 차단해버렸다. 아이는 이제 어른의 지도 없이도 과학기술에 의지해 즉각적으로 답을 얻고, 수년은 지나야 받아들일 만한 정보를 미리 습득하는 경우가 많아졌다. 아이가 어른보다 먼저 새로운 기술과 정보를 얻는 경우도 많다 보니, 아이는 어른에게 배울 것이 없다고 느끼고 어른이 지식 전달자로 부적절하다고 생각할 수 있다.

과학기술이 아이의 생활에 스며든 방식 또한 어른이 학생들과 관계 맺는 일을 더욱 힘들게 만들었다. 상당수의 아이는 다른 사람과 직접 소통할 기회를 놓치고 있는데, 이는 아이들의 우정이 화면 너머로 이루어지는 경우가 많기 때문이다. 많은 아이가 대면 소통이나 전화

통화보다는 메시지 교환이 훨씬 더 편하다고 말한다. 이런 성향이 강해질수록 학생들과 대화하고, 눈을 맞추며, 유대를 맺는 일이 훨씬 더 힘들어진다.

과학기술 덕분에 아이는 부모, 형제자매, 선생님 등 누구와 함께 있더라도 가상공간에서 친구들과 함께할 수 있다. 아이들은 이제 훨씬 더 많은 시간을 자기들끼리 보낸다. 학교에서 내내 같이 있다가 방과 후에는 소셜미디어에서 만나 잠드는 순간까지 함께하는 경우가 허다하다. 아이의 생활 속에 다른 사람이 끼어들 틈을 거의 찾아볼 수 없을 때도 있다.

'유대'는 인간이 가진 가장 강력한 욕구이기에, 아이가 또래와 맺는 유대는 어떤 형태가 됐든 정서적으로 충만하고 심리적으로 안정감을 줄 것으로 생각할지 모른다. 하지만 실제로는 정반대의 상황이 펼쳐지고 있다. 아이들은 새로운 문화 속에서 혼란스러워 한다. 과학기술은 아이들에게 필요한 연결을 가져다주는 게 아니라, 오히려 아이들을 갈라놓고 있다. 아이가(사실상 모든 인간이) 사랑받고 인정받고 싶다고 바라는 것은 자연스러운 일이지만, 소셜미디어는 아이에게 필요한 종류의 인정을 안겨주지 않는다. '좋아요'와 '싫어요'로 평가받거나, 악성 댓글을 받는 처지가 되는 것과 같은 방식의 상호작용으로는 그 누구도 가까워질 수 없다. 게다가 화면 뒤에 있으면 상대방이 받는 상처를 맞닥뜨리지 않으므로 무정하게 상처 주는 말을 하는 일이 훨씬 더 쉬워진다. 아이들은 그 어느 때보다 서로 연결되어 있지만, 그 결과 더 외롭고 불안해졌다.

미국의 심리학자 셰리 터클Sherry Turkle은 자신의 저서《외로워지는 사람들(Alone Together)》에서 이러한 현상에 관해 이야기하면서 유대, 소속, 애정이라는 가장 기본적인 욕구가 인간을 특정한 형태의 과학기술에 민감하게 반응하도록 만들었다고 설명했다. 터클은 "과학기술이 인간의 취약한 부분을 건드리는 순간 치명적으로 변한다. 인간은 아주 취약한 존재다. 인간은 외로워 하면서도 친밀감을 두려워한다. 디지털의 연결은 우정을 쌓지 않고도 교제할 수 있다는 환상을 심어준다."라고 기술한다.[4]

현재의 문화가 아이의 삶에서 '어른과 맺는 관계'를 빼앗아가면서, 아이들이 이러한 공백 속에서 방향을 잃는 일이 많아졌다. 그러다 보니 아이들은 더욱 연대를 갈망하고 화면 뒤에서 서로에게 손을 뻗으며, 심지어는 잘 알지도 못하는 사람에게 다가가기도 한다. 아이의 학습 및 정서적, 사회적 행복에 가장 큰 영향을 미치는 것은 '아이가 누구와 어떻게 관계를 맺고 있는가'이다. 교사는 학생들의 삶 속에 함께하는 어른으로 학생들이 실질적이고 인간적인 유대를 맺을 수 있는 시간과 공간을 보호할 방안을 찾아야 한다.

놀이의 기회를 빼앗긴 아이들

어린이와 청소년에게 자유 놀이시간이 주어지지 않는 경우, 학교에서의 행동에 어떤 영향을 미치는지 살펴보자.

놀이는 아이들이 삶을 체득하는 방법이다. 아이들은 놀이하면서 세상을 이해하고, 좌절과 불안을 발산하며, 두려움이나 압박감 없이 다양한 경험을 할 수 있다. 아이들은 놀이를 통해서 용감무쌍한 영웅, 사악한 마녀, 악당, 자상한 의사 선생님이 되어보면서 새로운 역할을 체험해보거나, 본인의 이야기를 실연하며, 자신을 표현할 수 있다. 놀이 속 세상에서는 무언가를 만들고 없애는 과정을 수없이 반복할 수 있어, 실생활에 아무런 영향을 미치지 않으면서도 연습 삼아 좌절감을 겪어볼 수도 있다.

또한 놀이는 아이들이 실생활에서 표출하지 않을 수 있게 될 때까지 내면의 공격성을 마음껏 드러내는 안전한 공간을 제공한다. 아이들은 대개 전투 놀이, 칼싸움, 전쟁놀이 등을 통해 좌절감을 표출하며, 미술, 음악, 글쓰기, 말하기에 공격 에너지를 쏟아붓기도 한다. 아이들이 놀이를 통해 좌절감을 발산할 수 있다면, 실생활에서 더 '문명화된 모습'을 갖추는 데 도움이 된다. 아이가 무언가를 놀이로 먼저 표현하는 경우, 실생활에서는 같은 행동을 표출하려는 욕구가 확연히 줄어든다.

나의 조카는 아주 행실이 바르고 착실한 아이다. 늘 올바르게 행동하고, 사람들의 기분을 상하지 않게 하며, 규칙을 잘 지키려고 노력한다. 흥미롭게도 조카가 혼자 노는 모습을 지켜보면 주로 악당 역할을 맡는 경우가 많다. 한 솔로Hans Solo(영화 〈스타워즈〉 속 정의로운 역할-옮긴이) 대신 다스 베이더Darth Vader(영화 〈스타워즈〉 속 악당 역할-옮긴이)가 되며, 경찰이 아니라 도둑 역할을 맡는다.

놀이의 작동 원리에 대한 이해가 없었다면, 조카가 왜 그렇게 평소와 다른 모습인지 의아해 했을지 모른다. 하지만 나는 아이의 좌절감과 공격성이 놀이를 통해 해소된다는 것을 알고 있으므로 조카가 노는 모습을 흐뭇하게 바라볼 수 있다.

아이가 놀이를 통해 충분히 자신의 감정을 표출할 수 있다면, 실생활에서는 그것을 표출할 필요가 없다. 나는 아이들에게 이러한 장치를 마련해준 자연의 위대함에 매번 감탄한다. 놀이는 아이들의 삶에서 부가적인 것이 아니라, 필수적인 것이다. 놀이는 감정의 배출구이자 인생의 리허설 무대 역할을 하며, 아이들이 자신의 내면세계와 외부 세상을 안전한 방법으로 받아들이는 수단이 된다. 하지만 시대가 변하면서 이제 아이들은 좌절과 불안을 발산할 수 있는 자연스러운 방법뿐만 아니라, 창의적인 발상을 마음껏 펼쳐 보이고 조용히 성찰할 수 있는 공간마저도 뺏기고 있다.

지금의 아이들은 20년 전과 비교할 때 일주일에 총 12시간씩의 자유 시간을 빼앗긴 셈인데, 여기에는 자유 놀이와 야외 활동을 하는 8시간도 포함된다.[5] 오늘날 아이들의 삶에서 놀이의 비중이 줄어든 원인 중 하나는 과학기술의 발달로, 자동차 안이나 대기실을 비롯해 일상 속 지루하고 따분한 곳이라면 어디든 전자 게임기나 스마트폰을 휴대할 수 있기 때문이다.

또한 가족의 규모가 작아지면서 부모가 개별 자녀에게 전념할 시간적 여유를 갖게 된 것도 하나의 원인이다. 어린 자녀에게 성공과 수량적 성과를 요구하는 경쟁적인 문화가 강해졌고, 점점 더 많은 부모가 자녀를 더 많은 학습에 노출시켜야 한다는 압박감을 느낀다. 학습 자체가 나쁜 것은 아니지만, 아이들의 삶에서 놀이가 자연스럽게 생겨날 기회를 감소시킨다는 점에서는 우려스럽다.

사실 아이들에게는(그리고 모든 인간에게는) 상상력을 자극하는 것 외에도 무언가에 마음을 뺏기거나 정신이 팔리지 않는 자유로운 순간,

즉, 일상의 '공백'이 필요하다. 자유 놀이에서 이러한 공백 순간은 매우 중요하다. 지루함은 놀이가 탄생하는 자양분이 되기 때문이다. 적당한 시간과 안전한 공간만 있다면, 아이에게는 자연스레 놀이 욕구가 생겨난다. 하지만 아이들은 이러한 공백의 순간과 자유로운 야외 활동 시간을 대부분 상실했다.

누워서 구름을 쳐다보거나 풀 위를 기어가는 개미를 관찰할 시간이 별로 없다. 이처럼 차분히 공백을 누릴 공간이 없다면, 무언가에 호기심을 갖고 생각을 처리하며 기분을 탐색할 시간도 줄어든다. 정서적 성장, 발달, 성숙을 촉진하는 것은 바로 우리가 느끼는 '순간의 기분'이기에 건강한 정서적 발달을 위해서 우리는 모두 자신의 기분을 충실히 느낄 수 있어야 한다.[6]

아이가 십 대가 되면 놀이 방식이 달라질 수 있으나, 발달에 필요한 정서적 토대는 여전히 중요하다. 십 대에게는 앞으로 펼쳐질 흥미진진한 인생을 꿈꾸는 시간 못지않게 공백의 순간, 즉 차분하게 자신의 생각과 기분을 마주하고 사색하는 시간이 필요하다. 십 대에게는 억눌린 신체적 에너지를 배출하거나, 밴드 활동이나 글쓰기에 열중하거나, 개인적으로 마음이 끌리는 방식으로 일상을 살아갈 시간과 공간이 필요하다.

난처해지지 않으면서도 좌절감을 느껴보거나, 실제가 아닌 상황에서 상실을 경험해볼 충분한 기회가 필요하다. 이 책을 읽는 독자 중에서는 요즘 아이들도 집에서 자발적으로 즉흥 놀이를 할 시간이 있다고 반론하는 이도 있을 것이다. 하지만 실제로는 놀이할 여유가 있다고 하더라도 수동적인 오락물이 그 자리를 차지해버린 경우가 대부분이다.

우리의 상상력을 자극하고, 감각을 깨우며, 웃음과 눈물을 안겨주고, 엄청난 배출구가 되어주는 오락물이란 무엇일까. 마음을 움직이는 위대한 연극, 상상력을 끄집어내는 영화, 눈을 감고 춤추고 싶게 하는 음악이 이러한 유형의 오락물에 해당할 것이다. 우리는 이런 오락물의 창조자가 아니라 관람자이기에 이러한 경험은 엄밀히 따지자면 오락에 속하지만, 마음을 움직인다는 점에서는 능동적인 오락이다.

이렇게 마음을 흔드는 유형의 오락물은 놀이와 비슷한 역할을 한다. 우리 안에 있는 무언가를 불러일으키고, 우리가 실제로 경험하듯 빠져든다는 점에서 '참여적'이기 때문이다. 반대로 수동적인 오락물은 감각을 깨우지도, 감정을 자극하지도 못한다. 하지만 요즘 아이들은 바로 여기에 하루에 몇 시간이고 빠져 지낸다.

수동적인 오락물은 외부에서 들어오는 것이다. 하지만 놀이는 우리 내부에서 발생하는 것이다. 수동적인 오락물이 들숨이라면, 놀이는 날숨이다. 이 시대의 아이들은 계속해서 들숨만 쉬고 있다. 자유 놀이를 상실하면 교사와 교육 체제에도 막대한 문제가 생기는데, 아이들이 내면의 불안과 좌절감을 가득 안은 채 학교로 향하기 때문이다.

어른의 지도 부족 + 인간적 유대의 부족 + 감정의 배출구 부족
⇩
좌절 및 불안 증가

교실에 '정서적 안전'이 필요한 이유

아이들은 교사에게 좌절감과 당혹스러움을 안겨주는 방식으로 교사에게 대항한다. 아이들은 불안이나 좌절 같은 강렬한 감정과 씨름하다 급기야는 문제 행동으로 발산해버리거나 마음을 닫아버린다. 교사는 아이들이 무례하게 굴거나, 문제를 일으키거나, 때로는 공격적으로 행동하는 것이 그저 버릇없고 짓궂게 구는 것이 아니라, 실은 자신의 감정에 대처하는 미숙한 방식이라는 점을 이해하고 받아들여야 한다. 아이들의 문제 행동은 예전에는 존재했던 배출구가 이제는 존재하지 않기 때문일 가능성이 크다. 요즘 아이들은 그 어느 때보다 강렬한 감정을 경험하지만 이를 어떻게 감당해야 할지 모르다가 결국은 두드러진 문제 행동으로 표출한다.

인간은 위협을 감지하면 그에 대응해 스스로를 안전하게 지킬 수 있는 생존능력을 가지고 태어난다. 일반적으로 이러한 반응은 위협요인이 명확하고 간헐적일 때 효과적이다. 위협을 감지하면, 우리의 몸은 즉시 활동 상태로 바뀐다. 에너지는 수면과 소화기관으로 향하다가 일시적으로 중요도가 내려가면서 필요할 때 바로 행동을 개시할 수 있도록 근육 쪽으로 방향을 돌린다. 또한 심장박동수도 증가한다.

예를 들어 당신이 숲속을 걷고 있는데, 곰으로 보이는 물체를 봤다고 상상해보자. 아마 당신은 가던 길을 멈추고 도망갈 방법을 살필 것이다. 천천히 뒷걸음질을 치거나 죽은 척할 수도 있다. 조금 전까지는 배가 무척 고팠지만, 이제는 배낭 속에 든 샌드위치 생각이 전혀 나지 않는다. 좀 전까지는 피곤했지만, 이제는 피곤함도 느낄 수 없다. 교감신경의 반응으로 신체와 정신 모두 경계 태세를 취하게 된 것이다.

위협이 사라지면, 당신의 뇌와 몸은 '이상 없다'라는 신호를 받고, 평상시 기능하던 방식으로 돌아간다. 경보 체제에서 휴식 및 소화 체제, 즉 부교감신경 반응으로 다시 전환된다. 그러면 자신이 얼마나 배고픈 상태였는지 다시 떠오르거나 졸음이 몰려올지도 모른다.

경보 체제가 제대로 작동한다면 안전한 상태를 유지하는 데 엄청난 도움이 될 수 있다. 그런데 위협이 사라지지 않으면 어떻게 될까? 아니면 위험이 가짜라고 드러났는데도 경보가 켜진 상태에 고정되어 낮은 수준의 불안을 계속 느낀다면 어떨까? 이럴 때 뇌는 우리가 무엇이 잘못됐는지 '알지 못한 채'로 두지 않는다. 뇌는 이러한 모호함을 견디지 못하며, 경보가 켜진 원인을 어떻게든 찾아내려 한다.

내부에서 경보가 울리면, 우리의 뇌는 반드시 이유가 있다고 여겨 그것을 찾아 나선다. 뇌에서 세균을 지목하면, 우리는 경보 상태에서 벗어나기 위해 우리를 오염시킬 만한 것은 무엇이든 피하게 한다. 중요한 것은 뇌에서 우리 대신 일종의 연결을 만들어내고 이제 그것이 위협으로 지목되었다는 데 있다. 우리가 진짜 문제를 보지 못하므로, 이제 우리의 뇌가 문제라고 임의로 지정한 곳에서부터 불안이 비롯된다.

경보 체제가 활성화되면, 우리는 가만히 있지 못하고 계속 불안해하며 끊임없이 우리에게 상처를 줄지 모르는 것을 살피게 된다. 이렇게 사는 것은 정말 고단하다. 하지만 너무나 많은 아이가 이러한 경보 상태에 갇혀 있다. 상당수는 어른으로부터 자신에게 필요한 지도와 인간적 유대를 얻지 못하며, 상당수는 건강한 호기심을 쏟을 대상이나 사색에 쏟을 시간과 공간을 갖지 못한다. 상당수는 너무 바빠서 불안감을 발산할 기회도 갖지 못한다.

학생들이 이런 상태(생존 모드)로 교실에 들어오면 학습은 당연히 힘들어진다. 학생들이 생존 모드로 나타나면, 교사가 학생과 관계 맺는 일을 어렵게 만드는 행동이 나타난다. 교사는 답답해 하며 어떻게 해야 할지 갈피를 못 잡거나, 관계를 해치는 방식으로 학생들을 다루는 경우가 많아 상황은 더욱 심각해진다. 하지만 이것은 해결 불가능한 문제가 아니다. 교사가 아이들이 살아가는 세상을 바꾸지는 못해도, 학생들과 맺는 관계를 바꿀 수는 있기 때문이다. 우선 교사는 교실에 '정서적 안전(emotional safety)'을 구축해야 한다. 이를 위해서는 다음의 네 가지 사항을 실천해야 한다.

- 학생들과 관계를 맺되, 교사가 지도자 역할을 하는 '올바른 관계'를 맺어야 한다.
- 힘든 상황에 부닥치더라도 학생과의 관계를 끝까지 보호해야 한다.
- 학생의 감정 건강에 도움이 되는 방식으로 문제 행동에 대응해야 한다.
- 학생들이 자기 자신을 바라보는 방식을 바꿀 수 있게 도와야 한다.

이 책에서는 정서적 안전을 마련하는 데 가장 핵심이 되는 이 네 가지 사항에 대해 각각 다룰 것이다. 이 책의 후반부에는 '부모, 교사, 교장, 상담교사를 위한 제안'을 담았으며, 각자의 분야 및 환경에서 도움이 될 만한 조언을 소개한다. 책을 읽으면서 이 부분을 참고해도 좋다. 이 과정을 통해 얻을 수 있는 모든 혜택을 학생들과 함께 누리길 바란다.

"학생에게 무엇을 해주는가보다는
어떤 존재가 되어주는가가 중요하다."[7]

고든 뉴펠드Gorden Neufeld 박사

2장

학생에게 필요한
지도자 되기

3
교실의 주도권 잡기

학생들이 무엇이든 하게 만드는 교사들을 본 적이 있는가. 그들을 보며 비결을 궁금해 한 적이 있는가. 이런 교사들은 학생들에게 애원하지도, 상이나 벌을 주지도 않는다. 심지어 가장 다루기 힘든 아이들조차도 학급 활동에 잘 참여시킨다. 학생들이 교사를 존중하게 하고 자신이 하는 말에 귀 기울이게 하는 방법을 직감적으로 아는 것처럼 말이다.

우리는 이렇게 훌륭한 교사를 인정하며 존중한다. 영화 〈죽은 시인의 사회(Dead Poets Society)〉에서 로빈 윌리엄스가 맡은 역할을 생각해보라. 또한 우리는 뮤지컬 영화 〈코러스(Les Choristes)〉에서 문제아들과 씨름하는 클레몽 마티유나 《프리덤 라이터스 다이어리Freedom Writers Diary》의 저자 에린 그루웰Erin Gruwell처럼 실화를 바탕으로 한 훌륭한 교사의 이야기에 열광한다.

학창 시절을 떠올리면 누구나 '나 자신이 특별하다고 느끼게 하고 열심히 노력하고 싶게 했던 선생님' 한 분쯤은 생각날 것이다. 선생님은 학급을 자신의 통제 아래 두면서도 학생들에게 진심 어린 관심을 보였을 것이다. 선생님은 설득력 있는 방법을 써서 우리를 수업에 끌어들이고, 자신이 가르치는 일을 즐기고 있다는 인상을 풍기며, 거기서 생겨나는 에너지를 활용해 우리의 학습을 이끌어갔을 것이다.

우리의 주의를 끌기 위해 타임아웃이나 칭찬 스티커를 사용할 필요 없이 자신의 매력만으로도 우리가 수업 시간에 집중하고 노력하고 싶게 만들었을 것이다. 우리는 선생님이 우리의 선량함과 재능을 알아봐 주기를 기다렸으며, 선생님에게 인정받기를 원했으며, 우리가 선생님에게 매우 중요한 존재라고 느꼈다.

이쯤 되면 '그 선생님은 어떻게 그럴 수 있었을까?' 궁금할 것이다. 이러한 교사들은 아이들이 자신을 지도자로 믿게 만들어야 한다는 것을 본능적으로 안다. 그리고 여기에는 특별한 리더십이 필요하다는 것 또한 알고 있다. 학생들에게 '친구'가 되는 것은 정답이 아니다. '교관'이 되는 것도 효과가 없다. 그렇다면 무엇이 효과가 있을까?

앞서 말했듯이 아이들을 지도하는 일은 '관계'와 연관이 있다. 아이가 교사의 관심을 받고 있다고 느끼는가? 아이가 자신을 중요한 존재라고 느끼는가? 아이가 교사와 유대를 맺고 있다고 느끼는가? 교사가 어떤 방식을 적용하든, 교사와 학생 간에 이러한 관계가 잘 형성되어 있다면 학습력 향상과 성장의 기반으로 작용할 수 있다. 다시 말해, 학생이 자신의 애착 욕구를 해결해줄 사람으로 교사를 바라볼 때 진정으로 교사를 따를 수 있다는 뜻이다.

그리고 어떤 교사든 약간의 지침과 개념 설명만 주어지면 각자 자기만의 방식으로 리더십을 펼치는 지도자가 될 수 있다. 더 자세히 살펴보기 전에 한 가지 짚고 넘어가자면, 교사들 상당수 아니 대다수가 '지도'나 '지도자'라는 단어에 거부감을 느낀다는 것을 잘 안다. 아마도 한 번쯤은 경험했을 위계적 환경에서의 불쾌한 기억 때문일 것이다. 만약 당신이 그런 경우라면, 잠시만 그 경험을 잊고 '지도'라는 말에 대한 선입견을 저 멀리 치워두길 바란다. 그래야만 내가 리더십에 대한 새로운 인식 체계를 제시할 수 있기 때문이다.

교사의 가르침에 대해 학생이 열린 마음과 수용적인 자세를 갖게 하려면, 일단 교사는 교실에서 '주도권'을 잡아야 한다. 또한 교실에서 효과적으로 지도하는 일은 교사나 학교에서 따르는 교육 모델과는 무관하다는 점을 인지해야 한다. 효과적인 리더십이란 교사가 학생들을 위해 만들어내는 분위기, 방향, 정서적 안전과 관련이 있다. 이러한 리더십은 교육 모델과 상관없이 펼쳐나갈 수 있다. 나는 아이들이 자유롭게 자리를 이동하며 각자의 속도대로 학습하는 진보적인 교실과 예전의 방식을 고수하는 전통적인 교실 모두에서 교사가 훌륭한 리더십을 발휘하는 모습을 확인했다. 중요한 것은 특정한 유형의 교육 모델이나 환경이 아니라, 그 속에서 교사가 발휘하는 리더십의 유형이다.

어떤 방식으로 지도할 것인가

당신이 새로운 학교로 출근해서 처음으로 교장 선생님을 만나는 상황을 상상해보자. 교장 선생님이 교사들에게 무언가를 요청하는 모습에 영 자신감이 없어 보인다. 회의를 주재하는 모습을 보니, 목소리 큰 교사가 밀어붙이는 대로 끌려간다. 시간이 지나면 어떤 교사가 주도권을 잡게 될지, 어떤 교사가 의견을 내는 데 불편해 할지 앞이 훤히 내다보인다. 회의하다 보면 교사들 간의 의견 대립도 생기게 마련인데, 교장 선생님은 갈등을 중재하고 결정을 내리는 일에 불편한 기색이 역력하다.

이제 정반대의 상황을 떠올려보자. 새로운 학교에 갔는데, 교장 선생님이 독재자처럼 단호하게 지시하며, 교장이 원하는 것과 교직원 각자가 해야 할 일을 명확하게 구분한다. 이런 유형의 교장 선생님에게 소신을 밝히는 일은 쉽지 않을 것이고, 그에 따른 스트레스도 뒤따를 것이다. 사람들은 대체로 이런 유형의 지도자를 선호하지 않기에, 교장 선생님을 둘러싸고 뒷말도 무성할 것이다. 당신은 교장 선생님의 지시를 따르려고 노력하기보다는 괜한 분란을 일으키지 않거나 하루를 무사히 보내는 일에 집중할 것이다.

이 두 가지 상황에서 우리가 받게 될 스트레스를 머릿속에 그려본다면, 각각의 리더십 유형이 교실 속 아이들에게도 얼마나 스트레스를 줄지 감을 잡을 수 있을 것이다.

교사의 역할에 대한 확신이 부족하다면

교사라면 대부분 자신의 역할에 대한 확신이 서지 않는 순간을 겪어봤을 것이다. 이제 갓 교직에 입문했거나 너무도 다루기 힘든 아이들을 상대하고 있거나 새 학기를 시작할 때면 특히 그럴 것이다. 이런 마음 때문에 지도자라는 역할을 회피하고 싶지는 않은가. 어쩌면 당신의 말투에서부터 학급 지도에 긴장하고 있거나 불편한 기색이 드러날지도 모른다. 예를 들어 학생들에게 지시할 때도 의문문을 써서 말하는 경우처럼 말이다. "모두 교실 중앙으로 와서 둥글게 모여 앉으세요."라고 말하는 대신 "여러분, 모두 이리 와서 원 모양을 만들어줄래요? 알겠죠, 여러분?"이라고 말할지도 모른다.

학생들이 칭얼대거나 반발할까 두려워 주저할지도 모른다. 아이들의 심기를 불편하게 하지 않으려고 애쓰면서, 하기 싫은 일을 억지로 시키지 않으면 학생들이 교사를 더 좋아하게 될 거라고 생각할지도 모른다. 그게 아니라면 최소한 불편하게 대립하거나 적대 관계에 놓일 일은 없을 거라고 기대할지도 모른다. 당신이 이런 생각을 하는 건 당연하다. 교사들은 대개 학급에서 30명 남짓한 학생을 맡고, 그중 일부는 반드시 문제 행동을 일으킨다. 누군가로부터 지원을 받을 수도 없기에 홀로 분투한다고 느낄 수도 있다. 이러한 환경에서 자칫 당신이 감당할 수 없는 한계 상황이 벌어질까 긴장하는 것은 당연하다.

또한 요즘은 많은 교사가 아이에게 자기 목소리를 낼 공간을 확보해주려는 좋은 의도로 엄격하거나 권위적이지 않은 모습을 보이려고 노력한다. 어쩌면 당신은 아이들이 창의성을 발현하고 주인의식을 키우도록 지원하는 교실을 만드는 방법을 물색할지도 모른다. 따라서 주도권을 쥐는 것이 교사가 마땅히 누릴 권리인지, 그렇게 함으로써 교사가 학생들의 요구를 무시하거나 심지어 학생들이 스스로 결정을 내리지 못하게 막는 건 아닌지 고심할지도 모른다.

우리의 요청에 학생들이 않는 소리를 내면, '아이들이 저렇게 싫어하는 일을 시키는 게 괜찮은 걸까?' '내가 지금 아이들을 존중하지 않는 걸까?' '내가 아이들의 자존감을 해치고 있을까?' 하는 의문을 품을 수도 있다. 이 모든 경우는 누구나 흔히 겪을 수 있는 일들임이 분명하다. 하지만 신기하게도 교실의 많은 문제는 교사가 주도권을 쥐는 것에 주저할 때 발생한다는 것을 알고 있는가. 아이들은 지도자의 공백을 허용하지 않는다.

아이들은 어른이 지도하고 이끌어줘야 한다.
아이들은 스스로 돌보는 존재가 아니다.

따라서 교사가 교실에서 주도권을 쥐는 데 주저하거나 무심코 아이들에게 주도권을 넘길 경우, 교실의 상황은 더욱 힘들어진다. 어른의 지도와 보살핌이 없으면, 아이들은 정서적으로 안전하지 못하다고 느껴 문제 행동을 일으킬 가능성도 커진다. 예를 들어 어떤 아이들은 명확한 어른의 지도가 없으면 자신이 그 역할을 넘겨받아야 한다고 느껴 우두머리 행세를 하려 들 것이다. 어떤 아이들은 협조를 거부하거나, 교사를 존중하지 않는 태도를 보이는 방법으로 감정을 표출할지도 모른다. 이러한 교실은 아이들에게 결코 즐거운 장소가 아니며, 아이들이 잠재력을 꽃피우는 곳도 될 수 없다.

권위형 전략에 기대지 말자

수업 시간에 제멋대로 굴고, 공격적이며, 우두머리 행세를 하는 학생들을 만난 적이 있는가. 이런 학생에게는 강력한 리더십을 발휘해서 대응할 필요를 느낄 것이다. 대다수의 문제 교실에 필요한 처방이 교사의 강력한 리더십인 것은 사실이다. 하지만 학생들을 예의 바르게 행동하게 하려고 쉬는 시간 박탈하기, 방과 후 남기, 큰소리 내기, 냉대하기처럼 권위형 전략을 쓰는 일은 피해야 한다.

이 같은 강제적 방법을 쓰는 이유는 당신이 너무 지쳤거나, 이것 말고는 다른 방법을 정말 모르기 때문이다. 하지만 이런 전략을 써서 교실에 일종의 질서가 생겨난다 해도, 이는 아이들이 우리의 보살핌 속에서 배우고 성장하고 발달하도록 도와주는 최고의 방법은 아닐 것이다. 《이솝우화》의 이야기를 보며 그 이유에 관해 생각해보자.[8]

어느 날 아침, 북풍과 태양은 멋진 새 외투를 걸친 마부를 보았다. "저 청년은 자신의 모습에 아주 흡족한 모양이야. 그런데 내가 마음만 먹으면 저 마부가 두른 외투쯤은 쉽게 벗길 수 있지."라고 북풍이 말했다.

그러자 태양이 "그럼 우리 둘 다 한번 시도해볼까? 자네 먼저 해봐."라고 말했다.

그러자 북풍이 바람을 세차게 휘몰아치기 시작했다. 사람들은 모자를 잡으러 쫓아가야 했다. 나무에서는 잎이 모두 떨어져나갔다. 동물들은 겁에 질렸고, 항구에 있던 배는 가라앉았다.

북풍은 있는 힘을 다해 바람을 불었지만 아무 소용도 없었다. 바람이 거세질수록 마부가 자신의 외투를 더 세게 여몄기 때문이다. 그 모습을 지켜보던 태양이 "이제 내 차례야."라고 외쳤다.

> 태양은 따스한 열기를 내뿜었다. 곤충이 윙윙거렸고 꽃이 봉오리
> 를 활짝 열었다. 새가 노래하기 시작했다. 동물들은 땅에 누워 잠
> 을 청했다. 마을 사람들은 밖으로 나와 이야기꽃을 피웠다.
> 마부는 너무 더워서 재빨리 외투를 벗었다.

북풍은 자신의 힘을 모두 끌어모아 마부의 외투를 강제로 벗기려 했지
만, 작전은 실패했다. 마부가 자신을 보호하느라 외투를 훨씬 더 세게
붙들었기 때문이다.

　따스함이 분노, 강요, 애원보다 강력하다는 것, 따스함을 충분히
느낄 수 있도록 하면 마부가 직접 외투를 벗게 되리란 것을 태양은 알
고 있었다. 태양의 따스함처럼 적절한 환경이 주어지면 마부가 외투를
벗듯 아이들도 자연스럽게 주변 세상을 향해 마음의 문을 열 수 있다.

태양의 따스함 vs 북풍의 압박감

마부가 태양의 따스함에 반응하듯, 아이들에게도 본능적으로 교사의
따스함을 파악하는 능력이 있다. 어떤 교사는 미소 띤 표정이나 할머니
같은 푸근함처럼 쉽게 알아챌 수 있는 전통적인 방법으로 마음을 표현
하는 반면, 어떤 교사는 눈빛으로만 드러내기도 한다. 겉보기엔 다소
무뚝뚝해 보일지 몰라도, 내면에는 따스한 정을 간직하고 있는 교사들
도 있다. 교사마다 표현하는 방식은 달라도 아이들은 교사가 보내는 신
호를 대부분 알아차릴 수 있다. 아이들에게 꼭 특정한 방식으로 마음을

표현할 필요는 없으며, 그저 아이들이 그것을 느끼기만 하면 된다.

하지만 이는 모든 아이에게 해당하는 것은 아니다. 따스함을 미묘하게 표현하는 경우 어떤 아이들은 잘 알아채지 못하기도 한다. 학대나 방치 같은 정신적 충격을 경험한 아이나 부모 사이에 불화가 있는 가정에서 자란 아이들의 경우 미묘한 감정 표현을 알아차리지 못할 수도 있다.[9] 자폐증이 있거나 굉장히 예민하거나 7세 미만인 아이들도 대개 제대로 받아들이지 못하는 경우가 많다. 그리고 별다른 이유가 없어도, 교사의 보살핌 속에서 안전하다고 느끼게 되기까지 좀 더 풍부하고 확실한 표현이 필요한 아이들도 있다.

아이들이 교사를 만나기 전에 어떠한 삶을 살았는지, 다른 어른이나 교사로부터 어떤 부정적인 경험을 했는지 모두 알 수는 없다. 만약 어떤 학생의 마음의 문을 여는 데 어려움을 겪고 있다면, 이제까지 해왔던 것보다 훨씬 풍부하거나 확실한 방법으로 따스함을 표현해야 하는 것은 아닌지 생각해봐야 한다.

교사가 알려주는 내용보다 스마트폰에 더 관심 있는 학생들로 가득한 교실을 상대하다 보면, 북풍처럼 강압적이고 권위적으로 대하는 것 말고는 다른 선택지가 없는 것처럼 느껴질 때도 많다. 겉에서 보면, 권위적인 규칙을 따르는 교실이 소심하거나 주저하는 교사가 이끄는 교실보다 훨씬 더 질서 있어 보인다. 일단 교실이 덜 소란스럽고, 덜 정신없어 보인다. 하지만 여기에는 한 가지 문제가 있는데, 이런 교실 속 아이들은 호기심이나 학습에 대한 열의가 아니라 두려움 때문에 교사의 지도를 따른다는 점이다.

공포를 기반으로 한 교실에서는 학생과 교사 모두 성장할 수 없으며, 호기심은 공포에 잠식당하고 진정한 학습도 이루어지지 않는다. 그런 교실에서는 많은 아이가 혼나지 않는 것에 집중해 바르게 행동하려 최선을 다하지만, 마음 한편에는 늘 불안감이 존재할지 모른다. 당장은 말을 잘 듣고 잘 따르는 것처럼 보일지 몰라도, 대신 아이들의 정서적 행복을 대가로 치러야 하는 셈이다.

교사로부터 압박감을 느끼면 요란하게 저항하는 아이들도 있다. 이런 학생 중 상당수에서는 협동심을 찾아볼 수 없으며, 교사를 향해 분노나 반항심을 분명하게 표현하기도 한다. 교사를 자기 편으로 여기기보다는 자신들을 혼내고 억압하는 존재라고 생각한다.

공포를 기반으로 한 교실에서는 부정적인 학급 문화가 생겨 학급이 두 개의 진영으로 갈라질 수도 있다. 말을 잘 듣는 '착한 학생'과 그렇지 않은 '나쁜 학생'으로 편이 나뉜다. 착한 진영 쪽 학생들은 불안감이 점점 더 높아지고, 불안을 느끼는 정도에 따라 우려 행동을 표출할 가능성이 커진다. 반면, 나쁜 진영 쪽 학생들은 교사에게 반항해야 한다는 압박감을 느낀다. 또한 양 진영의 학생들이 서로를 비난하게 될지도 모른다. 이러한 상황에 부닥치면, 교사는 규칙을 더 강하게 밀어붙이는 것 말고는 다른 방법이 없다고 느낄지 모른다. 하지만 이는 교실에 훨씬 더 심각한 공포, 불안, 저항을 불러올 뿐이다.

변화에 열린 마음 갖기

그동안 수천 명의 교사를 만났고, 그중에는 학생들 앞에서 자신이 약한 사람으로 비칠까 두려워 더 감정적으로 반응하는 이들도 많았다. 아이들이 고의로 한 행동이 아닐지라도 자신을 방해한다며 아이들을 협박하고 빈정대며 냉담하게 대하는 교사들도 많이 목격했다. 하지만 그들 역시도 힘겨운 문제 상황에 대처하기 위해 각자 최선의 노력을 기울이고 있다는 것을 잘 알고 있다. 그들은 나에게 자신의 이야기를 털어놓으며 눈물을 흘리고 죄책감을 토로했다.

우리는 죄책감, 좌절감, 무력감에 잠식당하는 대신, 이런 감정을 변화를 끌어내는 동력으로 활용해야 한다. 우리가 상황을 다른 각도로 바라보고 아이들을 바라보는 새로운 시각을 받아들이는 과정에서 슬픔이라는 감정을 느낀다면, 비로소 새로운 방식에 공간을 내어줄 수 있다. 죄책감을 느끼는 것은 변화의 가능성을 의미한다. 우리는 자신이 저지른 실수를 자책하는 대신, 변화할 수 있는 기회로 삼아야 한다.

변화가 필요하다는 것을 인정할 수 있다면, 죄책감에서 생겨나는 에너지를 자양분 삼아 다시 앞으로 나아갈 힘을 얻을 수 있다. 그동안 나는 교실로 들어서기를 두려워하던 수많은 교사가 교실에서 강력한 지도자로 자리 잡을 수 있도록 도왔다. 변화에 열린 마음을 갖고 있다면, 우리 모두 달라질 수 있다.

4
학생과의 관계 맺기

교사가 학급을 효과적으로 이끌기 위해서는 학생이 도움, 정보, 방향, 지혜를 구할 때 의지할 수 있는 나침반이 되어야 한다. 교수 철학이나 교육 모델을 불문하고, 교사의 기본 역할은 학습 경험을 촉진하고 학생을 올바른 방향으로 지도하는 것이다. 학생이 교사를 자신의 나침반으로 여기지 않는다면, 교사가 어떻게 지식을 전달할 수 있을까? 또한 학생은 어려운 문제에 부닥칠 때 어떻게 교사가 자신의 길잡이가 되어줄 거라 확신할 수 있을까?

　나침반이 되는 것은 학생이 교사의 보살핌 속에서 안전하다고 느끼며 교사에게 지도를 구하게 만드는 리더십 유형을 개발하는 일과 같다. 근본적으로는 학생과 관계를 맺는 일이며, 관계 속에서 교사는 학생을 지도하고 보살펴야 한다. 간단히 말해 교사는 '학생들을 돌봐주는 지도자'가 되어야 한다. 교사가 '강력하면서 따스한 리더십'을 발휘할 때, 비로소 학생을 자석처럼 끌어당길 수 있다. 이러한 유형의 관계는 학생이 교사의 지도를 기꺼이 따르고 싶게 하므로 학생의 학습 잠재력을 극대화하는 요인으로 작용한다. 학생이 교사와 유대를 맺고 있다고 느끼면 교사는 학생에게 자신의 지도를 따르라고 강요할 필요가 없다.

단호함과 자신감이 답이다

당신이 탑승한 비행기가 난기류 속을 비행하고 있다고 상상해보자. 기장이 기어들어가는 목소리로 "여러분 모두 안전벨트를 착용해 주시겠어요?"라고 안내하는 방송이 들린다. 이때 승객들의 반응을 떠올려보자. 어떤 승객은 불안에 떨 것이고, 어떤 승객은 무슨 상황인지 알지 못해 어리둥절할 것이다.

"기장이 한 말 못 들었어요? 안전벨트 매세요!"

누군가는 이렇게 외치며 화를 낼지도 모른다.

"저 기장은 왜 저러는 거야? 자기 일도 제대로 할 줄 모르나?"

누군가는 기장의 태도를 비난할 것이다.

이제 기장이 "현재 난기류를 지나고 있습니다. 승객 여러분, 자리로 돌아가서 안전벨트를 착용해주시기 바랍니다. 감사합니다."라고 공손하되 단호하고 침착하되 자신감 있는 태도로 말했다고 생각해보자. 승객의 반응은 어떠할까? 승객 대부분은 기장의 지시를 따르기만 하면 모든 게 잘 해결될 것이라 여기며 안전벨트를 착용할 것이다.

당신도 교실이란 비행기 안에서 침착하면서도 자신감 있는 기장이 될 수 있다. 그러기 위해서는 학생들에게 당신을 믿으면 된다는 메시지를 전달해야 한다. 당신이 지도자 역할에 자신 없어 하거나 불편해 한다면, 학생들에게도 확신을 심어줄 수 없다. 학생들에게는 당신이 언제나 옳은 방향으로 인도할 것이라는 믿음이 필요하다. 그렇다면 학생들에게 당신만 믿고 따라오면 된다는 메시지를 어떻게 전달할 수 있을까?

다음 각 리더십 단계에서 제시하는 간단한 방법을 적용해 학생에게 메시지를 보낼 수 있다. 이 방법을 통해 학생은 자신도 모르는 사이 자연스럽게 교사가 자신을 보살펴주고 있다고 인식할 것이다. 요즘처럼 아이들이 또래와의 관계를 중시하는 문화에서는 교사가 학생에게 보내는 리더십 신호가 특히 더 중요하다.

불필요한 타협은 하지 말자

학생들과 불필요하게 타협하지 않아야 한다. 학생들을 이끌어야지, 당신이 끌려가면 안 된다. 교사는 학급을 장악해야 한다. 아이들이 좋아하는 활동을 끝내고 재미없는 수업을 시작해야 하거나 점심시간에 갖고 놀던 놀잇감을 치우라고 말하면, 학생들은 당장은 투덜거리고 불평할지 모른다. 사실 이런 상황은 충분히 예상할 수 있다. 이럴 때 우리가 가진 권력을 넘기지 않는 것이 매우 중요하다.

우리가 내린 결정과 지시에 확고하되, 책임도 우리가 져야 한다. "선생님 잘못이 아니야. 교장 선생님이 시키신 거야."와 같은 말로 다른 사람을 탓하지 않아야 한다. 학생들이 교사의 모든 지시와 결정을 반기지는 않겠지만, 그렇다고 해서 교사를 싫어하게 된다는 뜻은 아니다. 오히려 교사가 자신들을 보살피는 마음에서 결정을 내린다고 느끼면, 점차 교사를 존중하고 우러러보게 될 것이다.

자기 확신을 가져라

언제나 계획한 대로 일이 진행되지는 않을 것이다. 학급 안에서 다루기 힘든 상황과 갈등이 생길 것이다. 교사가 이러한 상황을 두려워한다고 느끼면, 학생들은 점점 더 불안해 하고 문제 행동은 자꾸만 증가할 것이다. 학생은 교사가 자신을 잘 보살펴줄 거라 느껴야 안심할 수 있다. 당신에게 아직 그만한 자신감이 없다면, 자신감이 생길 때까지 자신감이 있는 척이라도 해야 할지 모른다. 가식적이라는 생각이 들수도 있지만, 오직 학생들을 위해서 하는 행동임을 명심해야 한다.

태도를 점검하자

태도는 많은 것을 보여준다. 교사가 자신의 몸짓과 목소리를 통제하는 일은 매우 중요하다. 첫 만남의 순간부터 학생들이 자신을 어떻게 여기는지 객관적으로 파악하고, 자신이 진정한 지도자의 위치에 있는지 자문해봐야 한다. 학생들과 처음 만나는 순간부터 자신이 지도자의 위치에 있음을 드러내야 한다. 말할 때는 단호하고 명료하되 부드러운 말투를 쓰는 것이 좋다. 하지만 너무 엄하거나 권위적으로 들리지는 않도록 주의해야 하는데, 이 경우 아이들이 방어적인 태도를 보일 수도 있기 때문이다. 그러면서도 자신 없거나 불안하게 들리지 않도록 유의해야 한다.

만약 학생들의 눈에 자신이 어떻게 비칠지 잘 모르겠다면, 동료 교사들처럼 믿을 수 있는 사람에게 의견을 묻는 것이 좋다. 자신이 수업하는 모습을 촬영해서 직접 점검하는 것도 좋은 방법이다.

단호하면서도 부드러운 어조를 사용하자

학생이 무언가를 하게 만들려면, 분명하면서 직접적으로 알려주되 빠져나갈 구실을 마련해 주면 안 된다. 만약 학생들을 줄 세우고 싶다면, 그들에게 의견을 묻지 마라. 대신 단호하고 부드러우며 분명한 어조로 "이제 줄 설 시간이에요! 모두 입구로 나오세요."라고 해야 한다. 학생이 교사의 지시를 듣지 않거나 따르지 않는 일은 절대 있을 수 없다는 듯이 지시를 내리는 것이다. 학생에 대한 기대치를 아주 명확하게 표현하는 것도 유용한데, 교사가 기대하는 것을 학생이 미리 알고 있으면, 그에 맞춰 행동할 가능성도 커지기 때문이다.

학생들의 필요를 읽어라

교사의 역할에는 자신의 울타리 속 학생들에게 필요한 것을 읽고 이를 충족해 주는 것도 포함된다. 학생들이 너무 지쳐 보이거나 수업 구성 방식이 전혀 효과가 없거나 혹은 여러 이유로 학생들에게 부적합해 보인다면, 수업 내용을 변경해야 할 수도 있다는 의미다.

이때 교사는 자신의 직감에 따라 융통성을 발휘할 수 있는데, 이때의 융통성은 아이들의 압박에 못 이겨 수업 내용을 바꾸거나 일정을 변경하는 것과는 차이가 있다. 학생들에게 필요한 것을 파악하고 그에 맞춰 결정을 내리는 것도 교사의 역할이다.

예상할 수 있는 일과를 만들자

학생들뿐만 아니라 교사 자신을 위해서도 교실의 체계를 잘 마련해야 한다. 규칙적인 일정으로 하루의 일과를 체계화하면 학급 구성원 모두

에게 유용하다. 이렇게 하면 아이들이 예상하지 못한 일 때문에 놀라
거나 당황하는 경우가 줄어든다. 언제, 무슨 일이 있을지 예상 가능한
시스템은 모든 연령대의 아이들에게 도움을 주며, 어린아이들에게 특
히 유용하다. 나이가 어릴수록 익숙함이 필요하기 때문이다.

그렇다면 교사는 항상 일정을 엄격하게 지켜야 할까? 그렇지는
않다. 시간이 흐르면서 학급 내 지도자로서의 입지가 단단해지면, "오
늘 같은 날 교실 안에만 있기엔 날씨가 너무 환상적이죠? 모두 책을 덮
으세요. 밖으로 나갑시다!"라고 말하며 일정을 임시로 조정할 수 있다.
그렇다 해도 지도자로서 교사의 입지는 흔들리지 않는다.

주도권을 잡기엔 너무 늦었을까

교사들 상당수가 학급에서 주도권을 잡기에는 너무 늦어버렸다고 여
길지 모른다. 돌려 말하지 않겠다. 당신이 주도권을 잡은 모습에 학생
들이 익숙하지 않다면 학급 분위기를 전환하는 일이 힘들 수도 있다.
하지만 불가능한 일도 아니다. 다만 시간이 조금 더 걸릴 뿐이다. 따라
서 주도권을 잡는 데 필요한 변화를 조금씩 만들어가면서, 자신과 학
생들 모두에게 인내심과 너그러운 마음을 가져야 한다.

하루아침에 변화가 일어나지는 않겠지만, 꾸준히 노력한다면 결
국 성공할 것이다. 이는 학급 내에서 우리가 계획을 세워 이루려고 노
력하는 모든 장기적인 변화에 적용된다. 당장이라도 눈앞에 변화가 나
타나기를 기대하겠지만, 그 지점까지 도달하는 데는 생각보다 꾸준한

노력과 오랜 시간이 필요하다는 점을 기억하자.

청소년을 지도할 때 고려할 점

아이들이 아동기에서 청소년기로 접어들면, 요구사항이 하루가 다르게 바뀔 것이다. 청소년기를 아동기와 성인기를 이어주는 다리라고 생각하면 이 시기를 이해하는 데 도움이 된다. 청소년은 다리의 한쪽 끝에서 다른 쪽으로 넘어가는 과정에서 다리의 양쪽 끝을 넘나들고, 한지점에 오랫동안 머물기도 하며, 갑작스럽게 훌쩍 앞으로 나아가기도 한다.

청소년은 날마다 다리 위의 서로 다른 지점에 있으며, 심지어 이런 일이 하루에 여러 번 일어나기도 한다. 청소년을 지도하는 교사 중 상당수가 힘들어 하는 부분이 바로 이것이다. 교사는 대개 한 반에 30명이 넘는 청소년을 매일 상대하는데, 학생들이 각자 다리 위의 서로 다른 지점에 서 있기 때문이다.

청소년기를 이해하기 위한 한 가지 방법을 알려줄 테니 꼭 시도해보길 바란다. 머릿속으로만 훑는 것과 실제로 실천해보고 적어보는 것은 차이가 있다. 5분밖에 걸리지 않지만, 5분으로 많은 청소년이 겪는일을 이해하는 데 한 발짝 다가갈 수 있을 것이다.

먼저 종이와 펜을 꺼내 들고 눈을 감아보자. 당신의 십 대 시절로돌아가 그 시절 당신이 느꼈던 것들을 떠올려보고 종이에 적어보자. 당신의 학생도, 자녀도 아닌, 오직 당신 자신에 대해서만 생각해보자.

그동안 수많은 워크숍을 진행하며 같은 질문을 던졌는데, 워크숍 참석자들이 작성한 내용을 소개하면 다음과 같다.

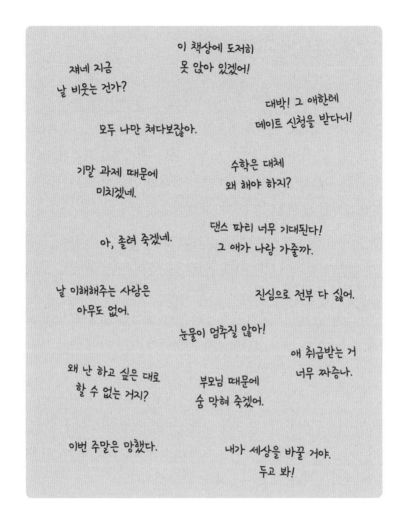

우리 중 대다수는 청소년기를 거치면서 생각과 감정이 뒤죽박죽 섞이는 경험을 했다. 청소년기는 청소년이 자신에 대해 알아가는 시기다.

자신만의 정체성을 찾기 위해 부모의 가치, 견해, 신념과 거리를 두기 시작하며, 이것은 지극히 정상적이고 건강한 현상이다. 또한 청소년기는 아동기 때는 느껴보지 못한 혼란, 좌절, 슬픔, 고독을 겪는 시기이기도 하다.

십 대는 자신의 아동기와 작별하는 시기다. 이 시기에 대부분의 청소년은 주변 어른들로부터 진지하게 대우받지 못한다고 느낀다. 이상주의에 푹 빠져서 성인이 되면 자신의 부모나 선생님, 정치인처럼 일을 엉망으로 하지 않고 다르게 해낼 거라 생각한다. 자신들은 전 세계의 기아 문제를 해결할 것이고, 환경을 보호할 것이며, 아이들이 원하는 대로 하도록 내버려둘 것이라 확신한다.

당신이 청소년을 진심으로 아끼는 교사라면 지금은 청소년의 희망을 깨트릴 시기가 아님을 알 것이다. 이러한 이상주의는 십 대의 삶에서 중요한 부분을 차지한다. 교사가 리더십 유형을 조정해 청소년의 욕구를 충족해줄 수만 있다면 교사가 활용할 수 있는 굉장한 에너지원이 될 것이다. 이제 갓 피어나기 시작하는 청소년을 도와주려 한다면, 교사는 자신의 말을 무시하거나 저항하지 않게 하는 방식으로 그들을 지도해야 한다. 따스하면서 확고하고 확신에 차 있는 모습도 유지해야 한다. 하지만 그와 동시에 교사가 청소년의 생각과 신념을 아주 진지하게 받아들이고 있으며 그들을 존중하고 있다는 메시지도 전달해야 한다.

십 대에게 그들의 생각을 묻고 의견을 낼 공간을 더 많이 마련해줄수록 교사가 맞닥뜨리는 저항은 줄어든다.

청소년에게는 자신의 의견, 가치, 목표를 공유할 공간이 필요하다. 그리고 교사는 청소년이 자신에게 효과적인 방법을 찾아 나서도록 도와야 한다. 그러려면 먼저 청소년들이 자신의 목소리를 낼 공간을 마련해줘야 한다. 청소년에게 자기 생각을 펼칠 창구를 제공하는 것으로, 이는 청소년 대부분이 간절히 바라는 일이다.

그렇다면 교실에서 교사가 지도자로서의 위치를 잃지 않으면서 자신이 가르치는 청소년들에게 목소리를 낼 공간을 어떻게 마련해줄 수 있을까? 여기서 아주 중요한 점은 교사가 학급에서 변함없이 지도자의 역할을 유지해야 한다는 것이다. 교사는 변함없이 체계를 만들고 책임지는 위치에 있어야 한다. 또한 변함없이 따스하되 확고한 모습을 보여야 한다. 하지만 교사는 학생들이 자신의 의견과 신념을 드러낼 공간을 더 많이 누릴 수 있도록 교실의 체계를 의도적으로 변경할 수 있다. 다음과 같은 방법이 좋은 예시이다.

- 정기적으로 학급 회의를 열어 학생들이 견학하고 싶은 곳을 묻고, 학생들에게 의미 있고 흥미로울 만한 프로젝트에 대해 논의한다.
- 게시판을 '아이디어의 벽'으로 지정할 수 있다. 이 활동에 관한 자세한 설명은 157쪽을 참조하자.
- 학생들이 어떤 주제에 관해 발표할 때 자신이 아는 내용을 설명하되 각자 개성 있는 방법을 활용할 수 있도록 여러 선택권을 줄 수 있다. 학생들은 당신의 예상보다 훨씬 다양하고 독특한 아이디어를 펼칠 것이다.

학생 모으기

학생들과 유대를 맺는 것은 생각보다 어렵지 않다. 교사가 학생들에게 관심이 있다고 보여주는 일이 그 시작이다. 사실 "선생님이 너희에게 관심이 있단다!"라고 소리 내어 말할 필요조차 없다. 대신, 학생들과 관계를 맺는 일에 집중해야 한다. 교사가 일과 속에서 실천하며 학생들과 유대를 맺을 수 있는 활동에는 대표적으로 '학생 모으기'가 있다.

'모으기(collecting)'는 교사 대부분이 이미 실천하고 있는 것일 텐데, 워낙 무의식적으로 이루어지다 보니 지금까지 마땅한 이름조차 가지지 못했다.[10]

어른들은 아이가 어른을 편히 여길 수 있도록 의식적으로 아이와 가까워지려는 노력을 기울인다. 부모는 종일 다양한 방법으로 자녀를 모은다. 아침에 나누는 포옹이나 방과 후 그날 있었던 일에 관해 이야기를 나누는 시간, 잠깐 떨어져 있다가 만날 때 나누는 간단한 인사, 함께 책을 읽거나 농구를 하는 것 등 매우 다양하다.

어른들끼리도 대부분 잠시 떨어져 있다가 만나면, 다시 유대를 맺어줄 의식을 갖는다. 간단하게는 "좋은 아침!"이나 "좋은 하루 보냈어요?"처럼 서로의 안부를 묻는다. 관계를 유지하는 데 이런 의식이 중요하다는 사실을 본능적으로 알기 때문이다.

교사들 역시 매번 수업을 시작하면서 무의식적으로 학생들을 모은다. 어떤 교사는 매일 아침 각각의 아이에게 인사나 악수를 하며 맞아줄 것이다. 어떤 교사는 하루 일정을 시작하기에 앞서 농담을 던지며 다시 교실로 돌아온 학생들을 맞이할 수도 있다. 이러한 유형의 모으기는 기분 좋은 환영 수단이 될 뿐만 아니라, "선생님은 여러분을 위해 이 자리에 있어요! 여러분이 지금 교실에 있는 건 배우기 위해서고, 선생님은 여러분을 가르치려고 있는 거예요. 우리는 한 팀이에요."와 같은 메시지를 전달하는 방법이 된다.

학생을 모으는 것은 '요청반응전략(a call and response strategy, 교사의 질문이나 요청에 학생들이 일제히 반응하게 함으로써 빠르고 효과적으로 학생의 주의를 끌기 위해 사용하는 방법-옮긴이)'과는 성격이 다르다. 요청반응전략은 주로 학생이 말을 듣지 않을 때 교사가 주의를 끌기 위해 사용하는 방법이다. 모으기에는 학생의 주의를 끌기 위한 노력보다 더 큰 의미가 담겨 있다. 모으기에서는 유대와 관계를 활성화하거나 재활성화하는 일이 가장 중요하다.

물론 모으기를 하면 아이들이 교사의 말을 더 잘 듣게 돼 학급 관리가 수월해지는 것도 사실이다. 하지만 그것은 부차적으로 얻는 유용한 효과일 뿐, 모으기의 주요 혜택은 아니다. 모으기를 하면 아이들이 교사에게 집중할 수 있어 가르치는 게 보다 수월해진다. 학생들이 교사와 함께 있을 때 정서적으로 더 안전하다고 느끼기 때문이다. 학생들은 안전하다고 느낄 때 교사의 질문에 답하기 위해 손을 더 자주 들고, 교사의 격려에 힘입어 창의적인 일에 도전하며, 교사가 보는 앞에서 새로운 일을 시도하고, 실수하는 데 거리낌이 없어진다. 그리고 학생들이 교사의 존재에 편안함을 느끼며 마음을 놓을 때, 자기 생각을 완강하게 고집하지 않으면서 다른 관점을 탐색하는 방향으로 역량을 넓힐 수 있다.

모으기의 전략

학생 모으기에는 단 하나의 방법 혹은 옳고 그른 방법이 존재하지 않는다. 간단하게는 교실에 들어오는 학생에게 "좋은 아침!"이라는 인사를 건네는 것에서부터 더 창의적인 일과를 수행하는 것까지 교사가 스스로 진실하고 편안하다고 느끼는 의식을 개발해 실행하면 된다. 내가 아는 교사인 디어드라는 독특한 모으기 일과를 실행한다. 그녀는 평소 옷을 화려하게 입으며, 형형색색의 독서용 안경을 즐겨 쓴다.

그녀가 항상 옷차림에 맞춰 안경을 선택한다는 것을 학생들이 알아채자, 그녀는 아주 자연스럽게 모으기 일과를 개발했다. 학년이 시작될 때마다 그녀는 자신의 책상 위에 안경이 든 커다란 바구니를 놓아둔다. 바구니 안에는 다양한 색상과 무늬(얼룩말 무늬부터 물방울무늬까지)의 안경이 35개 정도 들어 있다. 그녀는 교실의 모든 아이를 이름순으로 정리한 목록을 만들고, 이름을 수업 날짜와 짝지어준다. 매일 아침, 해당 날짜에 이름이 오른 아이에게 그녀가 그날 쓸 안경을 고를 선택권을 준다. 어떤 아이들은 그녀가 입은 의상과 완벽하게 어울리는 것으로 고르려고 유난히 신경을 쓰는 반면, 어떤 아이들은 의상에 전혀 맞지 않는 엉뚱한 안경을 선택해서 모두를 웃게 만든다. 이렇게 유쾌한 오전 의식은 그녀의 학급 전체가 매일 기대하는 시간으로 자리 잡았다. 단 5분 만에 디어드라는 학생들의 유대를 강화하고, 다 함께 즐기며, 교사에게 집중하고, 학습할 자세를 갖추도록 도운 것이다.

학생을 모으는 방법은 매우 다양하다. 내 경우에는 십 대를 지도할 때 주로 다음과 같은 방식의 간략한 일기예보를 하며 매 수업을 시작한다. 일단 나를 포함한 우리 반 모두가 동그랗게 둘러앉는다. 나는 각각의 학생에게 그날의 기분을 가장 잘 묘사하는 날씨를 설명해달라고 요청한다. 학생들은 "폭풍우가 몰아쳐요." 또는 "무지개가 활짝 폈어요!" 혹은 "화창한데, 소나기가 올 가능성이 있어요."라고 말한다. 이는 자세한 사연을 알지 않아도, 각각의 학생이 그날 어떤 상태인지 들여다볼 수 있는 창이 되어준다.

일기예보는 교사를 신뢰하는 분위기가 이미 형성되어 있는 학생 집단을 대상으로 하기에 적합한 모으기 활동이다. 그렇지 않은 집단에서는 오늘의 농담이나 디어드라의 안경 고르기처럼, 더 간단하고 신뢰 기반을 덜 요구하는 모으기 일과를 하는 것이 나을 수도 있다. 하지만 무엇을 하든 간에 매 수업을 시작할 때 짧으면서 관심을 끄는 모으기 활동으로 문을 여는 것 그리고 교사도 이 과정에 함께 참여하는 것이 중요하다.

모으기는 다른 중요한 상황에서도 빛을 발한다. 교사가 가장 속 터지는 일은 자신만의 세상 속에 빠져 있든, 의도적으로 교사를 무시하든, 도무지 말을 듣지 않는 학생들을 상대하는 것이다. 이런 아이들을 만나면 목소리를 키우거나 엄하게 대하거나 체벌에 손을 뻗고 싶은 유혹에 휩싸이지만, 이 경우에도 학생의 눈높이에서 유대를 맺으려 노력하는 것이 훨씬 더 효과적이다. 이러한 상황에서는 '지시하기 전에 모으기'라는 주문을 되뇌는 것이 중요하다. 방법은 어렵지 않다. 학생의 나이와 성격에 따라 다음의 방법을 시도해볼 수 있다.

• 학생의 자리 옆에 앉아 시선을 맞추고 미소를 지어 보이며, 요즘 관심을 끄는 것에 관해 잠시 이야기를 나눈다.

- 학생이 딴생각에 빠진 것처럼 보이면, 가볍게 어깨를 톡톡 치며 주의를 끈다.
- 전체 학급 앞에서 설명하고 있을 때는 시선을 맞추고 고개를 끄덕이거나 엄지손가락을 세워 보인다.
- 책을 읽거나 수학 문제를 풀거나 책상을 정리하고 싶지 않은 순간이 있을 수 있으며, 하고 싶지 않은 일을 하는 것이 힘들다는 것에 공감을 표한다. 어느 정도 아이와의 유대감이 생겼다고 느끼면, 그렇더라도 해야 할 시간이라고 다정하지만 단호하게 이야기한다.

아이들 중에는 너무 산만해서 현재의 순간으로 우선 데려다놓지 않으면 수업에 전혀 집중하지 못하는 아이도 있다. 이때 아이의 마음을 교실로 데려다놓는 가장 좋은 방법은 교사와의 관계에 다시 집중하게 하는 것이다. 학생들에게 무언가를 다시 하라고 요청하기 전에 이런 식으로 학생들을 모으면, 학생들과 대립 관계에 놓이는 상황을 피할 수 있고 아이들이 반항할 가능성도 줄어든다. 잠시 시간을 들여 학생들의 눈높이에서 학생들에게 필요한 것을 잘 알고 있다고 보여주는 방식으로 유대를 맺으면 그들이 자발적 참여자가 될 가능성도 훨씬 커진다.

또래 집단의 우두머리 모으기

대체 교사나 워크숍을 진행해본 교사라면 또래 집단의 우두머리가 학생 무리, 나아가 전체 학급의 분위기까지 결정한다는 사실을 잘 알 것이다. 나 역시도 워크숍을 진행하러 새로운 학교에 갈 때면, 어떤 아이가 주도권을 쥐고 있는지 바로 가늠해서 그 아이를 내 편으로 만들기 위해 애쓴다. 특히 행동 문제를 보이는 아이들을 다룰 때는 더욱 그런 편이다.

한번은 중학교에서 여학생들을 대상으로 워크숍을 진행한 적이 있다. 낮은 자존감, 불안감, 문제 행동으로 각 반의 선생님들이 특별히 선별한 소녀들이었다. 이 소녀들은 '자신의 능력을 키우는 법을 배우는 특별 활동'에 참여할 예정이었다. 하지만 나는 그곳에 도착하기도 전에 학생들 대다수가 그런 시간을 쓸모없다고 여기며 그저 정규 수업을 하루 빠진다는 사실에 즐거워할 것임을 알고 있었다. 게다가 아이들이 그 프로그램인지 활동인지가 문제 행동을 보이는 아이들을 대상으로 마련됐다는 것을 알아차리고는 자신을 '문제아' 내지는 '패배자'라 여길 수 있다는 것도 알고 있었다.

그래서 그날 교실에 들어서면서부터 어느 정도의 저항을 감당할 마음의 준비를 단단히 하고 있었다. 하지만 실제로는 내가 예상했던 것보다 훨씬 더 심각한 상황을 마주했다. 교실로 들어갔을 때 아이들은 자신들이 생각하기에 가장 강력하고 위협적인 방식으로 욕을 하며 요란하게 으스대고 있었다. 아이들의 적대감이 온몸으로 느껴졌다. 그들은 나를 환영하지 않았으며, 내 워크숍에 참여할 의사도 없음을 아주 분명하게 보여주었다.

사실, 학생들이 옳았다. 내가 누구라고 갑자기 나타나서 그들을 바꿀 수 있겠는가? 내가 그 아이들의 삶에 대해 뭘 안다고? 나는 그들과 아무런 관계를 맺지 않았기에, 그들은 나에 대해 알지 못할 뿐만 아니라 나를 신뢰할 이유도 없었다. 학생들과 관계를 맺지 않은 상태에서 정서적, 사회적 성장을 목적으로 워크숍을 진행하는 일은 사실상 불가능에 가까웠다.

내가 워크숍을 진행하는 데 동의한 이유는 하루가 온전히 주어졌기 때문이었다. 시간이 그보다 적었다면 워크숍 진행을 거절했을 것이다. 하지만 교실로 들어서는 순간, 내 생각이 완전히 틀렸음을 깨달았다. 하루가 온전히 주어진다 해도 절대 충분하지 않을 일이었다. 학생들과 내가 신뢰를 바탕으로 점진적인 관계를 맺으려면 여러 번에 걸쳐 워크숍을 해야 했다. 하지만 애석하게도 나는 이미 그곳에 있었고 재빨리 판단을 내려야 했다.

나는 교실 입구에 서서 두려움을 억누른 채, 주저하는 모습은 한치도 드러내지 않으려 노력했다. 무서웠냐고? 당연하다. 너무 두려워 감당이 안 될 정도였지만, 소녀들이 그걸 감지한다면 나에게는 아무런 가망도 없다는 것을 잘 알고 있었다. 나는 누구를 내 편으로 만들어야 할지 직감적으로 재빨리 판단해야 했다. 학생들이 눈치를 보는 대상이 누군지 알아내려 애썼다. 그들의 시선을 따라가다 보니 내가 누구에게 모으기를 해야 할지 알 수 있었다.

또래의 우두머리와 한편이 되는 최고의 방법은 그 아이의 리더십을 인정하면서 도움을 요청하는 것이다. 교실로 들어설 당시, 내 양손에는 짐이 가득했다. 나는 바로 그 소녀에게(스테이시라고 부르겠다) 아주 자신감 넘치되 태연한 말투로 노트북을 집어달라고 요청했다. 거절당할 거라는 생각은 애초에 해본 적도 없다는 듯한 표정을 하고서 말이다. 그것은 일종의 모험이었다.

스테이시는 나한테 "꺼져요."라고 말해버릴 수도 있었지만, 그렇게 하지 않았다. 그녀는 황당해 하면서도 노트북을 집어서 나에게 건

네줬다. 스테이시가 내 옆으로 오자 나는 마치 그 아이가 나에게 풍기는 모든 '꺼져' 기운에 완전히 둔감한 사람인 양 아무렇지도 않게 수다를 떨기 시작했다. 내가 기계치라고(이건 사실이기도 하지만) 말하며 자조 섞인 웃음을 지어 보이고는 노트북을 설치하는 것을 도와줄 수 있는지 물었다. 스테이시는 퉁명스럽게 고개를 까딱하고는 바로 작업에 착수했다. 나는 스테이시에게 시스템의 작동 원리에 관해 진지하게 질문하며 잠시 나를 지도하게끔 했다. 아주 더뎠지만 스테이시는 점차 마음을 열기 시작했다.

함께 노트북을 설치하는 동안 나는 그 아이의 염색한 머리에 관해서도 언급했다. 보라색이었는데, 마침 그날 내가 보라색 양말을 신고 있어서 바지를 올려 보여주며 내가 보라색을 아주 좋아한다고 말했다. 말로는 '할머니 양말'이라고 하면서도, 스테이시의 얼굴에는 아주 희미하게 미소가 스쳤다. 나는 평생 한 번도 머리를 염색한 적이 없는데 내 여동생은 예전에 하늘색으로 염색한 적이 있으며, 나도 언젠가는 용감하게 시도해보고 싶다고 말했다.

노트북 설치를 끝내고, 이제 워크숍을 시작할 시간이었다. 내가 스테이시에게 도와줘서 고맙다고 한 후 전체 그룹을 대상으로 모으기 과정을 시작하려던 순간이었다. 스테이시가 갑자기 큰 소리로 "모두 입 다물어! 여기 계신 이분이 우리를 가르쳐주실 거니까 얼른 자리에 앉아!"라고 외쳤다. 스테이시는 나를 돌아보고는 고개를 까딱했다.

5분이라는 짧은 시간 동안 나는 스테이시를 모으고 스테이시가 나를 신뢰할 수 있을 정도로 안전하다고 느끼게 하는 데 성공했다. 그 결과 스테이시는 다른 아이들에게도 나를 신뢰해도 된다는 메시지를 전달했다. 그렇다고 해서 내 역할이 끝난 것은 아니었다. 여전히 전체 학급을 대상으로 신뢰를 쌓아야 했고, 그렇지 않으면 모두 무너져내릴 수도 있었다. 하지만 스테이시 덕분에 적어도 엄청나게 유리한 위치에서 출발할 수 있었고, 수업을 풀어가는 과정도 훨씬 수월했다.

믿을 수 없을 정도로 멋진 날이었기에, 난 지금도 그날을 생생히 기억한다. 내가 교실에 처음 들어서던 순간 욕하고, 소리 지르고 밀치며, 일부러 도발적인 춤 동작을 선보이던 바로 그 여학생들이 내가 떠날 즈음에는 모두 나를 껴안으며 언제 다시 올 수 있냐고 물었다. 물론 항상 이런 식의 흐뭇한 상황만 펼쳐지는 것은 아니다. 나 역시 떠올리기만 해도 몸서리쳐지는 학급을 여러 번 경험했다.

대체 교사가 되거나 일회성 수업 및 워크숍을 진행하는 일은 굉장히 힘든 일이다. 정상적인 수업이 불가능한 상황도 흔히 벌어진다. 무엇을 가르치는가에 관계 없이 무척 다루기 힘든 학급을 만나면, 시작하기에 앞서 전체 집단을 대상으로 모으기를 하면서, 또래 집단의 우두머리로 보이는 학생을 모으려는 노력을 추가로 기울이면 도움이 될 것이다. 이러한 상황을 해결해주는 마법 같은 공식은 없지만, 모으기를 하려는 작은 노력이 생각보다 큰 효과를 가져다주는 것만은 확실하다. 교사 대부분이 자신과 학생에게 적합한 방식으로 모으기를 하겠지만, 다음 내용을 기억해두면 더욱 효과가 클 것이다.

- 모으기는 교수 활동을 시작하기 전 교사에 대한 유대감을 갖게 하므로 새로운 학생들을 가르칠 때 특히 중요하다.
- 매 수업을 시작할 때처럼 헤어졌다 다시 만날 때 실시하면 좋다.

- 어떤 아이들에게는 일과 중 정기적으로 매번 지시하기 전마다 모으기가 필요하다.
- 또래 우두머리(들)부터 모으면 효과가 강력해진다.

청소년 모으기의 어려움

앞서 설명한 것처럼 청소년은 자기만의 생각, 의견, 신념을 표현하는 공간을 마련하기 위해 가장 먼저 부모의 신념과 거리를 두기 시작하는 단계에 들어선다. 청소년이 교사를 나침반으로 여기게 하려면, 교사는 청소년을 의도적으로 모아야 한다. 이 연령대에 해당하는 학생들은 대부분 아주 '쿨하게' 행동하며, 무관심하고 폐쇄적인 것처럼 보일 것이다. 하지만 학생들이 교사에게 관심이 없어 보인다고 해서 교사를 필요로 하지 않는다고 받아들여서는 안 된다. 실은 이때야말로 학생들에게 교사가 가장 필요한 시기이기 때문이다.

청소년기는 성장을 도와주는 여러 어른을 만나야 할 때다. 청소년이 자기 자신에 대해 알아가는 공간을 마련하기 위해 가장 먼저 자신의 부모와 거리를 두기 때문이다. 사실 이때가 교육자에게는 아주 좋은 기회가 될 수 있는데, 아이의 마음속에 교육자를 위한 공간이 커지는 시기이기 때문이다. 청소년들은 멘토를 찾는 데 개방적이며, 교사의 지도에 비교적 우호적으로 반응한다.

따라서 당신이 청소년기의 아이들을 맡았다면 한 걸음 물러서는 것이 아니라 오히려 한 걸음 더 다가가 교실에서 더 깊은 유대를 쌓아야 한다. 청소년이 먼저 우리와 유대를 맺으려 들지는 않을 테니, 먼저 손을 내밀어 관심을 느끼게 만드는 것이 우리의 역할이다. 그리고 이를 실천하는 가장 좋은 방법이 '몰입형 모으기 활동'이다.

　많은 학교에서는 청소년들에게 더욱 심도 있는 멘토십과 관계 맺기 활동이 필요하다는 것을 인정해 학년 초에 수련회나 수학여행을 실시한다. 수련회나 수학여행 같은 몰입형 모으기 활동으로 많은 학생의 학습 자세와 행동을 크게 바꿔놓을 수 있다. 이런 활동을 통해 우리는 모두 일상에서 매일 직면하는 방해 요인으로부터 잠시 벗어날 수 있다. 학생들은 핸드폰, 컴퓨터 그리고 학교와 방과 후 활동 사이사이 몰아치는 온갖 활동에서 잠시 벗어나 교사와 유대를 맺을 더 많은 기회를 얻을 수 있다. 게다가 자연 속에 있으면 감각이 깨어나고 각자의 단단한 칼날이 무뎌져 긴장을 풀 수 있으므로 유대를 맺을 여지가 더욱 커진다.

　이런 활동의 또 다른 장점은 신체적으로 가까워지는 것이다. 교사가 학생과 이렇게 많은 시간을 함께 보낼 기회는 드물다. 하이킹, 카누 타기, 모닥불에 둘러앉아 이야기 나누기처럼 자연스러운 방법으로 유대를 쌓고 관계를 맺는 활동에 참여하는 것은 정말 소중하고 값진 기회다. 십 대들 상당수는 교실에서 그냥 대화를 나눌 때보다 함께 활동하면서 마음의 문을 여는 경우가 많다.

　내가 만나본 대부분의 십 대들은 함께 활동에 참여하면서 자신의 마음속 이야기를 털어놓았다. 이러한 여행의 핵심은 학생들이 자연과 교감하고 서로 돈독해지는 시간을 보내는 기회를 제공하는 데 있다. 이 시기에 교사가 학생들을 모으는 본분을 망각한다면, 엄청난 기회를 놓치는 것이라는 점을 반드시 기억하자.

　몰입형 모으기 활동은 교사에게 아주 귀중한 세 가지 선물을 선사하는데, 그것은 바로 학생들에 대해 알아갈 기회, 학생들과 즐겁게 지낼 기회, 학생들의 멘토가 될 기회다. 교사가 이 기회를 잘만 활용하면 학교로 다시 돌아왔을 때 학생들이 교사를 존중하고 우러러볼 가능성이 커져 가르치는 일이 훨씬 더 수월해진다. 그렇다고 해서 모으기 작업이 완전히 끝났다는 의미는 아니지만, 몰입형 모으기 활동의 여세를 몰아 일상에서 훨씬 더 효과적으로 관계를 맺어나갈 수 있다.

한 번씩 이상적인 학교의 모습을 그려보며, 모든 중학교와 고등학교에서 이러한 방식으로 한 해를 시작하는 장면을 상상해본다. 또한 내가 몸담았던 학교 중 가장 힘들고 문제가 많았던 곳을 떠올리며 이러한 활동이 교사를 힘들게 하는 학생들의 행동을 어떻게 바꿔놓을지도 생각해본다. 하지만 모든 학교에서 이와 같은 몰입형 모으기 활동으로 십 대를 모을 수 있는 것은 아니다. 일부 학교는 이런 활동을 실행하기 힘들 수도 있다.

그렇다고 방법이 아예 없는 것은 아니다. 교사는 매년 조금 특별한 방법의 몰입형 모으기 활동을 도입해볼 수 있다. 예를 들어 포틀럭 파티(각자 요리를 조금씩 가져와 같이 나눠 먹는 친목 모임의 일종-옮긴이), 참여형 그룹 프로젝트, 다 함께 즐길 수 있는 오락 활동, 특별 현장학습 등의 방법을 이용해서도 학생들을 모을 수 있다.

5
관계 키우기

'모으기'는 학생들과 유대를 맺는 도화선이 된다. 학생과의 관계를 더 키우려면, 불꽃을 계속해서 크게 키워 나가야 한다. 교사가 학생과 맺은 관계를 키우는 아주 중요한 방법 중 하나는 '학생들과 보내는 시간을 진심으로 즐기고 있다'는 메시지를 전하는 것이다.

나는 어린 시절 엄마와 함께 마트에 갔던 날을 아주 선명히 기억한다. 엄마가 장 본 것을 계산하는 동안, 직원이 엄마에게 "다음 주면 개학이네요. 기쁘시겠어요, 이제 자유잖아요!"라는 말을 건넸다. 그러자 엄마는 "실은, 그렇지 않아요. 저는 딸이 엄청 그리울 것 같아요. 여름 내내 꼭 붙어 있어서 너무 좋았거든요."라고 대답했다. 그 순간 내 마음은 자부심으로 부풀어 올랐다. 우리 엄마는 나를 사랑하기만 하는 게 아니라 나와 함께 있는 시간을 즐기는구나!

마음 깊숙이 자리 잡은 이때의 기억으로 나는 누군가에게 즐거움의 대상이 된다는 것이 무엇인지 알게 되었고, 그 느낌의 힘을 깨달았다. 더불어 누구에게나 그런 존재가 되고 싶은 열망도 함께 느꼈다. 엄마가 카트를 밀며 계산대를 빠져나오려는 순간, 엄마의 손 위로 슬며시 내 손을 포갰던 순간이 지금도 머릿속에 생생하다.

우리 집은 엄청난 대가족이다. 나는 엄마가 낳은 아홉 번째 아이다. 게다가 우리 부모님은 내가 태어난 이후로도 열한 명의 아이를 위탁 양육하셨는데, 나는 그중 세 명과 유년 시절의 대부분을 함께 보냈다. 수양 남동생인 제이슨은 다운증후군을 앓았고, 수양 여동생도 특별한 보살핌이 필요한 아이였다. 그래서 나는 엄마가 무척 바쁘다는 것을 누구보다 잘 알고 있었다.

어쩌면 엄마의 마음 한편에는 내가 다시 등교하게 되어 기쁜 마음이 있었을지도 모른다. 어쩌면 혼자만의 고요한 시간을 기대하고 있었을지도 모른다. 아니면 그 직원의 말에 동조하면 우리 사이가 멀어지게 될 거란 걸 먼저 생각하고 있었을지도 모른다. 이유야 어찌 됐든, 엄마가 보인 반응은 나에게 그리고 엄마와 나의 관계에 엄청난 축복으로 작용했다.

그날의 경험을 떠올릴 때면, 나는 요즘 문화에서 어른들이 아이들과 함께 있는 순간이 즐겁지 않다고 얼마나 자주 그리고 분명하게 표현하는지 생각하게 된다. 얼마 전 나는 워크숍을 진행하려고 어느 학교 주차장에 진입하다가 한 교직원의 차량에 붙은 범퍼 스티커에 '교직의 최고 장점은 7월과 8월이다'라고 적힌 것을 보았다. 작년 여름에는 텔레비전을 보다가 학용품을 생산하는 대형 체인점 광고를 보고 놀랐다. 광고에서는 학부모들이 환호하며 학용품을 사려고 신나게 달려들었는데, 그 이유가 자녀들에게서 해방되어 너무 기뻐서였다.

이런 내용이 텔레비전에 나온다는 것에 충격을 받았지만, 우리 문화가 이러한 현상을 여태 정상으로 받아들여왔다는 사실에도 눈뜨게 됐다. 우리는 아이들에게 우리가 그들을 즐거운 대상으로 여기지 않으며, 그들이 우리를 귀찮게 하지 않을 때 행복하다는 메시지를 너무나 자주 보내고 있다.

우리 문화가 노골적으로 아이들이 얼마나 성가신 존재인지를 표현할 때면 그것이 아이들에게 어떤 영향을 미칠지 의식하고 있는 걸까 궁금해진다. 심지어 어른인 우리도 배우자가 "당신과 떨어져 있게 돼 행복하다."고 말한다면 얼마나 큰 상처를 받을지 가늠할 수조차 없다. 아니면 휴가 전날 상사가 우리에게 "앞으로 2주간 자네와 씨름하지 않아도 돼서 다행이야."라고 말한다면 어떨까? 어른인 우리가 이런 경험을 한다고 생각해도 어처구니없는데 하물며 아이들은 어떨까.

물론 우리가 고의로 아이들에게 즐겁지 않은 대상이라는 인상을 심어주는 건 아닐 것이다. 아이들의 행동이 너무 감당하기 힘든 경우, 상처를 주려는 의도보다는 자기도 모르는 사이에 이런 말이 입 밖으로 나올지도 모른다. 또한 평소 우리가 하는 말은 긴장을 푸는 유쾌한 수단이 되기도 한다. 실제로 그렇게 느끼지 않을 때조차도 농담하며 웃어넘기는 것이 우리 문화의 일부로 자리 잡은 것 같다. 하지만 이유가 무엇이든 간에 그러한 발언이 아이의 기분과 행동에 어떤 영향을 미칠지 인지하지 못하는 것만은 확실해 보인다.

우리가 아이들에게서 멀어지는 것을 얼마나 즐거워하는지 분명하게 표현하는 순간, 아이들을 '즐겁지 않은 대상'으로 만드는 문화에 편승하는 셈이다. '즐겁지 않은 대상'이라는 말을 들으면서 '즐거운 대상'

이 되기가 힘들어지는 건 어쩌면 당연하지 않은가.

많은 교사는 분통 터지고, 버릇없고, 함께 있으면 즐겁지 않은 학생들을 경험한다. 그럼에도 불구하고 우리가 학생들과의 시간을 즐기고 있다고 분명하게 표현하려면 어떻게 해야 할까? 물론 이것은 무척 힘든 일이며, 학생들이 우리를 지치게 만들어 모든 의욕마저 사그라질지도 모르는 상황에서는 더욱 그럴 것이다. 하지만 당신이 이 책을 읽고 있다면, 당신의 마음속에는 희망의 여지가 아직 남아 있을 거라 생각한다.

교실이 즐거운 곳이어야 하는 이유

내가 3학년 때 만난 한 선생님은 우쿨렐레를 아주 좋아하셨다. 그분은 영화 〈사운드 오브 뮤직The Sound of Music〉에 나온 모든 노래를 우리에게 가르쳐주셨다. 수업 시간에 함께 노래를 부르며 따스하고 행복한 기분을 느꼈던 기억이 내 머릿속에 여전히 남아 있다.

10학년 때 프랑스어 선생님은 우리에게 크레이프를 비롯해 여러 프랑스 요리 만드는 법을 가르쳐주셨다. 그분은 우리가 요리하거나 공부를 할 때 늘 프랑스 음악을 틀어놓으셨다. 그 수업은 단번에 내가 가장 좋아하는 시간이 되었고, 나는 프랑스어에 애정이 생겨, 그 후로도 몇 년간 따로 공부를 계속했다.

즐거운 교실을 만들기 위해 당신이 꼭 유쾌한 오락 감독이 될 필요는 없다. 학생들을 매 순간 즐겁고 유쾌하게 만들어주는 것은 교육자의 역할이 아니다. 하지만 교사가 자신이 가르치고 있는 과목을 좋아하고, 더 나아가서는 학생들을 가르치는 일을 즐긴다는 것을 학생들이 감지하면 확실히 학생들과 더 쉽게 유대를 쌓을 수 있다. 대부분의 교육과정에서는 학생들의 호기심과 공동체의식을 불러일으키는 방식으로 수업 및 학급 활동에 참여할 필요가 있다고 명시한다. 게다가 교사들 대부분은 이미 경험을 통해 즐거운 교실이 주는 이점을 잘 알고 있을 것이다.

하지만 자신을 힘들게 하는 학생들과 버릇없이 제멋대로 구는 통제 불가능한 학급을 만나면, 교사의 열정과 즐거움이 사그라진다. 교사들은 학생들의 주의를 끌어보겠다고 온갖 방법을 동원할지도 모른다. 누군가는 쉬는 시간 박탈하기처럼 협박이나 처벌을 선택할지도 모른다. 누군가는 보상을 택해, 이를테면 피자 프라이데이를 만들어 학급이 일주일 동안 말을 잘 들으면 맛있는 간식을 사주는 방법을 적용할 수도 있다.

문제는 가장 힘들게 하는 학급과 가장 문제 행동이 잦은 학생에게는 이러한 전략이 좀처럼 먹히지 않는다는 데 있다. 한두 번 정도는 통할지 모르나, 장기적으로는 효과를 보지 못한다. 학생들이 자신들을 '문제 학급'이라고 인식하면서 사기가 저하됐는지도 모른다. 아니면 보상을 받을 수 있을 만큼 말을 잘 듣는 데 필요한 정서적, 발달적 역량이 아직 자리 잡지 못했는지도 모른다. 그리고 무엇보다 이러한 전략만으로는 인간을 바르게 행동하고 싶다는 욕구의 본질에 닿게 할 수가 없다.

가정에서 부모가 재미있고 즐거운 집안 분위기를 조성하는 데 시간을 들이면, 아이들도 스스로 나서서 부모를 도울 가능성이 커진다.

등굣길 차 안에서의 대화도, 저녁 식탁에서의 농담도 사라진 채 집안에 즐거움이라고는 전혀 찾아볼 수 없이, 그저 양치하기, 숙제하기, 쓰레기 내다버리기, 방 청소하기처럼 과업 중심으로만 소통이 이루어지는 가정을 생각해보라. 함께 느끼는 즐거움이 사라지면, 관계의 따스함도 사라지고, 자연스럽게 생겨나던 착한 동기도 사라진다. 이런 상황에서는 부모가 자녀를 통제하기 위해 외재적 수단 또는 공포감을 이용해야 할지도 모른다.

인간은 즐겁지 않은 대상과 맺은 관계에서 자신의 마음을 터놓길 원치 않는다. 간단히 말해 아이들이 교사와 함께 있는 시간을 즐긴다면, 아이들은 상호 존중에 기반을 둔 관계에 훨씬 더 열린 마음을 갖게 될 것이다. 교사가 서로에게 즐거움을 느끼는 교실을 만들어 나간다면 학생들은 교사의 말에 더욱 귀를 기울이고 학급 활동에도 더 적극적으로 참여하게 될 것이다.

학급 운영 중에 연대감과 즐거움을 주는 의식을 중간 중간 배치하면 도움이 될 수 있다. 저녁 식사 시간에는 꼭 가족들이 함께 모이는 가정처럼 교실에서도 정기적으로 유대를 맺는 의식을 정해두면, 연대감과 즐거움을 마련하는 일에 항상 신경을 쓰지는 않아도 된다. 이런 의식을 별개의 문제로 생각할 것이 아니라, 교실에서 정기적으로 행하는 일 중 하나가 될 수 있도록 하면 좋다. 이를테면 "금요일마다 이걸 할 거예요." 혹은 "매달 초에는 우리가…"와 같은 식으로 표현할 수 있다. 그러면 학생들이 이 시간을 예상하고 기대할 수 있다. 교사는 이 체계에 의지해 학급이 서로 뭉치도록 이끌 수 있다.

자신만의 방법을 개발하자

지금쯤이면 분명 "학생들이 말을 잘 듣는다면 저도 더 즐겁고 재밌는 활동을 마련해줄 수 있지만, 말을 저렇게 안 듣는 애들이랑 즐거운 활동을 하고 싶겠어요?"라고 말하는 이들도 있을 것이다.

그런데 여기서의 핵심은 악순환을 끊어내는 것에 있다. 누군가는 먼저 시작해야 한다. 교실 내 분위기를 바꾸고 싶은 쪽은 교사이기 때문에, 당연히 동기가 확실하며 아이들보다 성숙한 존재인 교사가 먼저 손을 내밀어야 한다. 학급에서 즐거운 활동을 할 수 있을 만큼 학생들이 착해지기를 기다린다면, 평생 기다리기만 하다가 끝날지도 모른다.

하지만 우리가 앞장서서 즐거운 문화를 만들기 시작한다면, 그러니까 학생들과의 현장학습이나 특별한 만들기 활동이나 점심 피자 파티를 얼마나 고대하는지 학생들에게 분명히 표현해준다면, 관계에 변화를 일으킬 수 있다. 또한 학생들은 마음속 빗장을 풀고 교사에게 연대감을 느낄 수 있다. 일부 교사들은 '가식'처럼 보일까 봐 걱정할 수도 있는데, 물론 한동안은 그런 인상을 줄 수도 있다.

하지만 나는 교실 속 즐거움의 기운이 집단의 분위기를 얼마나 크게 바꿔놓는지 수없이 많이 목격했다. 교사가 가르치는 일을 즐기고 있다고 느끼면, 학생들은 반드시 조금씩이나마 교사에게 유대감을 느낄 것이고, 자신이 교사에게 특별한 존재라 여기게 될 것이다. 그 결과 학생들을 가르치는 일은 점점 더 수월해질 것이다.

6
관계를 보호하고 확장하기

교실의 상황이 좋을 때는 학생들과 관계를 맺는 일이 기분 좋고 자연스럽지만, 상황이 힘들어지면 변화에 도움을 줄 가장 중요한 요소부터 놓아버리기 쉽다. 교사는 학생들의 문제 행동 때문에 스트레스에 빠져 그들을 벌주거나 혼내는 일에 급급한 나머지 유대감의 중요성을 망각할지도 모른다. 교사는 상황이 힘들고 해결하기 어려울수록 가장 먼저 관계에 집중해야 한다는 것을 늘 명심해야 한다.

아이들 편에 서는 것의 힘

교실에서 허용되지 않는 행동이 발생하면, 교사는 이를 반드시 짚고 넘어가야 한다. 하지만 이때도 아이에게 무엇을 잘못했는지 일일이 지적하고 비판하며 아이와 적대 관계에 서는 대신, 아이의 기분에 먼저 공감해야 한다. 즉 교사가 감정적으로 학생의 편에 서야 한다는 뜻이다.

배우자나 친구, 가족처럼 당신과 가까운 사람이 당신이 이웃과 언쟁하는 모습을 목격하고는 "너한테 실망이야. 성질 좀 죽이지 그랬어."라고 말하는 상황을 상상해보자. 당신은 본능적으로 방어 태세를 갖추며 "나도 노력했다고! 그 사람이 먼저 나한테 뭐라고 했는지 모르잖아! 무례하기 짝이 없었다고! 넌 항상 남의 편이지."라고 말할 것이다. 그 대신 상대방이 당신에게 다가와서 "많이 화났지?"라고 다정하게 말을 건넨다면, 당신의 태도도 당연히 달라질 것이다. 또한 당신은 평가받거나 강요받는다는 느낌 없이, 열린 마음으로 어떤 행동을 취했어야 했는지 곰곰이 생각해볼 수 있을 것이다.

교사가 감정적으로 학생의 편에 서면, 학생의 문제 행동을 짚어주면서도 변함없이 학생과 관계를 맺고 더 나아가서는 관계를 보호할 수 있다. '공감'에는 상대방이 방어적인 자세를 취하지 않으면서도 자신이 무엇을 잘못했는지 돌아보게 만드는 힘이 있다.

교사는 학생들이 반기지 않는 일을 하게 해야 할 때도 먼저 학생들의 편에 설 수 있다. 강압적인 태도를 보이는 대신 "지금 분수 문제 풀기 싫은 거 알아. 하기 싫은 일을 하는 건 누구나 힘들어. 선생님은 빨래할 때 그런 마음이 들거든."이라고 말하면서 학생들이 느낄 수 있는 실망이나 불만 같은 감정에 공감하는 과정을 통해 학생들이 더욱 수월하게 부정적인 감정에서 빠져나올 수 있게 돕는 것이다. 교사가 자신을 이해하고 있음을 알고, 교사가 자신과 같은 편이라고 느끼면 학생들도 크게 심호흡을 한번 하고 본인이 해야 할 일을 하기 쉽다. 또한 머리와 마음으로 당신을 받아들여 한 팀을 이룰 수 있다.

아이들의 선한 의도 찾아주기

학생들의 선의를 찾아주는 것도 문제 행동을 다루는 아주 유용한 전략
이다. 예를 들어 아이가 다른 아이를 때리는 행위를 멈추게 하는 것이
목표라면, 그 아이가 때리는 행위를 멈추고 싶어 하는 마음을 확인시
켜주면 된다. 학생이 교사에게 욕하는 것을 멈추게 하려면, 학생이 욕
하기를 그만두고 싶어 하는 마음을 확인시켜주는 것이 도움이 된다.
학생들이 선의를 끝까지 지켜내지 못한다 해도 일단 문제 행동보다는
선의에 주목하면 올바른 방향으로 한 발짝 나아가게 된다.

개인적으로도 학생들의 선의를 찾아주어 그 덕을 톡톡히 본 적이
있다. 이 방법은 아이들이 자신을 바라보는 방식부터 바꿔 아이들을
부정적인 역할에서 벗어날 수 있게 한다. 수지라는 아이가 일부러 이
브라는 아이와 부딪혀 넘어뜨린 상황을 상상해보자. "너 일부러 그랬
잖아! 당장 이브한테 사과해. 그리고 앞으로 다신 그러면 안 돼!"라는
말로 수지를 혼내는 대신, 아이를 조용한 장소로 데려가 창피를 주지
않으면서 다정하게 행동을 교정하면 좋다.

내가 이런 상황에 놓인다면 "좋아하는 장난감을 바로 가지고 놀지
못해서 속상한 거 알아. 네가 착하고 배려심 있는 아이인 것도 알아. 하
지만 이브를 밀쳐서 넘어뜨린 건 옳은 행동이 아니야. 이브가 괜찮은
지 직접 확인해봐야 해. 선생님이랑 같이 가보자."와 같은 말을 통해 수
지의 선의를 찾아주려 노력할 것이다. 내 역할은 그저 수지가 자신의
배려심 있는 모습에 닿을 수 있도록 도와주는 것이다. 여기서 목표는
수지가 점차 자신의 선의를 느끼고 자발적으로 그에 따라 행동하게 하

는 것이다.

아이가 문제 행동을 다시 보인다고 해도 "잘하고 있어. 또다시 그렇게 행동할 마음은 없었던 거 알고 있어. 선생님 눈엔 네가 노력하고 있는 게 보이거든. 더 잘하게 될 거야."와 같은 말로 응원과 격려를 표현해주는 것이 중요하다. 이것은 아이가 상황을 망쳐버렸을 때 어른들 대부분이 대처하는 방식과는 상반되는 방식이다. 어른들 대부분은 화내고, 비난하며, 벌주고, 왜 그랬는지 추궁하고 싶은 충동에 휩싸일 것이다. 반대로 이러한 순간에 교사가 용기를 북돋워 주는 존재가 되어주면, 아이들이 자신의 마음 한 켠에 자리한 '달라지고 싶은 바람'에 닿을 수 있다.

그렇다고 해서 훈육을 하거나 조처할 필요가 없다는 뜻은 아니다. 어느 하나 똑같은 상황은 없기 때문에 서로 다른 조치가 필요할 것이며 모든 상황에 적용되는 만능 해결책이란 애초부터 존재하지 않는다. 또한 아이들은 반드시 용인되는 행동과 그렇지 않은 행동 그리고 행동에 책임을 져야 한다는 것을 배워야 한다. 하지만 벌을 줄 때도 아이들이 자신의 배려심에 닿을 수 있도록 주의를 기울일 수 있다.

때로는 선의를 징계의 대안으로 활용하면 효과적이다. 아이를 혼내는 대신 아이가 변화하려는 자신의 내적 욕구에 닿도록 도울 수 있다. 잘못된 행동을 한 아이에게 벌을 주지 않는다는 발상이 생소하게 느껴질 수도 있지만, 의외로 이 방법은 엄청난 효과를 불러온다. 자신이 책임져야 할 상황이 두려워 교사가 보는 앞에서 행동을 멈추게 하는 수준에 그치지 않고, 학생이 실제로 달라지도록 유도하기 때문이다. 이 방법은 당신이 학생과 맺은 관계를 해치는 게 아니라 오히려 관계를 더욱 돈독하게 강화해준다.

　선의를 명확히 표현해주는 방법으로 한 학생을 완전히 변화시킨 실제 사례를 살펴보자. 다음은 캐나다 온타리오주 소재의 어느 사립학교에서 보내온 사연으로, 이 사연에 등장하는 스테파니는 그전까지 수년간 문제 행동을 보이던 아이였다.

친절한 스테파니 찾아주기

스테파니는 3학년 때 공립학교에서 전학을 왔습니다. 스테파니의 부모님은 소규모 학급과 통제된 환경이 아이의 부정적인 행동을 바꿔줄 거라는 희망으로, 사립학교에 보내기로 하셨죠. 이전에 다녔던 학교 생활기록부에는 스테파니가 반사회적 행동을 보이고 특히 또래에게 잔인한 말이나 비난을 퍼붓는 경우가 많다는 내용이 적혀 있었습니다. 아이에게 다양한 행동주의 기법을 시도해봤지만 아무런 효과도 보지 못했다는 말도 함께 적혀 있었어요.

3년의 세월이 흘렀지만, 스테파니의 반사회적 행동은 변함없이 상당한 문제를 일으키고 있었어요. 아이들은 스테파니에 대한 불만을 끊임없이 쏟아냈고, 스테파니가 자기 자녀에게 못되게 군다는 학부모들의 항의 전화도 빗발쳤습니다. 무정하다 못해 때로는 잔인하기까지 한 말과 다른 아이들을 밀치고 수업에 지장을 주는 행동이 가장 큰 문제였어요. 이 모든 언행에 대해 스테파니는 오해라고 했어요. 이를테면 밀친 게 아니라 발을 헛디뎌 다른 사람 위로 넘어졌다고 말하는 식이었지요. 스테파니는 아주 영리한 아이였고, 학업 성취도가 높았으며, 단 한 번도 대놓고 큰소리를 내거나 폭력적인 적은 없었어요.

스테파니는 3년간 꾸준히 상담을 받고 사회봉사 교육에 참여했어요. 그 아이와 짝꿍을 하고 싶어 하는 학생은 아무도 없었지만, 학생들은 직접 말하기가 무서워 선생님께 몰래 짝을 바꿔 달라고 부탁했습니다. 교사들은 학급 토론 시간에 부정적인 발언에 대처하는 방법을 살펴보면서 학생들에게 "그건 친절하지 않은 행동이야."라고 말할 수 있도록 지도했어요. 주변 학생들이 스테파니에게 친절하지 않은 행동이라고 말해주면 조금은 상황이 달라질 거라고 기대했지만, 아무것도 달라지지 않았습니다.

교사들은 교내 정서 건강에 관한 교육을 받기로 했습니다. 수없이 논의하고 상황을 새로운 각도에서 바라보려고 노력한 끝에, 저희 모두 한 팀이 되어 마치 스테파니가 친절한 아이인 것처럼 대해보기로 했어요. 스테파니가 못된 말을 할 때마다 저희는 "스테파니, 그건 너답지 않은 말인데. 오늘 많이 피곤한가 보구나."와 같은 말을 건넸습니다. 교사들이 스테파니를 많이 아낀다는 점과 스테파니를 착하고 배려 있는 학급 구성원으로 생각한다는 점을 명확하게 표현해줬어요.

다른 학생들을 포함해 모두가 스테파니를 반사회적인 아이라고 여기고 있다 보니, 초반에는 조금 어려웠어요. 솔직히 말해 아무도 그 아이를 좋아하지 않았거든요. 스테파니가 어떤 행동을 해도 교사들이 그 아이에게 따스하게 대하며, 그건 '너답지 않다'고 명확하게 말하니, 스테파니는 처음엔 좀 혼란스러운 듯했어요. 다른 학생들도 마찬가지였고요. 하지만 저희는 계속 밀어붙였습니다. 그와 함께 스테파니에게 몇 가지 역할을 맡기기 시작했어요. 평소라면 절대 시도하지 않을 일이었지요. 저희는 그 아이를 사려 깊은 학급 구성원인 것처럼 대해줬어요.

결과는 기적이나 다름없었습니다. 일단 못된 말을 하는 횟수가 줄어들었어요. 한번은 스테파니가 어떤 학생에게 유독 못되게 굴어서 따로 대화를 나눌 일이 있었는데, 제가 "이건 정말 너답지 않은데. 오늘 정말 힘든 날인가 보구나."라는 말로 이야기를 꺼냈어요. 스테파니는 평소처럼 끈질기게 부인하는 대신 "알아요. 죄송해요. 제가 제시카한테 지금 바로 사과할게요. 아주 기분 나빴을 거예요."라고 했어요. 그 아이가 무언가를 바로 인정하고 해결 방법까지 제시한 건 3년 만에 처음 있는 일이었습니다. 그 후로 2주도 안 돼 다른 학생들도 스테파니가 완전히 달라졌다고 놀라워했어요. 그 애와 친해지고 싶어 하는 학생들이 생겨났고, 스테파니가 수업을 방해하는 일도 사라졌답니다.

3, 4주 정도 지나자 스테파니는 완전히 새로운 사람이 됐어요. 이제 1년 정도 지났는데, 그때 상황이 까마득한 옛날 얘기 같네요. 새로운 스테파니는 사회성 있고, 협조적이며, 인기 있는 학급 구성원이 되었습니다. 이제는 친구들의 생일 파티에도 초대받아요. 아이들은 그 애와 짝이 되고 싶어 하지요. 가끔 못된 모습이 튀어나올 때도 있지만, 대체로 저희가 항상 말해줬던 대로 착하고 상냥한 아이가 되었답니다.

스테파니의 경우처럼 아이에게서 선한 모습을 발견하기가 아주 힘들 때는 선의를 찾아주는 일이 진정성 없이 느껴질 수도 있다. 하지만 가장 다루기 힘든 아이의 행동을 바꾸고 싶다면, 교사는 자신의 마음 깊숙한 곳에 있는 호의까지 끄집어내야 한다. 교사가 다루기 힘들어 하는 아이들이야말로 가장 지속적이며 깊은 호의를 보여줘야 바뀌기 때문이다.

이것은 우리를 힘들게 하는 아이에게 "너는 말 안 듣는 아이야."라고 반복해서 말하는 행동을 멈춘다는 의미다. 또한 아이의 짓궂거나 버릇없거나 거슬리는 행동의 이면에는 아이가 어떻게 감당해야 할지 모르는 강렬한 감정이 자리하고 있다는 것을 이해한다는 의미다.

이는 곧 우리가 아이들을 대하는 일을 하겠다고 선택한 이유, 즉 교사는 말 잘 듣는 학생들만을 위해 존재하지 않으며, 자칫 소외되기 쉬운 학생들을 교육하고 돕기 위해 존재한다는 것을 되새긴다는 의미다. 또한 아이가 자신을 바라보는 방식에 교사가 엄청난 영향력을 미칠 수 있음을 인정한다는 의미다.

징계를 당한 학생에게 '다리 놓기'

교사가 아이를 징계할 때, 아이는 교사의 애정을 잃게 될까 걱정할 수도 있다. 아이는 교사가 이제 자신을 '문제아'라고 여길까 염려하여 교사를 먼저 멀리하기로 마음먹고, 이런 이유로 관계가 서서히 무너질 수도 있다. 관계가 무너지면, 교사를 따르려는 아이의 의지도 약해진다.

아이가 제풀에 포기해버리거나 창피해 하거나 어색해 할 수 있기 때문에 교사는 평소보다 더 따스한 방법으로 아이를 관계 속으로 다시 불러들여야 한다.

교사는 학생을 벌줘야 할 때마다 학생이 징계를 뛰어넘어 교사와 맺은 관계로 돌아올 수 있도록 다리를 놓아줘야 한다. 우리가 의도적으로 아이와 다시 유대를 맺는 것을 '다리 놓기'라고 하는데, 이때 다리는 관계가 계속 살아 있도록 지켜주고, 말썽을 일으킨 아이들이 우리와 계속 유대를 맺게 하는 역할을 한다. 교사는 어떤 일이 있었다 해도 변함없이 아이를 아끼며 좋은 사람으로 여긴다는 것을 알려줘야 한다. 굳이 말로 표현하지 않아도 된다. 시간이 조금 흐른 후 보내는 가벼운 윙크, 미소, 엄지척 같은 행동만으로도 아이에게 우리의 관계가 여전히 건재하다는 사실을 알려주기에는 충분하다.

다리 놓기는 정학처럼 중징계 처분을 받아야 하는 비행을 한 학생들에게 더욱 중요하다. 학생이 학교에서 정학 처분을 받았다면, 학교로 돌아오는 일이 굉장한 도전이 될 수 있기 때문이다. 학교와 떨어져 있는 동안 아이의 마음은 이전보다 더 단단히 닫혀버렸을지도 모른다. 대개 교사는 이런 학생에게는 관계로 다시 불러들이는 다리를 놓아주지 않는 경우가 많다. 사실 이런 아이들은 "이번 일을 계기로 네가 무언가를 깨달았기를 바란다. 다시는 그런 행동은 하지 않는 게 좋을 거야. 지켜보겠어."처럼 자신을 환영하지 않는다고 느낄 만한 메세지를 듣는 경우가 훨씬 더 많다.

하지만 이러한 접근 방식은 행동을 악화시키기만 할 뿐이다. 학생이 다시는 같은 비행을 저지르지 않을 거라는 희망을 갖고 싶다면, 교사는 가장 먼저 "너의 복귀를 환영하고 다시 보게 되어 기쁘다."라는 메시지부터 전달해야 한다. 일부 학교에서는 이를 위한 하나의 방법으로 교장이 학생에게 개인적으로 다가가 다리 놓기를 하는 경우도 있다. 보통 교장이 학생에게 정학 처분을 내린 당사자이기 때문이다. 교장은 "떨어져 있는 동안 힘들었지? 어쩌면 지금은 화가 나 있을 수도 있겠구나. 게다가 오랜만에 학교에 와서 어색할 수도 있고. 네가 용인되지 않는 행동을 했지만, 이젠 다 과거야. 선생님은 네 안에 착한 모습도 있다는 걸 알고 있어. 학교에서 다시 보니 정말 좋구나."처럼 따스하게 말해 줄 수 있다.

이런 식으로 다리를 놓으면, 문제 학생들이 복귀했을 때 주로 듣게 되는 말보다 훨씬 큰 성장의 여지를 마련할 수 있다. 심지어 어떤 학교에서는 정학 기간에 교장이 학생의 집으로 방문해 숙제와 간식거리를 가져다주는 일도 있다. 이런 노력은 관계를 강하게 묶어주는 기회로 작용하고 교장이 진심으로 아이에게 관심이 있다는 것을 보여줘 학생의 행동을 변화시킬 가능성도 커진다. 이것은 학생의 비행 행동에 대해 보상하는 것이 아니다. 그보다는 학생에게 변화할 기회를 제공함과 더불어 학교를 더 안전한 장소로 만들 가능성을 만들기 위한 것이다.

따로 불러 행동 바로잡기

전체 학급이나 다른 사람들이 보는 앞이 아니라 아이를 따로 불러 행동을 바로잡는 쪽을 선택하면, 아이와의 관계에 긍정적인 영향을 줄 수 있다. 당신이 파티에 있다고 상상해보자. 당신은 사람들과 함께 어울리는 자리에서 당신 파트너에게 기분 나쁜 말을 했다. 파트너는 모두가 보는 앞에서 당신에게 크게 화를 내며 당신의 행동을 바로잡으려 한다. 사람들은 애써 외면하지만, 모두에게 불편한 상황인 것만은 확실하다.

당신은 여러 가지 이유로 기분이 나쁠 것이다. 본의 아니게 파트너의 기분을 상하게 해서이기도 하지만, 그보다는 당신을 '나쁜 사람'처럼 바라보는 사람들의 시선에 창피한 마음이 들어서일지도 모른다. 당신의 파트너에게도 감정이 상하거나 분노가 치밀 수 있는데, 당신은 나쁜 의도로 한 행동이 아닌데도 사람들이 모두 보는 앞에서 당신을 면박했기 때문이다.

이제 살짝 다른 상황을 상상해보자. 당신은 파티에 있다가 당신의 파트너에게 기분 나쁜 말을 했다. 당신은 인지하지 못하지만, 상대는 기분이 언짢다. 주변에 사람들이 없는 틈을 타 당신의 파트너가 자신의 기분에 대해 이야기한다. 당신은 파트너의 기분을 상하게 했다는 사실에 속상한 마음이 들 수는 있으나 파트너의 말에 얼마든지 귀를 기울일 수 있다.

교사가 교실 안 모두가 보는 앞에서 아이의 행동을 바로잡으려 한다면 교사는 아이와의 관계를 해치는 위험을 무릅써야 한다. 공개적인 훈육은 아이에게 상당한 수치심을 줄 수 있다. 한 번 수치심을 경험하면, 아이는 교사에게 마음의 문을 닫을 가능성이 크다. 결국 아이의 행동을 바로잡겠다는 초기의 목적을 달성하는 데 실패하는 셈이다.

또한 공개적으로 훈육할 때는 권력 관계가 영향을 미친다는 점도 기억해야 한다. 교사와 학생의 관계는 우리가 연인이나 배우자와 맺는 관계처럼 동등하지 않다. 교사는 지도자이자 책임자의 위치에 있기에 당연히 학생과의 관계에서 더 많은 힘을 갖는다. 아이로서는 모두가 보는 앞에서 혼나는 일이 수치스러운 데다가, 자기가 한 행동의 이유를 설명하려고 목소리를 내는 일에 두려움을 느낄 수 있다.

　이런 식의 상호작용은 학생과 교사의 관계를 경직시키고 학생들의 마음을 더 냉담하게 만들 것이다. 그러면 교실 문화에는 어떤 영향을 미칠까? 교사가 전체 학급이 보는 앞에서 큰 소리로 특정 학생을 비판하면, 다음 두 가지 중 하나의 상황이 발생한다. 학생들이 교사를 지도자로 여기는 경우, 학생들은 교사의 지도를 따르며 혼난 아이를 멀리해야 한다고 느낄 수 있다. 학생들이 교사를 지도자로 여기지 않는 경우, 학생들은 교사에게 등을 돌리고 반항하기 시작할 것이다.

　그렇다고 해서 개별 학생에게 피해를 주거나 학급 분위기를 망칠까 걱정하며 눈치를 보라는 뜻은 아니다. 아이의 잘못된 행동을 바로잡는 것은 교사의 당연한 업무 중 하나다. 하지만 아이의 행동을 바로잡는 것만큼 아이가 교사와 맺는 관계도 중요하다는 것을 꼭 기억해야 한다. 수치심은 대개 행동을 개선하기보다는 오히려 악화시킨다.

　따라서 교사와 학생 둘만의 대화라는 것을 보여주는 방식으로, 신중하게 행동을 바로잡아주는 것이 가장 좋다. 어린아이라면 교실 내 조용한 곳으로 따로 불러 눈을 맞출 수 있도록 몸을 굽히고 이야기를 하는 것이 좋다. 고학년인 경우, 방과 후 잠시 시간을 내어 이야기를 나누거나 문제를 바로 다뤄야 할 것 같다면 학생의 자리로 가서 조용히 대화를 나눌 수도 있다.

　가능하다면 별도의 공간에서 아이의 행동을 바로잡아주는 것이 가장 이상적이다. 하지만 가능한 상황이 아니라면, 빈정대거나 수치심을 주지 않으면서 아이를 존중하며, 관계로 돌아가기 위한 다리를 놓는 노력을 별도로 기울여야 한다. 다른 사람들 앞에서 학생의 행동을 바로잡아야 한다면, 이 상황을 본보기로 삼아 당신이 문제 학생을 대하는 방식을 다른 아이들에게도 보여줄 수 있으며, 이때는 학생들에게 공개적으로 확실하게 따스함을 표현해줘야 한다. 학생과의 관계를 변함없이 유지하고 학급 문화를 보호하면서도 공개적으로 문제 행동에 대해 훈육하는 예시를 소개한다.

제인이라는 아이가 교실에서 블록을 집어 던지기 시작한다. 당장 누군가가 다칠 수도 있어 아이에게 다가가 조용히 이야기를 나눌 여유가 없다. 당신은 신속하면서 단호하게 "제인, 블록 내려놓으세요. 사람을 다치게 할 수도 있고 물건을 망가뜨릴 수도 있으니까 교실에서 던지면 안 돼요."라고 말하면서 아이 곁에 다가갈 것이다. 다음으로, 당신은 제인의 손에서 블록을 빼내며 다른 활동을 하도록 권할 것이다.

"제인, 지금은 블록 놀이를 할 수 없어요. 대신, 인형 놀이나 그림 그리기 중에서 골라보세요."

이런 경우 대부분의 아이가 문제 행동을 멈추는 대신 블록은 뺏기지 않으려 할 것이다. 아이는 "이제 안 할 거예요! 이제 블록 안 던질게요, 약속해요!"와 같은 말을 할지도 모른다. 제인이 진심으로 행동을 멈추고 싶다고 느낄 수 있는데, 그렇다면 아이의 내적 욕구가 당신의 지시를 따르는 쪽으로 움직이기 시작한 것이므로 좋은 현상이다. 하지만 학급 지도자인 당신은 이 순간 제인이 할 수 있는 일과 아닌 일을 구분해서 가장 좋은 방향으로 유도할 수 있어야 한다. 따라서 당신의 판단이 아이와 학급에 최선이라는 입장을 굳게 고수해야 할 것이다.

"제인, 선생님은 네가 다음번에는 블록을 던지지 않겠다고 결심해서 기뻐. 선생님은 널 믿어. 하지만 지금은 블록 놀이를 그만하고 다른 활동을 할 거야."

이처럼 분명하고, 따스하되, 단호하게 표현해야 한다. 제인에게 다른 활동을 하라고 청하는 것은 처벌이라기보다는 아이가 안전하게 블록을 가지고 놀지 못한다는 것을 알아봐주는 일에 가깝다. 따라서 당신은 새로운 방향으로 인도하기 위해 주도권을 쥐어야 한다. 이렇게 공개적으로 대화하고 나면, 제인은 창피하고 부끄러우며 화가 날 수도 있다. 또한 반 친구들은 아이를 부정적인 시선으로 바라볼지도 모른다.

바로 이때 제인에게 개인적이면서도 공개적으로 따스함을 표현해 줘야 할 것이다. 수업 중에 잠시 시간을 내어 제인을 향해 살짝 미소 지어주는 식으로 당신과 제인 사이의 다리를 놓고, 제인을 포함해 전체 학생들을 향해서는 실수했을 때도 당신이 변함없이 학생들을 아끼고 존중하며 역량 있는 사람으로 바라본다는 점을 보여줄 수 있다.

"제인, 이 봉투를 교무실로 가져다줄 책임감 있는 사람이 필요한데 네가 선생님 좀 도와줄래?"라고 심부름을 시킬 수도 있다.

이상적인 상황은 아닐지라도 적어도 이렇게 존중을 담아 아이의 행동을 바로잡아주면, 학급 아이들이 서로에게서, 심지어 호감을 느끼기 힘든 아이들에게서도 선한 모습을 볼 기회가 될 수 있다. 교사가 본보기로 보여준 행동이 긍정적인 학급 문화에 크게 기여할 수 있고, 학생들은 교사가 자신들의 실수를 받아줄 여지가 있음을 직접 보고 느낄 수 있다. 또한 학생들은 문제가 생기면 교사가 잘 보살펴준다는 것을 알고, 교사가 교실 내 정서적 안전을 유지하려고 애쓰는 모습도 확인할 수 있다.

'맺어주기'로 공동체 만들기

'맺어주기'는 학생이 교사와 맺고 있는 관계를 바탕으로 새로운 유대를 맺을 수 있도록 돕는 일이다.[11] 예를 들어 당신이 수학을 가르치면서 어떤 학생과 아주 좋은 관계를 맺었다고 하자. 당신은 이 학생이 축구부에 너무 들어가고 싶어 하면서도 오디션을 보러 갈 자신은 없다는 것을 알고 있다. 당신은 이 학생을 위해 축구 코치와 유대를 맺는 자리를 마련할 수 있다. 학생에게 부담스럽지 않은 방식으로 당신과 함께 학생과 코치가 만나는 자리를 마련했다고 미리 알려준다. 코치에게도 귀띔해서 향후 유대가 피어날 기반을 닦아둔다. 둘을 소개해주는 동안 각자에 대해 우호적인 얘기를 들려줄 수도 있다.

"쉔, 이분은 선생님이 얘기했던 코헨 코치셔. 아주 대단한 분이야. 네가 오디션을 본다면 정말로 좋은 기회가 될 거야."

"코헨 선생님, 이쪽은 제가 전에 이야기했던 학생 쉔이에요. 쉔이 축구부 오디션을 볼지 고민 중이라고 하길래, 두 사람을 소개해주면 되겠다 싶었어요. 쉔이 축구부에 관해 궁금한 게 있을 것 같아요."

당신이 판단하기에 당신이 곁에 있어주는 게 학생에게 좋을 것 같다면, "미안한데, 선생님 잠깐 전화 좀 받고 올게."처럼 시야에서 벗어나지는 않지만, 바로 옆에 있지 않는 식으로 학생 근처에서 무언가를 하면 된다. 당신이 없어도 괜찮을 거라 판단되면 "선생님이 교무실에서 가져올 게 있어서 금방 다녀올게."라고 말하며 잠시 자리를 비켜줘서 두 사람에게 유대를 맺을 시간을 제공할 수 있다.

맺어주기를 통해 공동체 구축하기

추진력이 낮고 불안정하며 다른 학생들보다 더 많은 도움이 필요한 학생들에게는 교내 서비스와 연결하는 맺어주기를 하면 좋다. 예를 들어 학생들이 도서관을 이용하면 큰 혜택을 볼 수 있을 것 같은데 도서관에 자발적으로 잘 가지 않는다는 것을 알고 있다면, 도서관 사서를 교실로 초대해 학생들과 유대를 맺게 하면 좋다.

교내의 다른 자원도 마찬가지다. 교내 연극반, 운동부 등에서 선생님을 초빙하거나 상담 선생님을 모셔서 도움이 필요한 학생에게 힌트를 주면 좋다. 이러한 프로그램에 관심은 있지만 용기가 나지 않아 시도하지 못하는 아이나 무언가를 시도하는 데 더 많은 노력이 필요한 아이의 경우, 이렇게 개인적으로 맺어주기를 시도하면 큰 효과를 볼 수 있다.

맺어주기를 직접 할 수 없을 때

상황에 따라 맺어주기를 할 대상과 대면 만남을 할 수 없을 때도 있는데, 그렇다고 해서 맺어주기를 포기할 필요는 없다. 학생들과 맺어줄 사람에 대해 우호적으로 이야기하는 것만으로도 유대를 맺는 데 큰 도움이 될 수 있다. 사실 이건 내가 학생들에게 항상 하는 일이기도 하다.

"쉔, 코헨 선생님은 훌륭한 코치셔. 선생님은 화요일 저녁마다 코헨 선생님과 하키 경기를 한단다. 너도 분명히 그분을 좋아하게 될 거야. 그분께 네 얘기를 했더니, 점심때 한번 오라고 하시더라. 긴장되긴 하겠지만, 선생님을 한번 믿어봐. 잘 대해 주실 거야."

이렇게 맺어주기를 할 학생과 코치를 직접 대면하기 전에 연결한 다면 코치는 학생이 올 것을 미리 알고 있는 상태에서 학생에 관해 소개받은 내용을 토대로 좀 더 쉽게 유대를 맺을 수 있다.

"아, 네가 쉔이구나. 정말 만나보고 싶었어. 소니어 선생님이 네 얘기를 많이 하셨거든!"

대체 교사와 맺어주기

임시 지도나 일일 지도로도 알려진 '대체 지도'는 무척 힘든 일이다. 관계 맺기와 애착이 없는 상태에서 아이들을 가르쳐야 하기 때문이다. 대체 교사는 교실에 들어서는 순간 두려움과 막막함을 느낄 수 있다. 이 점을 생각해서 최근 많은 학교에서는 대체 교사를 활용하는 방식에 변화를 주고 있다. 학습에서 관계가 갖는 중요성을 고려해, 일부 학교에서는 연초에 대체 교사를 학생들에게 소개하고, 되도록 같은 대체 교사를 일관되게 채용하려고 한다.

하지만 이는 모든 학교에서 항상 가능한 일은 아니다. 그러다 보니 담임교사가 학생들을 대체 교사와 맺어주는 경우가 많다. 어떤 교사들은 대체 교사용 자료에 학생들에게 보내는 편지를 남겨놓는다고 한다. 대체 교사가 전체 학급 앞에서 큰 소리로 읽어주면 좋은 소개 편지다. 편지가 학생과 교사 양쪽을 맺어주는 역할을 하는데, 다음과 같은 방식으로 작성할 수 있다.

여러분, 선생님이 자리를 비우게 돼서 미안해요. 선생님이 없는 동안 싱 선생님께서 계실 거예요. 싱 선생님은 아주 훌륭한 분이세요. 선생님께 광란의 스펠링 게임을 보여달라고 해보세요! 여러분 모두 즐거운 시간을 보낼 수 있을 거예요. 선생님이 다시 돌아올 때까지 싱 선생님께서 여러분을 잘 보살펴주실 거예요. 얼른 다시 만나요.

싱 선생님. 저를 대신해주셔서 감사드려요. 그런데 저희 반을 가르치게 되신 건 정말 행운이에요. 학생들이 워낙 붙임성이 있고 성실해서 걱정하지 않으셔도 돼요. 학생들에게 얼마 전에 만든 학급 연대표를 보여 달라고 해보세요. 그걸 보시면 너무 재밌을 거예요.

이런 편지가 교사의 빈자리를 대신하거나 곧바로 신뢰 관계를 만들어주는 것은 아니지만, 학생들이 새로운 교사와 유대를 맺는 데는 큰 도움을 줄 수 있다. 물론 대체 교사 역시 따로 학생들을 모으는 작업은 해야 하겠지만, 학생과 이미 관계를 맺고 있는 담임교사가 모으기의 기반을 마련해주는 셈이기 때문이다.

관계가 가진 힘은 실로 엄청나다. 교사가 학생들과 맺은 유대를 바탕으로 학생들을 위한 공동체를 구축하는 모습은 때로는 감탄을 자아낸다. 학생들에게 자원 공동체, 즉 '마을'이 생기면, 활용할 수 있는 지원망이 한층 넓어진다. 이런 마을이 형성되면 학생들에게 더 많은 지원과 지도를 제공할 수 있고, 공동체라는 테두리 안에서 앞으로 발생할지 모를 문제 행동을 좀 더 효과적으로 다룰 수 있다.

"문제는 바라보는 것이 아니라, 보이는 것에 있다."[12]

미국의 사상가이자 시인 헨리 데이비드 소로Henry David Thoreau

3장

문제 행동의
이면 바라보기

7
문제 행동의 이면 바라보기

상당수의 교사가 허기진 상태로 등교하는 학생들을 위해 자신의 책상에 여러 가지 간식을 마련해놓는다. 학생들을 걱정하는 마음에, 열에 아홉은 교사들이 자비로 마련한 것이다. 아이가 배곯는 모습을 보고 싶어 할 교사는 아무도 없다. 교사는 학생들에게 필요한 것이 눈에 보이면 즉시 개입하여 제공해주려 애쓰지만, 눈에 보이지 않는 부분은 도움을 줄 수 없다.

교사가 굶주린 학생의 겉으로 드러나는 예민하고 무기력하고 자기 할 일을 하지 않는 '행동'만 본 채 점심 도시락 속 내용물을 볼 기회는 없었다고 가정해보자. 교사는 도시락을 준비해오지 못한 학생이 온종일 굶었다는 사실을 모른다. 교사가 판단 근거로 삼는 것은 학생의 행동이 전부인데, 이런 공백이 존재하면 아이의 행동을 고의적이라고 오해할 수도 있다.

아이가 아침을 못 먹었고 점심도 싸오지 못했다는 것을 교사가 안다면, 무엇을 해야 할지 파악하기가 훨씬 수월할 것이다. 아이가 까칠하거나 예민해 보인다고 혼내는 대신, 아이에겐 먹을 것이 필요하고 이것만 해결하면 행동 문제가 해결될 가능성이 크다는 것을 알아챌 수 있다.

아이의 혼란스러운 행동을 보면, 마치 외국어로 된 글을 읽어보겠다고 고군분투하는 느낌이 들 때도 있을 것이다. 아이의 필요를 읽고 그것을 마련해주는 일에 주도권을 잡으려면, 교사는 자신이 읽고 있는 언어를 바르게 이해해야만 한다. 학교에서는 학생들의 문제 행동을 반드시 교정해야 할 징계 문제로 여기는 경우가 많다. 아이에게 충족되어야 할 관계적, 감정적 욕구가 있다는 신호로 받아들이는 경우는 드물다. 많은 경우에 '내가 뭘 해야 하지? 아이가 이런 행동을 보이지 않게 하려면 어떻게 가르쳐야 할까?'처럼 교사 혼자의 생각에서 끝나는 경우가 많다.

일반적으로 학교는 아이들을 가르쳐서 내적인 변화를 만들어내려고 노력한다. 이를테면 공감이나 배려 기술을 가르쳐주는 프로그램을 자주 마련하지만, 이런 가치는 가르쳐서 습득하게 할 수 있는 것이 아니다. 예를 들어 우리는 "이렇게 먹여주고, 빗질은 이렇게 해주는 거야."처럼 아이에게 무언가를 보살피는 방법을 가르쳐줄 수는 있어도, 배려하도록 가르칠 수는 없다. 배려심은 내면에서 생겨나는 것이지, 가르쳐주는 것이 아니다. 대신 교사는 이러한 자질이 생겨날 수 있는 환경을 먼저 마련해야 한다.

만약 교사가 스스로에게 "뭘 해야 하지?" 대신 "뭘 봐야 하지?"라고 묻는다면, 훨씬 더 자연스럽게 해야 할 일이 보일 것이다. 앞으로 여러 장에 걸쳐 교실에서 자주 발생하는 흔한 문제 행동을 살펴보며, 그 이면에 숨은 학생들의 관계적, 감정적 욕구를 바라볼 수 있도록 도울 것이다. 또한 교사가 자신의 직감에 따라 학생의 욕구를 해결해줄 수 있도록, 문제 행동의 이면에 존재하는 것들에 대해 알려줄 것이다. 당신이 교실을 학생들이 각자 최고의 모습을 보일 수 있는 장소로 바꾸고자 한다면, 이러한 통찰은 대단히 중요하다.

아이의 특정 문제 행동이 일종의 감정적 굶주림이나 욕구에서 비롯한다는 것을 알게 되면, 교사가 개입하여 아이에게 최소한의 안전감이나 편안함을 마련해줄 수 있고, 그 결과 교사는 교실에서 학생들을 돌봐주는 지도자라는 특별한 위치를 차지할 수 있다.

창가에 시든 화분이 있다고 상상해보자. 가장 먼저 머릿속에 드는 생각은 화분에 무엇이 필요한지 알아보는 일일 것이다. 물이 더 필요한가? 햇빛은 충분한가? 몇 주 동안 무심했나? 성장하려면 어떤 환경이 필요한 식물인가? 당신은 마음속으로 식물이 회복하는 데 필요한 환경을 떠올릴 것이다.

마찬가지로, 교사가 아이에게 최적의 환경을 찾아줄 수 있다면 아이는 성장할 기회를 얻을 수 있다. 아이는 잎을 떨구는 대신 자신의 행동으로 무언가가 잘못됐다는 것을 알릴 것이며, 이 행동은 무엇이 아이에게 문제가 되고 있는지 들여다볼 수 있는 작은 창이 될 것이다.

8
불안한 아이

우리는 살면서 어느 정도의 불안을 경험한다. 불안을 느끼는 것은 정상이며, 때로는 불안이 우리에게 무언가를 알려주는 역할을 하기도 한다. 대부분의 사람에게 불안은 생활의 큰 방해 요인이라기보다는 그저 가끔 힘든 정도의 불편함에 그칠 것이다. 하지만 누군가에게는 불안이 심신을 쇠약하게 하고, 삶의 모든 부분에 지장을 주는 원인이 되기도 한다. 누군가는 공황장애에 시달리고, 누군가는 강박증을 경험하기도 한다.

이럴 때는 불안이라는 경험이 우리에게 전하는 이야기에 귀를 기울여봐야 한다. 불안한 것에 불안해 하는 대신, 우리 몸에서 보내는 자잘한 경고 신호를 제대로 파악해야 한다. 그렇게 하면, 우리가 학생들을 바라보는 방식뿐만 아니라 우리 자신을 바라보는 방식까지 달라질지도 모른다.

교실 속 불안이 반드시 다른 학생들에게 방해 요인으로 작용하거나 피해를 주는 것은 아니다. 예를 들어 어떤 학생이 시험을 볼 때마다 불안해 하거나 자신이 낭독할 차례를 기다리며 초조해 한다면, 이런 감정은 건강하고 정상적이며 학급 운영에 지장을 주지도 않을 것이다. 하지만 불안이 학급 분위기를 힘들게 만들 수도 있다. 수업을 자주 빠지거나 배가 아프다고 하소연하거나 숫기가 없어서 아무것도 못 하는 아이들도 있고, 불안감을 다른 사람을 방해하는 행동으로 해소하는 아이들도 있다.

불안은 우리가 학급에서 보게 되는 수많은 문제 행동의 기저를 이루고 있는데, 우리는 그 연결고리를 눈치채지 못하고 있을 때가 많다. 이제 불안을 겪고 있는 아이들의 사례를 다양하게 살펴보도록 하자. 당신의 학급에도 아래 사례와 비슷한 아이들이 있을지 모른다.

소피는 자신이 편안할 때나 익숙한 장소에서는 아무 문제가 없는 아이다. 집에서는 명랑하고 활발하다. 하지만 학교에만 오면, 다른 학생들의 행동에 기가 죽어 움츠러든다. 집에서는 온갖 아이디어를 쏟아내지만, 교실에서는 결코 손을 드는 법이 없으며, 가족과 함께 있을 때는 외출하고 싶어 안달이지만 학교에서는 쉬는 시간이나 점심시간에도 밖으로 나가는 법이 없다. 소피가 자신의 머리카락이나 손톱, 옷소매를 물어뜯는 모습도 자주 볼 수 있다.

혹은 브래디 같은 아이를 봤을지도 모른다.

브래디는 불안 속에 사는 아이 같다. 등교할 때부터 그런 모습이다. 아침마다 자주 복통을 호소하며 결석할 때도 많다. 집에 무슨 일이 있는 것 같지만, 말하지는 않는다. 브래디를 학급 활동에 참여시키는 건 너무나 어려운 일이다.

아마 다음과 같은 상황도 낯익을지 모른다.

학급 전원이 자신이 쓴 독후감을 발표하는 시간이다. 이제 자말이 발표할 차례다. 자말은 교실 앞으로 나오는 내내 우스갯소리를 늘어놓더니, 앞에 나와서는 아주 길고 우렁찬 트림 소리로 학급 전체를 웃음바다로 만들어놓는다. 그러더니 로봇 목소리를 흉내 내며 발표를 시작한다. 그렇게 발표를 마친 후, 마지막에는 거듭 고개를 숙이며 인사를 하더니 자신의 야구 모자를 내밀면서 "감사합니다, 신사 숙녀 여러분. 팁은 여기에 넣어 주시면 됩니다!"라고 말한다. 학생들은 폭소를 터뜨린다.

행동의 이면에는 무엇이 있을까

불안은 여러 가지 모습으로 나타날 수 있지만, 그 바탕에는 모두 불안정, 근심, 긴장이 자리한다. 불안한 아이는 집중하거나, 수업 활동에 열중하거나, 과제에 몰두하거나, 학급 토론에 참여하기를 어려워한다. 어떤 아이들의 불안감은 집에 대한 집착에서 시작되는데, 특히 나이가 어린 저학년 학생들이 여기에 해당하는 경우가 많다. 온종일 자신이 가장 편안하게 생각하는 곳을 떠나 있는 일이 이 아이들에겐 너무나 힘들게 느껴질지 모른다. 하지만 때로는 고학년 아이들에게서도 이런 모습을 볼 수 있으며, 이는 대부분 엄마나 아빠, 할머니 혹은 다른 누구든 아이에게 주 양육자이자 '본거지'에 해당하는 사람이 주는 안정감과 편안함을 그리워하기 때문이다.

앞서 소개한 소피의 경우가 여기에 해당할 수 있는데, 소피는 머리카락이나 손톱을 물어뜯는 행동으로 불안을 낮추려 애쓴다(자신이 이런 행동을 하고 있다는 것을 의식할 수도 있고, 의식하지 못할 수도 있다). 아이가 자신에게 익숙하고 편안한 환경에서 너무 오래 벗어나 있다고 느끼면, 아이의 내부에서 경보음이 울리며 불안 행동이 튀어나온다.

정반대의 상황도 있다. 어떤 아이들에게는 집이 편안함과 애정이 넘치는 장소가 아니라, 갈등과 두려움으로 가득한 곳이다. 늘 불안한 상태로 학교에 오는 브래디가 여기에 해당한다. 집에 있을 때 아이 내부의 경보음은 쉴 새 없이 울려댄다. 어쩌면 브래디에게는 학교가 경보음을 낮춰주고 안전감을 주는 최고의 장소일 수 있으며, 그 정도까지는 아니더라도 최소한 폭풍우 속으로 돌아가기 전 잠시 숨을 고르는 공간일지도 모른다.

자말의 경우는 어떨까? 끊임없이 농담하고 우스꽝스러운 행동을 하기 때문에, 겉으로 보기에는 불안해 보이지 않지만, 자말은 불안한 상황일수록 목소리가 커지고 더 망가지는 행동을 한다. 어쩌면 자말은 선생님의 질문에 틀린 답을 말해 바보처럼 보이는 것이 두렵거나, 반 친구들에게 인정받으려고 안간힘을 쓰는 것인지도 모른다. 물론 아이 마음의 밑바탕에 무엇이 있는지를 항상 알 수는 없다. 자말은 자신의 집에서 관심받지 못하는 것일 수도 있고, 인정에 굶주려 있는지도 모른다.

안전하다고 느껴야만 본모습을 보여줄 수 있다

세 아이 모두 자기 모습을 있는 그대로 드러내지 못하고 있으며, 이것이 내부 경보를 울리는 요인으로 작용하는 것을 알 수 있다. 소피는 학교에 있을 때 안전하지 않다고 느낀다. 브래디는 학교에서건 집에서건 감정을 드러내는 일에 안전하지 않다고 느낀다. 그리고 자말은 우스꽝스러운 가면 뒤에 있는 자신의 진짜 모습을 보여주는 것이 안전하지 않다고 느낀다.

교사가 아이가 느끼는 불안의 정확한 원인을 알아내야 할 필요는 없지만, 아이에게 정서적 안전을 제공해 줄 수는 있다. 아이의 내부 경보장치가 조용한 상태로 유지되어야만 다른 부분들도 다시 제 기능을 찾을 수 있기 때문이다. 일단 내부에서 경보가 울리기 시작하면 음식 소화부터 정보 습득에 이르기까지 그 어떤 것도 제 기능을 발휘하지 못한다. 당신이 독서에 집중하려고 애쓰고 있는데 당신의 뇌에서 경보가 울리더니 몸 전체로 퍼져나가는 상황을 상상해보자. 같은 문장을 계속해서 보고 있지만, 아무것도 머릿속에 들어오지 않을 것이다.

우리 내부에서 경보가 울리면, 모든 에너지는 위협 요소를 찾아나선다. 심장박동수가 증가하고 혈류가 근육 쪽으로 향하면서 흥분과 초조함을 느낀다. 그 사이 우리의 소화 체계는 둔화하는데, 경보가 울리면 음식을 소화하는 일이 최우선순위에서 밀려나기 때문이다. 이때 무언가를 먹어보려 시도했다간 탈이 나기 쉽다. 경보가 울릴 때는 배가 고프거나 부르다고 느끼는 일조차 힘들어서, 사실상 자신의 식욕을 정확히 파악할 수도 없다.

우리가 신체 내부에서 발생하는 일에 대한 반응으로 겪는 '감정'도 경보음이 울리면 최우선순위에서 밀려난다. 스트레스를 받으면 감정이 점점 더 무뎌진다. 우리 몸에는 신체적으로나 감정적으로 벌어지는 상황과 소통하는 데 도움을 주는 뛰어난 내부 반응 시스템이 있다. 하지만 경보가 너무 강하게 울린다면, 감정은 억제된다.

우리는 '감정을 상실하지만' 그 이유조차 알지 못한다. 무슨 상황인지, 원인이 무엇인지는 알지 못한 채 희미하게 근심, 걱정, 초조함을 느끼기도 한다. 경보가 어디서 울리는지 정확하게 파악할 수는 없지만, 우리 몸에서는 끊임없이 경보를 울린다.

경보가 잦아들면, 우리 몸은 다시 정상 상태로 돌아갈 수 있다. 근육이 다시 이완되고, 심장박동수는 내려가며, 소화기관은 작동을 재개한다. 뇌에도 다시 여유가 생기면서 안전에 위협을 가하는 요인이 어디서 발생하는지 찾아내는 대신 다른 일에 집중할 수 있다. 그러고 나면 우리는 다시 피곤함, 배고픔, 배부름, 슬픔, 행복을 느낄 수 있고, 우리가 느끼는 것을 표현할 수 있다.

경보가 잦아들게 하려면, 우리의 뇌에는 "이제 안전해!"라고 알려주는 경보 해제 신호가 필요하다. 그러므로 교사는 아이가 마음속 생각을 말해도, 손을 들어도, 심지어는 모르겠다고 말해도 충분히 안전하다고 먼저 알려줘야 한다.

우리는 함께 있으면 편안하고, 이해받는 느낌이 들며, 마음이 안정되는 사람들과 함께 있을 때 가장 안전하다고 느낀다. 우리는 안전하다고 느낄 때 자신의 본모습을 밖으로 드러낼 수 있다. 수줍음은 자취를 감추고 다시 목소리를 낼 수 있다. 자유롭게 새로운 지식을 흡수하는 과정에서 진정한 배움도 일어난다.

내 딸아이는 어렸을 때 엄청나게 수줍음이 많은 아이였다. 가족들 외에 다른 사람과 대화하는 건 아이에게 매우 힘들고 불편한 일이었다. 매일 아침 유치원까지 함께 걸어 등원할 때마다 입구가 보이면 아이는 내 다리 뒤에 숨곤 했다. 원장선생님은 정문에 서서 운동장으로 들어서는 모든 아이를 맞이하셨는데, 그녀는 아이가 불안해 하는 걸 눈치채고는 아이를 웃게 만드는 임무에 돌입했다.

그녀는 아이가 아일랜드계 혈통임을 알고 있었기에, 아일랜드식 지그 춤(발을 빠르게 놀려 추는 아일랜드 지역의 민속춤으로 탭댄스의 원형-옮긴이)을 추기 시작했다. 원장선생님은 아이가 웃음을 터트리며 내 다리 뒤에서 나와 자신에게 인사를 건넬 때까지 매일 아침 춤을 선보였다. 그녀는 아이가 안전하다고 느끼게 해서 결국 아이의 마음을 얻었고, 그 덕분에 아이는 덜 불안하고 덜 긴장한 상태로 교실까지 갈 수 있었다.

불안한 아이에게 대응하는 방법

아이가 불안을 스스로 의식하지 못하는 것처럼 보이는지 아니면 자신의 불안을 인지하고 적극적으로 이를 표현하고 있는지에 따라 교사의 대응 방법이 달라질 수 있다.

불안을 받아들이는 방법 알려주기
불안한 기분을 표현하는 아이에게 교사가 어떤 반응을 보이느냐에 따라 아이의 불안감이 더욱 커지기도 한다. 아이의 불안에 교사가 부정적인 반응을 보이면, 아이는 자신의 불안을 더욱 심각한 근심거리로 여길 수 있다. 그러므로 아이에게 다음과 같이 신체 반응의 원리를 간단하게 풀어 설명해준다면 아이의 불안감을 줄이는 데 도움이 될 수 있다.

"괜찮아. 네가 불안한 건 네 몸 안의 경보 체계가 아주 잘 작동하고 있다는 증거야! 지금 당장은 기분이 좋지 않을 수도 있어. 어떤 사람들은 경보가 제대로 작동하지 않아서 문제가 있어도 잘 못 느끼기도 해. 그러니까 비록 지금은 기분이 좋지 않더라도 곧 괜찮아질 거야. 선생님이 도와줄게."

"가끔 불안하다고 느끼는 건 정상이야. 특히 요즘처럼 생활이 바쁘고 정신없을 때는 더 그렇단다! 네 몸에서 뭔가 이상하다는 메시지를 보내는 건데, 네가 건강하다는 증거란다."

십 대 아이들에게는 마음이 차분해지는 시간을 가질 수 있다면 몸이 보내는 메시지를 분명하게 파악할 수 있을 거라고 알려줄 수 있다. 아이들은 해결책이 비교적 간단하다는 점에 일단 마음을 놓을 수 있고, 그저 그림을 그리거나 글을 쓰거나 자연을 찾거나 가족과 함께 있는 것처럼 좋아하는 활동을 통해 자신이 돌보지 못한 마음을 회복하는 시간이 필요했다는 것을 깨달을 수 있다.

아이의 불안감이 유독 심해 보일 때는 더 전문적인 지원이 필요할 수도 있다. 이때는 가능하다면 교내 상담교사에게 데려가거나 학교나 지역사회 내 관련 기관에 아이 혹은 아이의 부모를 연결해 줄 수 있다.

교사의 리더십 발휘하기

아이가 자신의 불안을 명확하게 표현하든, 교사가 아이의 불안을 알아보든 이제는 교사가 리더십을 발휘할 때다. 리더십을 발휘한다는 것은 교사가 학생들에게 이 상황을 충분히 감당할 수 있다는 인상을 풍겨야 한다는 의미다. 앞서 예로 들었던 비행기 기장이 난기류 상황에서 자신감 있는 태도를 보여 사람들에게 안전감을 심어준 것처럼 말이다. 학생들은 불안할 때 더 많은 정서적 안전감이 필요하며, 누군가가 자신을 이끌어주고 있다고 느껴야 한다. 이 시기에 우리가 중심을 잡아줄 수 있다면, 학생들이 동요하지 않고 힘겨운 순간을 헤쳐나갈 수 있을 것이다.

요즘에는 불안한 아이에게 무엇이 필요한지, 아이가 무엇을 원하는지 직접 물어봐야만 필요한 것을 채워줄 수 있다고 여기는 경우가 많다. 물론 좋은 의도에서 비롯된 것이긴 하지만, 아이들 대부분은 불안한 순간에 자신에게 무엇이 필요한지 제대로 알지 못한다. 이럴 때는 단지 믿을 만한 어른에게 의지하는 것만으로도 엄청난 위로를 느낄 수 있다. 따라서 아이의 불안을 낮춰주고 싶다면, 바로 그 순간에 개입해 주도권을 잡으면 좋다. 교사가 이렇게 할 경우, 아이가 교사의 지도에 오롯이 기댈 기회를 제공해서 아이가 온전히 아이다워질 수 있기 때문이다.

이러한 접근 방식은 아이 주도적이라기보다는, 아이 중심적이다. 즉, 교사가 발달단계에 따른 아이의 욕구를 충분히 고려하고 있으며, 아이를 돌봐주는 지도자라는 역할에 진지하게 임해야 하는 것을 인지하고 있다는 의미다. 아이는 불안할 때 지도자의 따스함과 강함이 그 어느 때보다도 절실하게 필요하며, 그 속에 있어야만 자신이 안전하다고 느낀다.

아이 자신은 의식하지 못해도 교사가 아이의 불안을 감지했을 경우 도움이 될 거라 판단한 방법을 아이에게 제시할 수도 있다. "가서 물 한 잔 마시고 선생님에게 오렴."처럼 친절하고 따스한 말 한마디만으로도 아이의 불안감을 줄여줄 수 있다. 아이의 상태를 잘 관찰하여 눈앞에 있는 아이에게 필요한 것을 파악하고 적합한 제안을 해야 한다는 의미다. 다리 쭉 펴기, 식물에 물 주기, 옆에 앉히기 등 방법은 다양하다. 당신이 느끼기에 '바로 그 순간' 아이에게 도움이 될 만한 것이면 된다.

불안 행동에 주목하지 않기

앞서 예로 든 자말처럼 온종일 유치한 행동을 하는 아이에게 "학급 광대처럼 구는 건 네가 불안하다는 표시지, 힘을 보여주는 게 아니란다."처럼 수치심이나 모욕감을 줄 수 있는 말은 하지 않아야 한다. 교사인 우리는 자말의 행동을 장려하지 않으면서도 교실 내 질서를 바로잡아야 한다. 어떤 식으로든 이 문제를 다뤄주지 않으면, 다른 아이들이 자말의 행동을 모방하는 등 통제하기 힘든 상황이 일어날 수도 있다. 이런 순간에는 최대한 인내심을 발휘해 가볍게 대응하면, 불필요한 힘겨루기 없이 아이와 소통할 수 있다.

또한 이렇게 하면, 교사가 주도권을 다시 가져올 가능성도 더 커진다. "자말, 선생님이 생각했던 건 그게 아니었지만, 어쨌든 고맙다. 이제 자리에 앉으렴."과 같은 말로 자말을 당황하게 하지 않으면서 웃음을 자제시킬 방법을 찾을 수 있다.

물론 학생의 행동이 교실에서 용인되지 않음을 분명하게 말해야 할 때도 있다. 학생들에게 해도 되는 일과 안 되는 일을 명확하게 제시하는 것이 유용한데, 이는 아이들이 교사의 명확한 지침과 기대치를 알고 그에 맞는 노력을 다할 수 있도록 돕기 때문이다. 자말의 경우에는 아이가 자신이 유치한 행동을 하고 있다는 것을 이미 알기 때문에 그런 행동이 교사의 기대치에 부응하지 않는다고 말한들 자말이 좌절하거나 당황하지는 않을 것이다.

하지만 자말의 우스꽝스러운 행동이 긴장했거나 불안하다는 표시라고 아이에게 말하는 순간("자말, 너 그렇게 행동하는 걸 보니 많이 긴장하고 불안한가 보구나.") 아이는 강한 수치심을 느껴 문제가 더 악화될 수도 있다. 자말 같은 아이들의 유치한 행동이 당장 당신의 눈에 거슬릴 수는 있지만, 교사가 무심코 던진 말 한마디가 아이들에게 생각보다 큰 영향을 미칠 수 있다는 점을 기억한다면, 당신이 좀 더 인내심을 발휘하는 데 도움이 될 것이다.

적당한 때 용기를 낼 수 있도록 돕기

불안은 아이가 간절히 하고 싶은 일을 방해하는 요인이 되기도 한다. 어린 시절 읽었던 동화 한 편을 떠올려보자. 주인공 소년이 입에서 불을 뿜는 무시무시한 용을 해치우고 용이 지키고 있던 보물을 집으로 가져온다는 내용이다. 때로는 아이가 자신의 앞을 가로막고 있는 '용'의 건너편에 놓인 '보물'까지 바라볼 수 있도록 약간의 도움을 줘야 할 때도 있다.

딸아이는 4H 클럽(실천을 통한 배움을 추구하는 세계 청소년 단체로 4H

는 지성(Head), 덕성(Heart), 근로(Hands), 건강(Health)을 의미한다.-옮긴이)
에서 사람들 앞에 나가 발표할 기회를 얻었다. 아이는 한편으로는 너
무나 발표를 하고 싶어 했지만, 다른 한편으로는 사람들 앞에 나서기
를 두려워했다. 대중 앞에서 발표하는 일은 어른에게도 두려운 일이기
에 아이의 마음을 이해했지만, 엄마가 보기에 이건 아이가 아주 잘할
수 있는 일이라는 확신이 들었다. 딸아이에게는 '보물(목표 달성)'에 닿
을 수 있도록 '용(두려움)'을 마주할 용기가 필요했고 내가 약간의 도움
을 줄 수 있을 거라 느꼈다.

두려움은 감추려 한다고 감춰지는 문제가 아니다. 두려움은 감출
수도 없고 사라지지도 않는다. 불안은 우리가 그 위로 뚜껑을 덮으려
하면, 갑자기 다른 곳에서 불쑥 튀어나오거나 우리 몸의 어딘가에서
슬그머니 고개를 내밀 것이다. 엄마인 내가 할 일은 아이가 두려움을
끝까지 마주하고 인정한 후 받아들일 수 있는 내면의 공간을 만들어주
는 것이었다.

"맞아, 그럴 수 있어. 긴장되는 건 정상이야. 온 세상이 너를 집어
삼키는 느낌이 들 거야."

이때 용에 대해서만 말하고 멈추면 안 된다. 보물에 관한 내용도
덧붙여야 한다.

"그런데 이게 너한테 정말 중요한 일인 것도 알아. 네가 할 수 있
다는 걸 너 자신에게 보여주면 기분이 정말 좋아질 거야!"

마법처럼 바로 효과가 나타나지는 않았다. 내가 용과 보물 사이를
수없이 오간 후에야 아이는 그 두 가지를 한꺼번에 동시에 바라볼 수
있게 되었다. 두려움과 열망을 동시에 느끼는 순간, 용기가 생겨난다.

용기는 두려움이나 불안이 없는 상태가 아니라, 두렵지만 그래도 해보는 것이다. 불안을 느끼면서도 반대편에 있는 자신의 열망까지 모두 느낄 수 있어야만 비로소 진정한 용기가 생겨난다.

마침내 아이는 발표를 해냈다. 비록 아주 순식간에 큰 소리로 말하고는 자기 자리로 잽싸게 뛰어들어가 앉았지만, 어쨌거나 해낸 것이다! 그리고 그 이후부터는 발표하는 일이 매번 조금씩 수월해졌다.

자연을 가까이하기

불안을 감당할 수 있는 수준으로 낮추는 비결은 여유를 갖는 것이다. 자연을 가까이하는 것은 우리가 숨을 쉬고, 내면의 균형을 유지하며, 살아 있다고 느끼는 데 도움이 된다. 자연 속으로 들어가거나 화분이나 어항 등을 이용해 교실에 자연을 들이면, 잠시나마 분주함의 고리를 끊고 내면의 휴식을 취할 공간을 마련할 수 있다.

건강과 학습에 자연의 역할이 중요하다는 인식은 전 세계적으로 점점 더 높아지고 있다. 환경 전문 저널리스트인 플로렌스 윌리엄스 Florence Williams는 2018년에 출간한 저서 《자연이 마음을 살린다(The Nature Fix)》에서 이 점에 주목했다. 그녀는 전 세계의 다양한 연구 결과를 제시하며 인지적, 사회적, 정서적 건강은 물론이고 불안을 낮추고 주의력을 모으며 학습 능력을 키우는 데에도 자연이 필수적인 역할을 한다고 이야기했다.

2005년 미국의 저널리스트인 리처드 루브Richard Louv는 《자연에서 멀어진 아이들(Last Child in the Woods)》에서 자연이 아이들의 삶에서 수행하는 절대적인 역할에 관해 이야기하며, 우리 아이들을 '자연 결핍

장애'에서 구출해야 한다고까지 표현했다. 루브와 윌리엄스를 비롯한 많은 사람이 주목하는 것처럼 우리는 전례가 없을 정도로 급격히 자연과의 유대를 상실하고 있으며, 그 대가로 정서적 건강 및 행복 문제와 끊임없이 씨름하고 있다.

탐구의 기회 늘리기

뻔한 소리처럼 들릴지도 모르나 교실은 학생과 교사 모두에게 '인간다울 자유'를 누릴 수 있는 장소여야 한다. 이는 서로의 차이를 인정하고 실수를 용인한다는 것을 의미한다. 또한 이는 '모두가 기여하고 참여하는 데 안전하다고 느끼는 문화'를 만든다는 의미다. 이러한 정서적 안전을 지원하는 방법은 학습을 '목표나 결과 중심'에서 '과정과 탐구 중심'으로 바꿔나가는 것이다.

그렇다고 해서 교실에 시험이나 특정 학습 방법, 암기 혹은 기타 전통적인 학습 방식을 절대 도입하지 말라는 뜻은 아니다. 하지만 실수를 용인하고 '질문하는 것'과 '모를 수도 있음'을 반기는 분위기는 꼭 필요하다. 그래야만 아이들이 자유롭게 위험을 무릅쓰고 새로운 것을 시도하며 자신의 견해를 표현할 수 있기 때문이다. 또한 그렇게 하는 것에 안전하다고 느낄 수 있기 때문이다.

학생들에게 학급 일정 알려주기

학생들에게 오늘 하루 무슨 일이 있을지 미리 알려줘서 하루 일정에 리듬을 만들어 줄 수 있다. 이렇게 하면 학생들의 불안감을 낮추는 데 도움이 된다. 하루 일과를 확인할 수 있는 학급 일정표나 목록은 학생들이 필요할 때마다 가서 볼 수 있도록 눈에 잘 띄는 곳에 붙여두면 좋다.

　나는 성인을 대상으로 할 때도 항상 그들에게 가볍게 듣기 좋은 이야기를 들려주며 수업을 시작할 때가 많다. 이 방법은 분위기를 조성하고, 여유를 주며, 학생들이 좀 더 수용적인 태도에서 교사의 말을 잘 받아들일 수 있도록 준비시킨다. 이처럼 하루 일정에 자연스럽게 리듬을 가져다주는 습관적인 활동을 마련하면, 아이의 불안을 낮추는 데 큰 도움이 될 수 있다. 시간이 흐를수록 학생들이 점차 반복되는 일과의 안락함에 적응하면서 선생님이 잘 이끌고 있으니 자신이 정신을 바짝 차리고 있거나 우두머리 행세를 하면서 주도권을 잡을 필요가 없다고 믿게 된다.

　이 방법은 저학년 아이들에게 특히 효과적인데, 이 시기에는 압박감과 불안 유발 요인으로 작용할 수 있는 선택지를 줄여주는 것이 정서적 안정감을 느끼는 데 유용하기 때문이다. 성인을 포함한 고학년 아이들에게도 체계와 일과를 마련해주는 것이 리듬감을 부여해 주며, 교사와 학생 모두의 내부 경보를 낮추는 데 도움이 된다.

일관되고 자신감 있는 모습 보여주기

교사의 말투와 태도 역시 아이를 편안하게 만들어주는 역할을 한다. 힘들고 혼란스러운 상황일수록 교사가 언제나 그 자리에 굳건하고 자신감 있는 모습으로 있어줄 거라는 믿음을 심어줘야 한다. 교사는 학생들이 자신의 걱정이나 초조함을 눈치채지 못하게 해야 하는데, 그렇지 않으면 교실에 더 심한 불안을 초래할 수 있기 때문이다. 가정이나 교실 바깥에서 일어나는 일은 교사가 통제하지 못할 수도 있으나, 교사가 마련한 환경만은 스스로 통제할 수 있어야 한다.

불안감을 낮추는 간단한 방법

불안 에너지가 쌓이기 시작하면, 우리는 자연스럽게 여러 가지 방법을 동원해 불안을 배출하는 일에 온 신경을 기울인다. 이를 위한 좀 더 쉽고 건강한 방법이 있는데, 바로 일정한 신체 동작을 반복하는 것이다. 예를 들어 우리 아이들 중 한 명은 불안이 쌓이면 종이 잘게 자르기, 나무 깎기, 진흙 빗기처럼 손을 쓰는 활동이나 달리기, 자전거 타기처럼 신체 에너지가 많이 필요한 일에 집중한다. 다른 아이는 껌을 씹거나 작은 고무공을 조몰락거린다. 앞서 소개한 소피의 경우, 머리카락을 비비 꼬거나 물어뜯었다.

놀랍게도 우리의 몸은 우리를 진정시키는 방법을 스스로 찾는다. 물론 어떤 방법은 공공장소에 맞지 않을 수도 있고, 어떤 방법은 조금 곤란한 상황을 초래할지도 모른다. 하지만 아이가 불안을 낮추기 위해 어떤 활동을 하고 있는지 눈여겨보는 것은 언제나 훌륭한 출발점이 되곤 한다.

학생들이 스스로 마음을 편안하게 하거나 불안 에너지를 배출하기 위해 찾아낸 방법으로 효과를 볼 때도 있다. 그 방법이 자신이나 타인에게 피해를 주지 않으면서, 다른 아이들의 놀림이나 조롱으로 또 다른 감정적 상처로 이어지지 않는 한, 그대로 내버려두는 편이 좋다. 하지만 때로는 교사가 개입해서 에너지를 다른 방법으로 해소하도록 도와줘야 할 때도 있는데, 교실에서 하기 부적절하거나 해로운 행동이 그렇다. 예를 들어 엄지손가락을 빠는 행동은 집에서는 괜찮을지 모르나 교실에서는 놀림으로 이어질 수 있다. 피부를 긁거나 꼬집는 행동은 상처를 남길 수 있다.

깨물기도 불안을 낮출 때 할 수 있는 아주 흔한 행동이다. 이러한 목적으로 특별 제작된 '추얼리chewelry(깨물다의 chew와 주얼리jewelry를 합성해 만듦-옮긴이)'라는 액세서리까지 있을 정도다. 대부분 학교에서는 껌을 허용하지 않지만, 적절한 연령대에 명확한 지침을 제공한다면 긴장감을 낮추는 데 효과적일 수 있다. 이외에도 얼마든지 창의적인 방법을 찾아볼 수 있을 것이다.

신체활동 도입하기

불안하면 우리 몸은 대체로 움직이고 싶어 한다. 서성이기, 흔들기, 휘두르기, 두드리기 등 방법은 다양하다. 머리에서 마구 휘몰아치는 불안감을 낮춰야 할 때 우리 몸에 자연스럽게 나타나는 반응이다. 따라서 여건이 된다면 교실에 의도적인 신체활동을 도입하여 아이들의 불안감을 낮춰 줄 수 있다.

예를 들어 교사가 매일 잠깐이라도 리듬감 있는 음악을 틀어주면 아이들은 대개 자신도 모르는 사이 발을 까닥거리거나 몸을 가볍게 흔들 것이다. 이는 아이들이 스스로 중심을 잡고 불안 에너지를 처리하는 데 도움을 줄 것이다. 점심시간이나 일기 쓰기, 글쓰기, 창작예술, 그 밖에 적합한 활동 시간에 리듬감 있는 음악을 틀어줘도 도움이 된다.

손을 쓰는 방법 찾아주기

낙서는 학생들의 손을 바쁘게 만들어 불안 에너지를 배출하는 데 효과적이다. 내가 본 한 학생은 이러한 목적으로 자신의 책상 위에 종이 한 장을 놓아두고, 불안감이 느껴지면 종이에 낙서를 하곤 했다. 나도 낙서를 좋아하는 사람인데, 내가 낙서하는 모습에 주의를 기울여보니, 나 역시 살짝 불안을 느낄 때 낙서를 더 많이 했다. 낙서하는 행동은 수업에 집중하지 못하는 행동으로 비치는 경우가 많지만, 불안 에너지를 배출해주기 때문에 실제로는 모든 연령의 아이에게 정서적으로 도움이 된다.

뜨개질도 비슷한 효과를 낼 수 있어 나는 고학년 학생들이 수업에 집중할 수 있도록 수업 시간에 뜨개질을 하게 하기도 한다. 잠시도 가만히 있지 못하는 아이에게는 작은 고무공이나 특별한 의미를 지닌 돌멩이, 손에 끼고 돌릴 수 있는 반지처럼 만지작거리기 좋은 물건을 찾아주면 도움이 될 수 있다. 교사는 창의력과 센스를 발휘해 주변의 다른 아이들을 방해하지 않으면서 아이가 중심을 잡는 데 도움이 될 만한 것을 찾아줄 수 있다.

'다리 놓기'로 아이에게 유대감 마련해주기

아이들의 내부 경보가 매우 심하게 울릴 수 있는 경우는 엄마나 아빠 혹은 주 양육자 등 가까운 대상과 분리될 때다. 상당수의 학생은 자신에게 안전한 장소, 안전한 사람들과 장시간 떨어져 있는 상황에서 불안과 단절을 경험한다. 앞서 소개한 소피의 경우도 마찬가지였다.

아이들은 자신이 다른 사람들과 어울리지 못하고 있다는 신호를 받을 때도 단절을 경험한다. 아이가 주변 사람들에게 인정받지 못하거나 어울리지 못하거나 차별을 경험하면 내부에서 경보가 울린다. 인간은 누구든 유대를 갈망한다. 유대는 생존이자 안전을 뜻하기 때문이다. 우리는 안전을 보장해주고 존재만으로 마음을 편안하게 해주는 사람과 맺은 유대 속에서만 평온함을 누릴 수 있다.

그런데 우리가 느끼는 유대가 안정적이지 않다면 어떻게 될까? 스마트폰과 소셜 미디어 등 우리가 타인과 유대를 맺는 방법을 떠올리면 감이 잡힐 것이다. 우리는 그 어느 때보다도 서로 연결되어 있지만, 이것은 우리에게 실제로 필요하거나 내면의 평온을 가져다주는 유형의 유대가 아니다. 이러한 유대 방식은 대개 우리를 더욱 단절되고, 더욱 상처받고, 피상적인 연결에 집착하게 만들어, 실제로는 우리를 만족시키지도 충족시키지도 못한다.[13]

간단히 말해 아이들에게는 부모, 교사, 조부모처럼 자신을 보살펴주는 대상과 맺는 건강한 유대뿐만 아니라 자연, 자기 자신, 주변 세상 그리고 그 세상을 공유하는 사람들과 맺는 건강한 유대가 그 어느 때보다도 간절히 필요하다. 교사가 아이들을 지도할 수 있으려면, 아이들은 교사에게 강력한 유대감을 느껴야 한다. 또한 교사는 여러 가지 방해 요인으로부터 유대감을 지켜내야 한다.

하교 시간이 다가와 교사와 아이가 헤어져야 할 순간이 다가오면, 아이의 경보가 울리기 아주 좋은 상태가 된다. 그렇다고 교사가 아이들의 집까지 따라갈 수는 없으므로, 교사에게 당면한 과제는 다음 유대 지점까지 다리를 놓아주는 것이다. "내일 다시 만날 생각을 하니 기대되네."처럼 다음번 유대를 맺을 시점으로 관심을 돌리는 말을 건네는 것도 좋은 방법이다.

　연휴 기간이나 방학은 일부 학생들에게 특히 힘든 시간이 될 수 있다. 이때는 짤막한 편지나 학생이 지니고 있으면서 교사를 떠올릴 수 있는 물건 또는 무언가 창의적인 물건 등을 이용해 학생들이 교사의 손을 놓지 않도록 도와주는 방법을 찾아보자. 거창하거나 비싼 물건일 필요는 없다. 나는 수업 마지막 날에 학생들에게 펠티드 울(양모 등을 열로 압축 가공해 만든 부직포-옮긴이)로 만든 하트를 나눠주는데, 이것은 학생들과 함께했던 시간을 떠오르게 하는 물건이며, 내가 학생들을 잊지 않을 거라는 메시지를 전달하는 역할을 한다.

　다리 놓기는 가정에서의 유대를 학교로 가져오는 방법으로도 유용한데, 특히 등교하고 나서 가족을 그리워하는 아이들에게 효과적이다. 이런 경우에는 가족 또는 반려동물의 사진을 사물함에 붙이거나 학생들이 그린 가족 그림을 교실 벽에 붙여놓게 하면 좋다. 학생들이 다른 사람들과 공유할 수 있도록 자신의 가족이나 집안의 문화를 소개하는 물건을 가져오게 할 수도 있다. 학생들의 부모 및 형제자매와도 서로 친분을 쌓을 수 있도록 학년 초에 포틀럭 파티를 마련해 가족을 교실로 초대할 수도 있다. 이렇게 하면 환경의 전환 과정이 더 순조로워질 수 있다. 또한 등하교 시간에 의도적으로 부모와 유대를 맺으며 교사의 공간 속으로 아이를 모으는 활동도 도움이 될 수 있다(매일 아침 아일랜드식 지그 춤으로 내 딸아이에게 모으기를 했던 원장선생님 이야기를 떠올려보자.).

교사가 먼저 본보기 보여주기

불안을 낮추는 또 다른 방법이 있는데, 교사가 자신의 모습을 있는 그대로 보여주면서 '그래도 괜찮다'는 본보기를 보여주는 것이다. 당신이 남들과 다른 자신의 모습을 걱정하고 있다고 상상해보자. 당신은 아무도 당신을 좋아해 주지 않고, 인정하지 않을까 두렵다. 사람들이 당신의 '진짜' 모습을 알면 그들과 어울리지 못하게 될까봐 두렵다. 사람들이 당신을 비웃거나 놀리며, 당신과 친구가 되고 싶지 않아 할까봐 걱정된다. 이 책을 읽고 있는 독자 중에도 이런 걱정을 해본 사람들이 있을 것이다. 나 역시 이런 상황을 여러 번 겪어봤다.

교사가 자신의 별난 모습, 독특한 모습을 편하게 여길수록 학생들도 자신을 더 편안하게 받아들일 수 있다. 자기 모습을 숨기거나 미안해 하지 않고 있는 그대로 드러내도 괜찮다는 생각의 씨앗을 심는 것이다. 그 씨앗이 뿌리를 내리는 데는 어느 정도 시간이 걸릴 수 있지만, 그렇다 해도 일단은 씨앗을 심는 것에서부터 시작이다.

예를 들어, 나는 새로운 학급에서 처음 나를 소개할 때 내가 누구인지, 무엇을 좋아하는지 보여주는 물건을 몇 개 가져간다. 처음에는 이렇게 하는 것이 조금 부끄러웠고, 학생들이 나를 어떻게 생각할까 걱정되기도 했다. 이게 '정말 괜찮은 건가?' 싶을 때도 있었다. 하지만 시간이 흐르면서 나는 점차 편안해지다 못해 대담해지기까지 했다. 나는 가장 좋아하는 알파카 인형, 펠티드 울로 만든 하트, 심지어 가장 아끼는 돌멩이와 총천연색 볼펜까지 교실에 가져와 소개했다. 하찮고 소소한 물건처럼 보일 수 있지만, 그 물건들을 소개하는 과정에서 자연스럽게 나에 관한 이야기를 할 수 있었고, 교실에 따스한 분위기가 만들어졌다.

학생들은 재밌어 하면서도 한편으론 유치하다고 생각할 수 있지만, '나는 너희가 어떻게 생각하든 괜찮다'는 것을 나만의 언어와 몸짓으로 표현했다. 이러한 본보기 보여주기 활동을 통해 학생들의 있는 그대로의 모습까지 받아들일 수 있다는 메시지를 전달할 수 있음은 분명하다. 또한 당신이 교실을 편견이나 수치심 없는 안전한 장소로 만들고 있다는 의미이며, 학생들에게 있는 그대로의 자기 모습을 드러낼 수 있는 무대를 만들어주는 것이기도 하다.

9
딴생각을 하는 아이

다음의 상황을 머릿속에 그려보자.

아론은 자기 자리에서 컬러링 북을 색칠하고 있다. 당신은 아이가 쉬는 시간에 가지고 놀던 블록을 치우지 않았다는 것을 알아챘다. 당신은 아론에게 블록을 치우라고 큰 소리로 말했다. 아론은 싫다고 하지 않았다. 화를 내지도 않았다. 반항하지도 않았다. 그저 색칠만 계속할 뿐이다. 마치 당신이 한 말을 못 들은 것처럼.

아니면 이런 상황은 어떤가?

페트라는 당신의 목소리가 전혀 들리지 않는 것처럼 창밖을 내다보고 있다. 아이는 숙제를 까먹거나 반만 해올 때가 많다. 아이의 책상 속은 언제나 종이 뭉치로 가득하며, 아이는 정리 정돈을 하거나 무언가에 집중하기를 힘들어 한다. 사람들은 이 아이를 '몽상가'라 부른다.

교사가 학생들을 지도하고 가르칠 수 있으려면 먼저 학생이 교사에게 온전히 집중해야 한다. 하지만 교사가 학생의 주의를 얻지 못하면 어떻게 될까? 이것은 교사로서 감당해야 하는 일 중에서 가장 속 터지는 일이 될 수 있다. 나를 비롯해 교사 대부분이 이런 상황을 겪어봤을 것이다. 대개 아이의 이런 행동을 보면 교사는 더 강하게 밀어붙이거나, 목소리를 높이거나, 학생을 협박해 복종시키고 싶을 것이다. 하지만 아이의 입장에 서서 행동의 이면을 볼 수 있다면, 더 나은 대응 방법을 찾을 수 있을 것이다.

행동의 이면에는 무엇이 있을까

아이가 주목하지 못하는 데는 여러 가지 이유가 있을 수 있다. 아이가 집중하지 못하는 이유에 대해 먼저 살펴보자.

'몰입 상태'에 있을지도 모른다

아론은 물 만난 물고기처럼 컬러링 북 색칠하기에 흠뻑 빠져 있는지도 모른다. 아이들은 때때로 어떤 활동에 너무 몰두해 있느라 외부의 다른 모든 것을 차단하기도 한다. 선생님 목소리마저도 듣지 못한다. 의도적이고 무례해 보이기까지 하지만, 어른 아이 할 것 없이 어떤 일을 하는 데 푹 빠져 있으면 다른 모든 일에 관심이 차단되는 이들이 있다.

쉽게 산만해지는 아이일 수도 있다

페트라 같은 아이의 경우, 학급 활동 대신 자기만의 세상 속에 빠진 것이다. 생각이 꼬리에 꼬리를 물고 올라와, 어느 한 가지 일에 집중하거나 자신이 원래 하고 있어야 할 일을 기억하지 못한다. 온종일 주의가 산만하고, 늘 딴생각에 빠져 있다. 이런 아이들은 매 순간 즉흥적으로 행동한다. 페트라 같은 아이들에게는 교실에서 이뤄지는 일을 따라가고 자신의 과제 진행 상황을 정확히 파악하는 일이 매우 힘겨울 수 있다. 교사가 아이의 주의를 얻는 일도 쉽지 않다.

상황의 전환이 힘든 아이일지도 모른다

페트라처럼 자기만의 세상에 빠진 아이는 과업에서 과업으로의 전환을 다른 아이들보다 힘들어 한다. 나이가 어린 아이들의 경우에는 특히 그렇다. 아론의 주의 집중 문제도 알고 보면 그저 아이가 어려서 한 가지 일에서 다른 일로 넘어가기를 힘들어하는 데 원인이 있을 가능성이 크다. 이미 진행 중인 활동에서 빠져나오는 게 힘든 아이의 경우, 대개 자신을 보살펴주는 사람이 바뀌는 상황에서도 비슷한 어려움을 느낀다.

예를 들어, 아론은 등교할 때는 엄마에게 꼭 붙어서 교사인 우리에게 오고 싶어 하지 않을지도 모른다. 그래도 우리가 아론에게 '모으기'를 하고 나면, 그날 하루는 잘 보낼 수도 있다. 하지만 하교 시간이 되어 엄마가 데리러 오면, 이제는 교사인 우리를 보내느라 힘들어 할지도 모른다. 교사가 이러한 발달적 배경을 인지하고 있으면 상황을 개인적으로 혹은 감정적으로 받아들이지 않으면서, 보다 순조롭게 아이에게 무엇이 필요한지 파악할 수 있다. 교사는 몰입하고 있는 아이나 쉽게 산만해지는 아이에게 모으기를 한 후 다음 활동이나 주변 사람들에게 다리 놓기를 해야 할 것이다.

딴생각을 하는 아이에게 필요한 것

교사의 말에 귀 기울이지 않는 아이에게는 앞서 소개한 것처럼 '모으기'가 필요하다. 상황의 전환이 힘들어서든 산만해서든 어떤 활동에 몰입해서든 교사의 지시에 아이가 저항하지는 않지만 말을 전혀 듣지 않는 것처럼 보일 때는 반드시 모으기가 필요하다. '지시하기 전 모으기'를 하는 것이 얼마나 유용한지 살펴봤던 앞쪽 내용을 다시 한번 떠올려보자. 이것은 모든 아이에게 유용한 방법이지만, 특히 쉽게 산만해지고 자기 생각에 자주 빠지는 아이들에게는 필수적이다.

교사에게 주목하지 않는 아이에게는 목소리를 높이는 방법이 아니라 관계를 다시 활성화하는 방법으로 모으기를 실시해야 한다. 이때의 모으기는 주로 아이에게 가까이 가는 것, 아이와 물리적으로 가까이 있는 것, 아주 잠깐일지라도 아이의 세상으로 들어가는 것을 의미한다. 이는 아이와 시선을 맞추려 노력하고, 아이가 몰입해 있는 경우라면 정말로 즐기고 있는 일을 멈춰야 하는 것이 얼마나 힘들고 아쉬운 일인지 공감해주는 것을 의미한다. 그렇게 유대를 먼저 맺은 다음 아이에게 해야 할 일을 지시해야 한다.

어쩌면 이 아이에게는 상황을 전환하는 데 시간이 조금 더 필요한

지도 모른다. 따라서 교사는 인내심이나 융통성을 조금 더 발휘해야 할지도 모른다. 그 과정에서 아이가 교실에서 자기 역할을 할 수 있도록 "선생님이 이름을 부르면 하는 일을 아직 못 끝냈더라도 선생님을 쳐다보세요."처럼 약간의 안내나 지도를 해야 할 수도 있다. 이것은 아이가 자연스럽게 자기 역할을 하게 될 때까지 계속하면 좋다. 동시에 유대감을 강화하기 위해 지속해서 모으기를 한다면 아이가 집중력을 키우는 데 도움을 줄 수 있다.

10
방해하는 아이

다음 상황을 머릿속에 그려보자.

모든 학생이 조용히 공부하고 있다. 그런데 조시는 연필을 깎는다며 자리에서 일어나 다른 학생의 자리로 가더니 그 학생의 어깨를 반복해서 쿡쿡 찌르기 시작한다. 아프게 하려는 게 아니라 그저 재밌으려고 하는 행동으로 보인다. 조시는 그 학생을 계속 찌르는 동시에 입으로 '삐, 삐, 삐' 소리를 낸다.

다음의 상황도 상상해보자.

코랄은 걸핏하면 산만한 모습을 보이고 충동적으로 행동한다. 아이는 수업에 진득하게 임하기를 힘들어 한다. 수업 중에 불쑥 질문하거나 자기 의견을 말하며 끊임없이 당신을 방해한다. 수업을 방해하지 말라고 부탁하는 순간에는 수긍하지만, 불과 몇 분 만에 같은 행동을 다시 시작할 때도 있다.

아니면 이런 상황은 어떤가?

세스는 당신이 수업하는 내내 계속해서 이상한 소리를 낸다. 어떨 때는 속삭이듯 작은 소리를 내고, 어떨 때는 큰 소리를 내기도 한다. 툭하면 연필로 드럼을 치면서 입술로 팡 터지는 소리를 낸다. 누군가를 겨냥해서 내는 소리는 아니지만, 조용히 있거나 자기 할 일을 하고 있어야 할 순간에도 계속해서 소리를 낸다.

아이들의 이런 행동은 교사를 화나게 만든다. 학생이 충동적으로 교사를 방해하든, 다른 학생들을 산만하게 하든, 이러한 행동을 지도하는 일은 매우 힘겹다. 아이가 작정하고 일부러 말썽을 피우는 것처럼 느껴지기 때문에 대부분의 교사가 이런 행동을 의도적이라고 치부하기 쉽지만 사실은 그렇지 않을 수도 있다.

발달적 측면에서 상황을 바라본다면, 실제로는 아이가 자신의 행동을 거의 의식하지 못하며 순간적으로 부적절한 행동을 억제하는 능력이 부족한 데서 비롯한 것임을 파악할 수 있다. 다른 학생이나 교사를 방해하는 아이들의 행동 이면에 숨어 있는 것은 무엇인지 자세히 살펴보자.

행동의 이면에는 무엇이 있을까

조시, 코랄, 세스에게는 한 가지 공통점이 있다. 세 아이 모두 자신의 충동을 조절하는 데 어려움을 겪는다는 점이다. 자신이 부적절하게 행동하고 있다는 것을 알면서도, 게다가 이미 선생님과 부모님에게 그런 행동을 하지 말라고 귀에 딱지가 앉도록 들었을 텐데도 행동을 멈추지 못한다. 이런 행동의 이면에는 무엇이 있을까?

잠시 이 상황에서 벗어나 당신이 다음과 같은 상황에 부닥쳤다고 상상해보자. 당신은 딸의 학교 연극 시간에 늦지 않게 도착해야 하는데 퇴근이 늦어졌다. 피곤하고 배도 고프다. 게다가 엎친 데 덮친 격으로 차까지 막힌다. 시계를 보니 10분 후면 연극이 시작하는데, 도착하려면 30분은 족히 걸리는 상황이다. 당신은 답답하고 화가 난다. 운전대를 마구 두드리고 경적을 울리며 모두 쏟아내고 싶은 마음이 간절하다.

하지만 행동으로 옮기지는 않는다. 그렇게 한다면 주변 운전자들, 앞에서 신호 대기 중인 자전거 탄 사람, 횡단보도를 건너려고 기다리는 행인들을 깜짝 놀라게 할 것이다. 주변 모든 사람을 짜증 나게 할 뿐만 아니라 사고가 일어날지도 모른다. 따라서 당신은 화가 나고 답답하더라도 최대한 자제력을 발휘한다. 심호흡을 하고 자신을 다독인다.

어른들에게는 분노, 좌절, 두려움 같은 감정에 반응할 때, 타인의 기분과 영역을 존중하고 배려하는 과정을 통해 자신의 충동을 조절하는 능력이 있다. 하지만 이런 능력은 날 때부터 생기지 않는다. 충동을 조절하는 것은 성장 과정에서 달성해야 할 중요한 과업 중 하나이다.

아이의 충동 조절 능력이 발달하지 않았는지도 모른다

방해 행동을 설명하는 가장 흔한 원인은 '미성숙'이다. 아이가 아직 일정한 성장 단계에 도달하지 않았다고 보는 것이다. 이를테면 조시는 너무 어려서 '이렇게 하면 혼날지도 몰라'라든가 '누군가 상처받을지도 몰라'처럼 상대방의 처지에서 생각하거나 기분을 헤아리지 못하는 것일 수 있다. 복잡한 기분을 감당하고 충동을 조절하는 능력은 보통 5~7세 사이에 발달하지만, 여러 가지 이유로 발달이 지연될 수도 있다.

그로 인해 생길 수 있는 영향은 특히 초등학생 시기에 두드러지게 나타날 수 있다. 말썽을 부리거나 방해하거나 심지어 공격적인 학생 중 상당수에게는 자신의 감정을 다스리거나 문제를 해결하거나 타인의 관점에서 바라보는 능력이 발달하지 않았을 가능성이 크다. 또한 학생들이 옳고 그른 것을 구별할 줄 안다고 해도 아직 충동을 조절하지 못한다면 별 소용이 없다.

조시는 쉽게 산만해지고 매 순간 느끼는 대로 행동한다. 조시는 자신이 느끼는 감정에 따라 행동하며, '옳은 행동'을 해야 한다거나 심지어 '옳은 행동'이 무엇인지에 대한 의식조차 없을지도 모른다. 조시는 자기만의 세상 속에 갇혀 무엇이 거슬리거나 적절한지 의식하지 못한다.

아이에게 아직 자제력이 발달하지 않았다면, 아이는 매 순간 자신이 느끼는 대로 행동하고 충동이 생기는 대로 행동에 옮길 것이다. 쉽게 산만해지고 아무 말이나 불쑥 내뱉는 코랄을 떠올려보자. 당신이 아이에게 방해하지 말라고 부탁했고 아이가 진심으로 동의하며 고개를 끄덕였을지라도, 아이는 몇 분 만에 다시 당신을 방해한다. 코랄은 수업을 방해하지 않겠다는 조금 전 생각을 계속 붙들고 있지 못하기 때문에 뭔가가 갑자기 머릿속에 떠오르면 그 순간의 생각을 입 밖으로 꺼낸다. 시간이 어느 정도 흐른 후, 자신이 선생님을 방해하지 않겠다고 했던 게 떠오르면 코랄은 미안한 마음을 느낄 수도 있다. 하지만 아직 충동 조절 능력이 발달하지 않은 아이의 경우, 잘 안다고 해서 그만큼 더 잘 행동하게 되는 것은 아니다.

충동 조절 능력이 없는 아이에게 필요한 것

아이에게 충동 조절 능력을 가르쳐줄 수는 없지만, 본보기를 보여주거나 자신의 내적 갈등을 직면하게 하는 방법을 통해 그런 능력을 키울 수 있게끔 도와줄 수는 있다. 다음의 몇 가지 방법을 소개한다.

기분을 표현하는 법을 본보기로 보여주기

아이들에게 복잡한 기분에 대한 개념을 심어주는 간단한 방법은 '본보기를 보여주는 것'이다. 아주 간단하게는 교사가 자신이 느끼는 복잡한 기분을 간단한 문장으로 표현하는 방법이 있다. 단, 이때의 주제가 개별적인 학생들과 연관된 것은 아니어야 한다.

"아, 너무 피곤해서 지금 바로 칠판을 닦고 싶지 않아. 하지만 내가 해야 할 일이라는 걸 알고 있으니까 해야겠다!"

"선생님은 여름을 아주 좋아해서 여름방학이 시작되는 게 너무 좋은데, 한편으론 슬프기도 해. 너희들을 가르치는 일이 그리울 테니까."

"선생님이 올여름에 대규모 물리학 학회에서 발표할 기회를 얻었어. 많은 사람 앞에서 발표할 생각을 하니 너무 무서워. 그런데 다른 한편으로는 내 연구를 많은 사람에게 소개할 수 있어서 신나기도 해."

"선생님은 지금 컴퓨터 때문에 너무 답답해서 당장이라도 컴퓨터를 부숴버리고 싶어. 근데 그렇게 해버리면 나중에 후회하게 될 게 분명해."

이처럼 여러 가지 상황 속에서 감정적 대립을 경험하는 예를 보여주는 것이다. 학생들은 두 가지 기분을 갖는 것 내지는 생각과 기분을 동시에 갖는다는 개념을 서서히 받아들이게 된다. 또한 이 과정을 통해 내적 갈등을 겪는 것을 당연하고 자연스러운 일로 여기게 된다.

상반된 감정을 인지할 수 있도록 돕기

아이가 가질 수 있는 상반된 생각이나 기분에 대해 교사가 설명해줄 수도 있다. "어쩌면 다른 한편으로는 네가… 하지 않았을까?" 화법이다. 이 방법은 앞서 소개한 '교사가 자신을 본보기로 삼는 방법'보다는 조금 어려울 수도 있다.

예를 들면 "네가 한편으로는 이런 느낌이 드는데, 한편으로는 저걸 원했나 보구나."라고 말하는 것이다. 이 방법을 도입했는데도 아이가 잘 받아들이지 못한다면 그 순간에는 한 발짝 뒤로 물러선 채 밀어붙이지 않아야 한다. 밀어붙인다고 해결되는 일이 아니기 때문이다.

교사가 계속 자신의 복잡한 기분을 본보기로 보여주다가 적당한 순간에 다시 한번 시도해볼 수도 있다. 학생들이 느끼고 생각하는 두 가지에 동시에 닿을 수 있도록 교사가 본보기를 보여주고, 아이의 감정을 따뜻하게 알려주다 보면, 학생의 충동 조절 능력은 서서히 발달할 것이다.

좌절감을 느끼는 아이에게 필요한 것

아이가 경험하는 감정이 감당하기에 너무 벅찬 경우, 충동을 억제하기 힘들 수도 있다. '좌절감' 같은 강력한 감정은 우리가 원하는 방식으로 작용하거나 펼쳐지지 않는다. 정도는 달라도 누구나 이러한 감정을 경험해봤을 것이다. 조시가 한시도 가만히 있지 못하는 이면에는 깊은 좌절감이 있을지도 모른다. 어쩌면 조시가 집에서 겪은 감정을 교실까지 가지고 오는 건지도 모른다.

가벼운 수준의 좌절을 느낄 때면 살짝 초조하고 불안해지는 정도지만, 아이가 계속 의식하지는 못하더라도 행동으로 드러나는 경우가 있다. 바로 이것이 방해 행동이 나타나는 주된 이유로, 마음속 깊숙이 내재한 감정이 자신도 모르게 밖으로 새어 나오는 것이다. 만약 아이에게 강렬한 감정에서 비롯된 행동을 자제할 능력이 없다면, 이런 감정적 에너지는 아이의 의지와 상관없이 계속 모습을 드러낼 것이다.

감정의 강렬한 정도와 아이의 조절 능력에 따라 앞의 사례에서 살펴본 가벼운 방해 행동보다 더 심각한 문제가 나타날 수도 있다. 많은 경우 이러한 감정 에너지가 분출되면 교실의 다른 사람들에게도 영향을 미친다. 다른 학생, 학급 전체, 교사 아니면 모두가 그 대상이 될 수 있다. 이런 경우에는 강렬한 감정부터 가라앉히고 난 후, 아이가 자신의 복잡한 감정을 인지할 수 있게 해서 충동을 억제하도록 도와줄 수 있다.

교사가 잠시 기다렸다 아이와 이야기를 나누거나 또는 아이에게 배출구가 필요하다는 것을 파악해서, 필요하다면 해당 학생이나 전체 학급을 대상으로 이런 과정을 일과로 만들어 시행해볼 수도 있다. 좌절감을 배출하는 방법과 심각한 문제 행동의 원인에 대해서는 178쪽의 '공격적인 아이'에서 더 자세히 살펴볼 것이다.

불안한 아이에게 필요한 것

세스가 방해하는 소리를 내는 것도 불안감에서 비롯된 행동일지 모른다. 아이에게 불안 신호가 켜진 것은 무언가 위협 요인이 감지되었기 때문이다. 세스에게 내부 경보가 울린 이유를 교사는 결국 알아내지 못할 수도 있다. 집안 사정일 수도 있고, 자신을 괴롭히는 다른 학생이 무서워서일 수도 있으며, 또래 친구들에게 인정이나 관심을 받지 못할까 걱정되거나 거절당할까 불안해서인지도 모른다.

세스 같은 아이는 늘 불안한 상태에 있다 보니, 주변 세상을 받아들일 여력이 없다. 세스는 불안을 낮추기 위해 자신의 내부 경보를 줄이려는 노력으로 흥얼대거나 두드리거나 톡톡 치는 등의 행동을 하는지도 모른다. 이것은 의도가 있는 행동이 아니라 <u>스스로</u> 의식하지 못한 행동인 경우가 많다.

불안한 학생에게 가장 큰 도움이 되는 것은 교사와 맺는 관계다. 교사와의 유대가 강화되면 아이가 중심을 잡는 데 도움을 줄 수 있다. 또한 교사는 일관된 일과, 의식, 체계를 통해 아이들이 안전하다고 느끼게 해주며 학생들이 의지하고 기댈 수 있는 역할을 해야 한다. 이러한 체계는 학생들에게 하루 일정의 큰 틀을 제공해 마음을 편안하게 만들어준다. 교실에 질서가 없고, 가슴 철렁하게 놀라는 일이 가득하다면 많은 아이들이 불안해 할 것이다. 아이들은 '규칙적인 변화'를 갈망한다. 따라서 아이들이 무슨 일이 있을지 미리 알 수 있도록 교사가 하루 일정 및 전환에 체계를 마련해주는 방법으로 불안을 낮춰줄 수 있다. 그렇게 하면 학생들은 자신이 어떤 하루를 보낼지 예측할 수 있고, 하루 일과의 규칙적인 변화에 자연스럽게 스며들게 된다.

자극에 노출된 아이에게 필요한 것

아이가 주변의 자극적인 요소에 노출되어 있는지도 모른다. 너무 많은 자극이 걸러지지 않고 뇌까지 그대로 전달되다 보면 아이의 충동 조절 능력이 제대로 작동하지 못할 수도 있다. 여과장치가 제대로 기능하지 못하다 보니, 아이는 선생님, 학업, 주변 학생들처럼 자신이 주의를 기울여야 할 대상에 잘 집중하지 못한다.

학생이 감당하기 힘든 자극에 노출되어 있는지 교사가 항상 알아챌 수는 없어도, 상대적으로 명확하게 드러날 때가 있다. 기본적으로 이런 학생은 주변 세상을 차단하려는 행동을 취하는 경우가 많다. 머리나 귀를 감싸 쥐고 있거나 얼굴이 늘 상기되어 있거나 앉은 자리에서 몸을 흔드는 행위가 그 예이다. 이런 모습이 보인다면, 아이에게 자극이 될 만한 요인을 줄여주는 방법을 찾아볼 수 있다. 형광등 조명이 너무 밝지는 않은지, 아이가 유난히 정신없고 시끄러운 구역에 앉아 있지는 않은지, 아이를 지속적으로 괴롭히거나 자극하는 사람은 없는지 살펴볼 수 있다.

필요한 모든 조처를 해주지는 못하더라도 작은 변화 하나로도 큰 도움을 줄 수 있다. 아이들에게 교실이 힘들고 불편한 곳이 될 수 있다는 점을 알아보고, 이것이 아이를 방해하는 요인이 될지도 모른다고 인식하는 것만으로도 변화는 시작될 것이다.

유대감에 굶주린 아이에게 필요한 것

앞서 살펴본 아이들이 공통적으로 해당하는 또 다른 가능성은 누군가의 관심을 끌기 위해 행동하는 경우다. 관심 끌기는 말 그대로 특별한 존재가 되거나 인정받거나 소속되고 싶은 갈망처럼 일종의 욕구 충족을 위해 주변 사람들의 관심을 구하는 것이다. 아이가 유대감에 굶주리면 이런 형태의 부적절한 행동이 나타날 수 있다.

조시, 코랄, 세스에게는 세상을 받아들이고 배우며 성장할 수 있는 원동력이 되는 유대감이 부족할지도 모른다. 안타깝게도 세 아이들의 행동은 교사의 보살핌 본능을 끌어내기보다는, 오히려 교사와의 관계를 더욱 멀어지게 만든다. 그렇다고 해도 유대에 굶주린 아이에게는 교사의 개입이 그 어느때보다 절실하기 때문에 교사는 아이들에게 가까이 다가가야 한다.

'먼저 다가가 손을 내밀어라!'는 유대에 굶주린 아이에게 내가 항상 적용하는 방법이다. 물론 교사인 내 입장에서도 힘들 때가 많지만 관심을 가져달라고 시종일관 아우성치는 아이에게 손을 내미는 것에 대한 거부감만 극복할 수 있다면, 이 접근법은 엄청난 효과를 발휘할 수 있다. 언젠가 나는 수업에 엄청난 지장을 초래했던 십 대 여자아이를 가르친 적이 있다. 쉴 새 없이 질문을 내뱉고, 모든 것에 자신의 의견을 덧붙이는 아이였다.

이 아이 대신 다른 학생들에게 말할 기회를 만들어 주는 데 너무 힘을 써서 수업 후에는 진이 다 빠질 정도였다. 이 아이에게 먼저 다가가는 것만큼은 정말 하고 싶지 않았고, 실은 이 아이 때문에 학교를 그만두고 싶을 정도였다. 그러면서도 어쩌면 아이가 너무나 불안한 상태이고 관심에 목말라하는지도 모른다고 생각했다. 그래서 나는 내가 아이와 유대를 맺고 싶어 한다고 느낄 수 있게 먼저 아이에게 다가가야 한다고 마음을 다잡았다. 그러니까 나에게 손 내밀려는 아이의 시도에 반응해주는 것이 아니라 내가 먼저 그 아이에게 손을 내민 것이다.

불안정하고 유대에 굶주린 아이에게 미치는 영향을 고려하면, 교사가 먼저 나서서 욕구를 채워주는 것과 수동적으로 아이의 요구에 반응해주는 것 사이에는 엄청난 차이가 있다. 누군가에게 관심받고 싶어 하는 것은 지극히 인간적인 모습이다. 나는 이 아이에게 '관심받는 느낌'을 확실하게 심어주기로 했다. 하지만 이 방법으로 아이를 도와주면 학급의 다른 학생들에게 불편한 상황을 초래할 수도 있다. 이미 자기 몫보다 더 많은 관심을 차지하고 있는 학생에게 선생님이 계속해서 관심을 준다면 너무 불공평해 보일 수도 있기 때문이다.

그래서 나는 수업 시간에 티 나지 않게 실천하려고 애쓰며 모든 학생의 욕구를 함께 헤아리려 했다. 내가 아이의 허기를 아주 약간만 채워줘도, 아이가 그렇게까지 굶주리지 않으리란 걸 알고 있었기 때문이다. 나는 아이가 교실로 들어서면, 나에게 다가오기도 전에 먼저 인사를 건넸다. 복도에서도 그 아이가 보이면 일부러 다가가 인사하기도 했다. 수업을 마치면 잊지 않고 작별 인사도 건넸다. 아이는 가방을 싸느라 좀 더 늦게까지 남아 있는 경우가 많았는데, 나에게 질문을 하거나 자기 의견을 꺼내기 전에 내가 먼저 그날 수업 때 배운 내용에 관해 묻기도 했다.

아이가 자기 생각을 말하지 않거나 나에게 먼저 질문하지 않은 때를 손에 꼽을 수 있는 정도라 이는 쉽지 않은 일이었으며, 아이가 나를 찾지 않을 때는 해방된 기분을 느꼈기 때문에 억지로 아이에게 먼저 다가가는 일이 힘들 때도 많았다. 어쨌거나 나는 내 안의 거부감을 깨고, 내가 먼저 아이에게 다가가는 순간을 만들어냈다. 다섯 달 정도 걸렸지만, 결과는 아주 만족스러웠다. 아이는 방해하는 행동을 서서히 멈췄고 수업 시간에 이전만큼 큰 비중을 차지하는 일도 없어졌다. 내가 아이에게 스스럼없이 관심을 표현하면서 우리 사이에 안정감이 생기자, 아이는 더는 관심을 갈구하지 않았다. 아이를 가르치는 일이 훨씬 더 유쾌해지면서 나는 수업 시간을 진심으로 즐기게 되었다.

방해하는 아이에게 대응하는 방법

방해 행동을 하는 아이에게는 아이를 창피하게 하지 않으면서 따스하고 다정하게 방향 전환을 해주는 것이 중요하다. 아이에게 지금은 이상한 소리를 내거나 방해할 때가 아니라고 일러줘봤자 별다른 효과를 보지 못할 가능성이 크다. 아이가 충동을 억제하지도, 교사의 지시를 붙들고 있지도 못할 것이기 때문이다.

게다가 아이가 창피하다고 느낀다면, 내재한 감정이 더욱 증폭되어 방해 행동이 강화될 수 있다. 사실 아이는 무안해진 상황에서 주의를 딴 데로 돌리려고 바보 같거나 우스꽝스러운 방식으로 방해 행동에 몰두하게 될지도 모른다.

맥 빠지는 소리로 들리겠지만, 교사가 아이에게 모으기를 한다고 해도 뒤돌아서면 바로 방해 행동이 다시 튀어나올 수 있음을 미리 예측하고 당황하지 않는 것이 중요하다. 하지만 희망은 있다. 교사는 장기적인 전략을 통해 아이들이 이러한 방해 행동을 하지 않도록 도울 수 있다. 학급에 아이들은 많은데 교사는 한 명이다 보니 학생들이 방해 행동을 하는 이유를 교사가 일일이 정확하게 파악하지 못할 수도 있다.

학생들이 불안한 건지, 유대에 굶주렸는지, 충동 조절 능력이 아직 없는 건지 가늠할 수 없을지도 모른다. 그렇다 하더라도 교사는 문제의 근원과 상관없이 방해 행동에 몰두하는 학생들을 도와줄 전략을 도입할 수 있다. 이를테면 학생이 유대에 굶주렸다는 확신이 서지 않더라도 그러한 굶주림을 채워주는 해결책을 미리 시도해서 손해볼 일은 없다는 의미다. 유대는 어떤 문제를 겪는 아이라도 도울 수 있는 최고의 해결책이기 때문이다.

11
저항하는 아이

교사라면 이런 상황을 경험해봤을 것이다.

당신은 자신의 학급이 아닌 2학년 학급에 지원 수업을 나와 있다. 당신이 교실 앞에서 전체 학급을 대상으로 동화책을 읽어주고 있는데, 와트라는 아이가 자기 코트 주머니에서 장난감을 꺼내더니 친구들에게 보여준다. 당신은 와트에게 나지막한 목소리로 수업 시간에는 장난감을 가지고 놀 수 없다고 말하며 쉬는 시간이 될 때까지 도로 넣어놓으라고 요청한다. 그러자 와트는 "저한테 이래라저래라 하지 마세요. 담임선생님도 아니잖아요!"라고 말하고는 장난감을 책상 위에 그대로 놓은 채 당신을 노려본다.

어쩌면 이런 상황도 겪어봤을 것이다.

당신의 학생 중 하나인 칼리는 자기 주관이 뚜렷한 아이다. 당신의 학급에서는 연극을 준비하고 있다. 당신은 칼리에게 무대 배경으로 쓸 종이로 만든 집에 색칠하는 걸 도와달라고 부탁했다. 당신은 칼리에게 파란색 물감을 건네며 집을 파란색으로 칠해달라고 한다.

그러자 칼리는 "싫어요. 요즘 누가 파란 집에 살아요?"라고 대꾸한다. 그래서 당신은 대신 빨간색 물감을 주면서 "그래, 그럼 여기 빨간색도 있네. 빨간색 집이 예쁘긴 하지. 그럼 빨간색으로 칠해줄래?"라고 말한다. 그러자 아이는 "싫어요! 무대가 너무 촌스럽잖아요. 빨간색은 싫어요."라고 답한다. 나중에 슬쩍 들여다보니 칼리는 물감으로 칠하는 대신, 갈색 종이를 다양한 네모 모양으로 잘라 붙이며 벽돌집을 완성해 가고 있다.

그리고 때론 학급 전체가 교사에게 반란을 일으키는 것 같은 때도 있을 것이다.

체육 시간이라서 당신이 학생들을 체육관까지 줄을 세워 걸어가게 하는 상황을 떠올려보자. 반 아이들은 복도에서 소란을 피우고 뛰어다니며 장난을 치기 시작한다. 당신은 걸어서 가야 한다고 재차 주의를 준다. 아이들은 다시 뛰기 시작한다. 유치한 장난을 치며 시시덕댄다. 당신은 학생들을 교실로 불러들여 걷는 연습을 시킨다. 학생들이 제대로 안 할 때마다 당신은 다시 불러들여 연습시킨다. 지금까지 다섯 번째 체육관으로 걸어가기를 시도해봤지만 아무 소용도 없었다. 당신은 학생들에게 시간을 낭비하고 있다면서 곧 있으면 체육 시간이 끝날 거라고 경고했다. 반 아이들은 여전히 키득거리고 일부러 서로 부딪히는 등 통제가 되지 않는다.

학생들이 의도적으로 교사에게 반발하는 경우, 대응 방법을 알아내기는 몹시 어렵다. 교사는 좌절, 분노, 혼란에 더해 학생들을 통제하지 못했다는 당혹감까지 느낄 것이다. 학생들을 혼내는 일도 효과가 없어 보인다. 처벌은 상황을 악화시키기만 하는 것 같다. 그렇다면 이런 상황에서 교사가 무엇을 할 수 있을까?

행동의 이면에는 무엇이 있을까

교사는 근본적으로 타인의 조언에 저항하는 것이 건강한 현상이며, 자기 생각과 의견을 가진 성인으로 성장하는 과정에 도움이 된다는 것을 이해해야 한다. 타인의 의지에 반발하는 것, 즉 '반의지(counterwill)'는 인간의 자연스러운 본능이다. 반의지라는 용어는 1950년대 독일의 심리학자인 오토 랑크Otto Rank가 최초로 사용했고, 후에 고든 뉴펠드 박사가 이러한 반발 에너지를 이해하는 방법으로 개념을 확장했다. 다른 사람의 의견이나 계획이 '내 열망을 통제할 때' 우리는 반의지를 경험하게 된다. 반의지의 두 가지 주요 목적은 다음과 같다.

1. 나와 유대를 맺지 않은 사람들이 미치는 외부 영향을 차단하는 것
2. 의견, 생각, 열망처럼 자신의 의지를 표현할 공간을 확보하는 것

어떤 면에서 반의지는 아동기에서 성인기로 넘어가는 과도기인 청소년기를 건강하게 보내는 비결이라 할 수 있다. 주관과 의견을 가진 '자주적인 사람으로의 성장'이라는 임무를 성공적으로 완수하려면, 때론 주변 사람들의 의견을 밀어내야 할 때도 있다. 이러한 에너지는 유아기에 "내가 할 거야."라고 외치며 자신의 욕구를 표현하는 행동으로 처음 드러난다.

어린이와 청소년을 상대할 때 교사가 반드시 알아둬야 하는 것은 아이들이 유대를 맺지 않은 대상의 지도를 따르는 데 저항하는 것이 아주 자연스러운 현상이라는 점이다. 아이들은 단지 상대를 믿어도 될지 아직 잘 모르기 때문에 저항하는 것이다. 유대감이 없는 대상과 마주 보거나 대화하거나 그들의 지시에 따르는 것을 이상하다고 여기는 경우는 수줍음이 많거나 내성적인 아이들에게서 더욱 두드러진다. 진정한 유대를 맺지 않은 대상을 거부하는 것은 인간이 가진 자연스러운 본능이다.

유대감이 부족해서 저항하는 경우

반의지의 주요 목적 중 하나는 자신이 애착을 가지는 집단의 바깥에 있는 사람들이 미치는 영향으로부터 스스로를 보호하는 것이다. 이러한 저항은 선천적이며 본능적이다. 인간이 진화하는 과정을 생각해보면 좀 더 이해하기 쉽다. 아이들이 유대감이 없는 대상에 대한 경계를 풀지 않는 것을 당연하게 여겨야만 잠재적인 위험으로부터 자신을 지키고 안전한 환경에 머무를 수 있다.

교사는 단상에 오르는 순간 아이들의 존중과 협조가 저절로 생겨날 거라 기대하지만 실제로는 그렇지 않다. 만약 교사가 옛날처럼 아이와 아이의 가정을 아우르는 보다 광범위한 공동체 영역에서 활동한다면, 상황이 다를지도 모른다. 하지만 대가족은 고사하고 우리가 이루고 있는 공동체에서도 구성원 간의 유대가 점점 줄어들고 있다.

교사를 자신이 따라야 할 대상으로 인정하지 않는 와트의 경우를 생각해보자. 와트가 당신을 따르게 하려면, 먼저 당신을 자신의 지도자로 바라봐야 할 것이다. 아이의 저항 본능을 사라지게 하려면, 아이와 먼저 유대를 쌓거나 모으기부터 해야 할 것이다. 여담이지만 중요한 이야기를 잠시 하자면, 바로 이 점이 학생들과 아무런 유대 없이 교실에 들어서야 하는 대체 교사들의 최대 난제이기도 하다.

결국 학생들이 교사에게 아무런 유대감을 느끼지 못한다는 것이 가장 큰 원인이다. 이제 교사는 '선생님'이라는 직함에만 기댈 것이 아니라 아이들과의 관계에서 주도권을 얻는 법을 스스로 찾아내고, 학생들과 유대를 맺으려 끊임없이 노력해야 한다. 그래야만 가르치는 일은 둘째치고, 학생들의 관심이라도 얻을 수 있기 때문이다. 교사에게 저항하는 와트 같은 아이에게는 이 방법이 문제 해결의 실마리가 될 것이다.

또한 모든 아이는 각기 다른 방식으로 반의지를 경험한다는 점도 유념해야 한다. 어떤 아이들은 선생님께 혼나고 싶지 않은 불안감에 조종당하고 있는지도 모른다. 아니면 주도권을 쥐고 있는 어른을 인정하고 지향하는 일을 어려워할지도 모른다. 또 어떤 아이들은 자신의 또래를 더욱 지향하는 편이다 보니 어른인 당신에게 지도를 구하는 것에 거부감을 느낄지도 모른다.

부모나 교사를 자신의 지도자로 받아들이지도, 존중하지도 않는 행동을 '적대적 반항 장애(oppositional defiant disorder, ODD)'라고 진단한다. 이러한 행동주의적 관측법만으로는 아이가 왜 그렇게 행동하는지 이유를 찾지 못하므로 이런 아이들을 효과적으로 돕는 방법에 대한 통찰은 얻기 어렵다. 와트 같은 아이의 경우, 의외로 해결 방법은 간단하다. 이 아이와 유대 관계만 잘 맺는다면 아이가 교사의 지도를 따를 가능성이 커진다.

자기 의견을 펼칠 공간이 필요한 경우

당신도 타인의 조언에 저항하는 칼리 같은 아이를 만나본 적이 있을 것이다. 이러한 종류의 반의지는 언뜻 보기에는 어른에 대한 반항처럼 비친다. 하지만 이 경우에는 자신의 의지를 행사하려는 열망에서 반의지가 생겨난 것이다. 칼리는 무대 꾸미기에 대한 분명한 의견을 가지고 있다. 그리고 그것이 설사 교사의 생각과 같더라도 '자신이 먼저 의견을 내야 하기에' 교사의 의견을 인정하지 않을 것이다.

이러한 종류의 반의지는 어린아이가 성장하는 과정에서 나타나는 모습과 유사하다. 한여름에 카우보이 부츠를 신겠다고 낑낑대며 애쓰거나, 자기가 차를 운전하겠다고 떼쓰는 어린아이를 떠올려보자. 정말 할 수 있는 일인지는 그들에게 중요하지 않다. 이럴 때는 "내가 직접 하고 싶어!"라는 마음을 알아줘주는 것이 가장 중요하다. 내 마음대로 하고 싶은 열망과 모험을 추구하려는 의지야말로 자주적인 사람이 되려면 꼭 필요한 것들이다.

칼리 같은 아이들은 자기 뜻을 오롯이 펼칠 공간이 충분하지 않다고 느낄 수도 있다. 어쩌면 가족들에게 자기 생각이나 의견을 표현할 기회가 없을지도 모른다. 뭔가를 하려는 시도 자체가 가족 관계를 위협하기 때문에 무엇이든 직접 하는 것이 부담스러웠을지도 모른다. 본능은 감정과 비슷해서 숨기려 하면 할수록 훨씬 더 강력한 모습으로 고개를 내밀 때가 많다.

칼리가 타인의 의견이나 계획을 적극적으로 거부하고 저항하는 이유는 바로 자신의 의견과 생각을 펼치기 위한 공간을 마련하기 위해서다. 칼리가 무대용 벽돌집을 만드는 모습에서 창의적 자아가 싹트고 있음을 알 수 있다. 유아 때 처음 발현되는 '자신이 직접 하려는 에너지'는 청소년기에 다시 한번 강력하게 부활해 많은 경우 '내 방식대로 할 거야.'로 모습을 드러낸다.

따라서 실제로는 이런 행동이 상대에게 반항하거나 무례하게 구는 행동이 아님을 이해해야 한다. 칼리에게는 자기 의견을 표출할 공간이 조금 더 필요한 것이다. 칼리에게 아이디어와 의견을 낼 기회를 더 많이 제공해줄수록 칼리가 교사의 의견을 수용할 여지도 커질 것이다.

유대는 없이 지시만 많은 경우

체육관까지 걸어가지 않으려는 학급을 다룬 마지막 상황은 앞의 두 경우와는 조금 다르다. 이 경우는 교사가 제대로 아이들을 이끌지 못하는 데 가장 큰 문제가 있다. 교사는 학급이 자신을 따르도록 이끌어야 하며, 그러려면 모으기가 필요하다. 하지만 교사가 학생들에게 계속해서 요구하고 경고하고 강요하는 모습을 보일수록 학생은 교사에게 점점 더 협조하지 않는다.

요즘 아이들은 너무 많은 것을 강요받는 환경에서 살아간다. 만약 교사가 아이들과 함께하는 활동에서 지시적인 요소를 덜어내고, 아이들을 즐겁고 신나게 만들어주는 일에 노력을 기울인다면, 교사의 목표나 계획이 두드러지지 않아 아이들의 저항은 줄어들고 협조는 늘어날 것이다.

아이들이 감정적으로 미숙할 때, 즉 유난히 피곤하거나 흥분한 상태에서는 모으기가 충분히 되지 않은 경우 교사를 따르는 일에 특히 저항하는 모습을 보일 수 있다. 아이들이 협조하지 않으면 교사의 좌절감도 커져 목소리에 온기를 유지하기가 힘들어진다. 또한 아이들을 보살피려는 평소 마음이 일시적으로 자취를 감추면서 교사는 학생들과의 유대를 온전하게 지키는 능력을 상실할 수 있다.

저항하는 아이에게 대응하는 단기적 방법

어떤 이유에서 비롯한 저항이든, 아이들의 저항을 낮춰줄 그리고 학급 관리를 조금이나마 수월하게 해줄 세 가지 방법을 소개한다.

1. 지시하기 전 관계 맺기와 모으기를 실시해 유대 늘리기
2. 아이가 자기 생각과 의견을 표출할 수 있는 기회 늘리기
3. 강요 줄이기
   a. 목표나 계획을 드러내지 않기
   b. 따라야 할 체계와 의식 만들기
   c. 재밌고 장난스럽게 시도해보기

꾸준히 유대 늘리기

교사와의 유대가 부족해 아이가 저항한다고 느낀다면 이 순간에 할 수 있는 방법은 애착을 강화하는 것이며, 모으기 방법으로 유대를 다시 쌓을 수 있다. 그런데 교사가 이미 충분히 잘 알고 있고 유대를 잘 쌓았다고 생각한 아이에게도 이런 일이 발생한다면, 도대체 언제까지 유대를 쌓아야 아이가 저항을 멈출지 의아한 마음이 들지도 모른다. 아이가 교사를 충분히 알고, 아이에게 교사가 낯선 존재가 아니라 해도 아이는 순간적으로 교사의 손을 놓을 수도 있다. 주의를 산만하게 만드는 것들이 넘쳐나는 세상에서 상당수의 아이는 실제로 받아들이는 것보다 훨씬 더 많은 유대가 필요하므로 인내심을 가지고 꾸준한 모으기 활동을 해야 할 수도 있다.

생각과 의견을 표출할 기회 늘리기

칼리의 저항은 모으기와 관련된 문제가 아닐 가능성이 크다. 칼리에게는 자신의 의견을 펼칠 기회가 필요하다. 아이가 자기 의견을 펼치고 싶어 하는 의지를 보인다면 교사는 자신의 의견을 제시하는 대신 다음과 같이 칼리에게 먼저 의견을 물어보며 기회를 줘야 한다.

"우리가 이 집을 무대에 올리려면 색칠부터 해야 하는데, 근사하게 만들 아이디어가 있을까?"

아이가 자신의 생각을 잘 펼쳐 나간다면 그에 대한 격려의 말도 잊지 말아야 한다.

"멋진 아이디어네. 선생님도 이건 생각을 못 했는데!"

강요 줄이기

교사가 학생들과 대립하는 상황에서는 교사도 충동적으로 "져주지 않을 거야. 지금 져주면, 다음번엔 어떤 상황이 일어나겠어?"라고 생각할 수 있다. 하지만 교실 속의 권력 투쟁에서는 그 누구도 승자가 될 수 없다. 이건 학생들을 훈육하는 문제라기보다는 때로는 아이들이 그저 너무 피곤하거나 흥분하거나 정신이 산만해서 그 순간 자신이 해야 하는 일에 대처하지 못할 수도 있다는 것을 알아봐주는 문제다. 교사가 권력 투쟁에 휘말리면, 학생들은 유용한 배움을 얻지 못하며, 이러한 상호작용은 교사와 학생 간의 관계를 악화시킬 뿐이다.

교사가 권력 투쟁에서 벗어날 수 있다면, 학생들과 다시 가까워질 방법을 찾을 수 있다. 교사는 그저 잠시 멈추고 "지금 뭔가 잘 안 돌아가고 있죠? 우리 모두 너무 지친 거 같아요!"라고 말하며 상황을 넘기는 것이 나을지도 모른다. 또한 교사는 학생들을 밀어붙이는 대신 공감을 표현할 수도 있다.

"선생님도 이럴 때가 있어요. 누가 뭔가를 해달라고 부탁하는데 너무 피곤해서 도저히 못 할 것 같은 때 말이에요."

여기서 핵심은 부정적인 대립을 멈추고 학생들이 겪을 수도 있는 상황에 공감해주는 것이다. 이렇게 하면 학생들이 교사와 다시 유대를 맺으면서 저항을 멈추게 돼 지금 해야 할 일과 교사가 판단하기에 그 순간 학생들이 감당할 수 있는 일을 결정할 여지가 생겨난다. 한 가지 좋은 방법은 같은 활동이라도 더 재밌고 유쾌한 방법으로 수행하는 것이다. 그리고 여기에 교사도 참여한다면, 학생들은 교사의 지도를 따르는 데 훨씬 더 많은 관심을 보일 것이다.

"오늘은 우리 모두 지쳐서 체육관까지 걸어갈 힘이 없을 것 같죠? 그럼 우리 다 같이 기차가 되어 함께 걸어갑시다. 선생님도 피곤하긴 한데…. '우린' 할 수 있어요!"

여기서 '너희는 할 수 있어' 대신 '우리'라고 표현한 것에 주목하자. 교사가 자신을 학생들과 함께 묶어 '우리'는 할 수 있다는 확신을 주면, 아이들의 저항을 확실히 낮출 수 있다.

분위기를 장난스럽게 만들기

학생들이 당신의 말에 전혀 반응을 보이지 않아 체육관까지 걸어갈 수 없는 경우를 생각해보자. 교사가 그날 이미 모으기를 했는데도 학생들이 여전히 꾸물대거나 통제되지 않는다면, 처음부터 장난스러운 태도를 취하는 것이 도움이 된다. "선생님이 말해주는 걸 깜박했는데, 오늘은 '왼발 뛰기의 날'이에요!"처럼 엉뚱한 말을 장난스럽게 꺼낼 수도 있다. 그게 아니라면 "아! 깜박했네! 오늘은 '우스꽝스럽게 걷는 날'로 달력에 표시해뒀는데…. 그러니까 오늘은 평소처럼 걸으면 안 돼요! 체육관까지 모두 최대한 우스꽝스럽게 걸어갑시다!"

만약 복도에서는 모든 학생이 조용히 걸어 다녀야 하는 것이 교칙이라면, 우리는 교장 선생님을 찾아가 이런 결정을 내리게 된 배경에 대해 설명해야 할지도 모른다. 하지만 그 순간 학생들을 잘 참여시키고 집중하게 할 만한 방법을 마련해줄 수 있다면, 이런 시도를 해보는 것도 충분히 의미 있을 것이다.

저항하는 아이에게 대응하는 장기적 방법

꾸준한 관계 맺기

학생들을 모으고 학생들과 관계를 맺는 일이 교실에서의 전반적인 저항 수준을 낮추는 데 다른 어떤 방법보다 크게 도움이 될 것이다. 학생들이 집단으로 교사에게 협조하지 않는 경우 교사가 학생들과 관계를 맺는 일에 심혈을 기울이면, 학생들은 서서히 교사를 자신들의 지도자로 바라보게 된다. 앞서 살펴본 '단기적 접근법'은 교사가 높아진 저항 수준에 대처하고 학생들과의 대립 상황에서 빠져나오도록 도와주지만, 근본적인 문제를 해결해주지는 못한다. 학생들이 스스로 교사의 지도를 따르는 수준에 이르도록 교사는 꾸준히 노력을 기울여야 한다.

체계와 의식 만들기

언제 무슨 일이 있을지 알고 있으면, 아이들은 더 순조롭게 교사의 지도를 따를 수 있다. 갑작스럽게 활동이 주어졌는데 지루하고 재미없기까지 하다면, 아이들이 저항할 가능성은 더욱 커진다. 따라서 학생들에게 청소 시간, 독서 시간, 체육 시간 등이 언제인지 알려주는 체계를 만들어주는 것이 대단히 유용하다.

또 한 가지 내가 경험을 통해 알게 된 것은, 정리 정돈 시간에 음악을 틀어주는 것처럼 규칙적으로 해야 하는 과업을 감각 기억과 결부시켜주면 아이들에게 도움이 될 수 있다는 점이다. 신나는 음악이 나오면 '청소할 시간'을 의미한다. 이때는 다 같이 청소를 하면서 함께 음악을 듣기 때문에 아이들에게 좋아하는 음악을 직접 선택하라고 할 수도 있다.

자기 의견을 표출할 공간 만들기

교사는 학생들에게 자기 의견이나 생각, 목소리를 낼 기회를 찾아줄 수 있으며 이는 여러 해에 걸쳐 연령에 맞는 방식으로 실천할 수 있다. 교사가 학생들의 기분, 의견, 생각을 중요하게 여긴다는 것을 알 수 있도록 학생들의 목소리를 교실과 학교로 들여오는 방법은 생각보다 다양하다. 내가 고등학생 시절의 대부분을 보낸 학교에는 전교생이 그림을 그릴 수 있는 벽이 있었다. 벽이 엄청나게 커서 우리는 그곳에서 자주 그림을 그릴 수 있었다. 벽을 이용하기 위한 유일한 규칙은 무례한 그림은 그리면 안 된다는 것이었는데 우리는 교장 선생님을 비롯해 모든 선생님에게 매우 존중받는다고 느꼈기에 그 규칙을 철저하게 지켰다. 벽에 무엇을 그릴지 한참을 고민했던 기억이 지금도 생생하다.

그 경험을 바탕으로 나도 교실에 '아이디어의 벽'을 만들어 주고 아이들이 언제든지 채울 수 있게 했다. 교실의 벽 한 면을 종이로 덮고 학년에 따라 벽을 활용하는 방법을 조정했다. 더 나은 세상을 위한 아이디어, 읽어볼 책에 대한 이야기, 가장 좋았던 영화에 대한 소개 등 주제는 무궁무진하다. 그저 학생들이 자신의 아이디어를 펼치는 공간이면 된다. 그리고 대부분의 경우, 학생들이 그다음 벽을 위한 아이디어를 직접 내곤 했다.

학생들의 창의성을 통해 저항을 낮추고 참여를 높이는 또 다른 방법은 학생들이 자신의 작품을 여러 가지 방법으로 선보일 기회를 마련해주는 것이다. "네 생각을 글로 써보는 건 어떨까?" "네가 쓴 이야기를 춤으로 표현해볼래?" "이야기 주제를 그림에 담아보는 건 어때?" "노래로 해볼까?" "영상을 만들어볼 수 있겠니?" 등 교사가 학생들에게 자신만의 방식으로 무언가를 표현해달라고 요청하는 경우, 학생들은 대개 자신이 교실에서 있는 그대로의 모습으로 환영받는다고 느낀다. 그리고 이렇게 느끼면, 교사가 다소 어렵고 힘든 지시를 해야 할 때도 학생들이 열린 마음으로 받아들이기 쉬워 점차 교사에 대한 저항이 줄어들게 된다.

12
마음의 문을 닫아 무심해 보이는 아이

다음과 같은 상황을 상상해보자.

최근 징은 수업에 제대로 참여하지 않는다. 아이가 한동안 날 선 모습을 보여서 당신은 징을 활동에 참여시킬 엄두도 내지 못하고 있다. 당신은 징이 평소 미술과 공예품 만들기를 좋아하는 걸 잘 알고 있다. 당신은 할 일을 끝낸 사람은 공예 바구니를 꺼내 미술 활동을 해도 된다고 알려주면서 징을 독려하려고 애쓴다. 당신은 징에게 지금 하는 걸 얼른 끝내면 미술 활동을 할 수 있다고 다정하게 알려주기도 한다. 하지만 징은 까칠한 말투로 "상관없어요. 전 미술이 싫거든요. 유치하고 따분해요."라고 답한다.

아니면 이런 상황은 어떤가?

올리버는 수업 시간 내내 떠들며 주변 학생들을 방해한다. 당신은 올리버에게 그만하라고 여러 번 주의를 주며, 그런 행동은 다른 친구들이 공부하는 데 방해가 된다고 알려준다. 그런데도 아이가 같은 행동을 계속하자 당신은 그만두지 않으면 쉬는 시간에 밖에 못 나간다고 으름장을 놓는다. 그러자 올리버는 "맘대로 하세요. 상관없으니까. 어차피 밖에 나갈 생각도 없었어요."라고 받아친다.

아이가 사람, 사물, 상황 어디에도 무관심한 태도를 보이면 어떻게 해야 할까? 교사는 이런 아이를 보면 대개 어딘가 이상하거나 답답하다고 느낄 것이다. 어떤 사람들은 아이가 마음의 문을 닫은 것처럼 무심하거나 무정하다고 표현할지도 모른다.

아이는 마치 문을 쾅 닫아버리거나 벽을 세우는 것처럼 감당하기 너무 벅찬 특정 감정을 차단하는 것이다. 이런 상태에 있을 때는 아이에게 다가가기가 무척 힘들 수 있다. 게다가 아이에게 다가가겠다고 마음먹기는 더 힘들지도 모른다. 아이가 이렇게 행동하면 교사도 무력해지거나 심지어 똑같이 아이를 대하고 싶은 충동을 느낄 수도 있다.

행동의 이면에는 무엇이 있을까

냉담하고, 예민하고, 태연하고, 무관심해 보이는 아이의 내면에는 무슨일이 일어나고 있는 걸까? 대개 이런 모습은 아이가 상대방을 향한 배려 능력을 상실했음을 나타낸다. 누군가를 배려하면 상처받거나 망신

내지는 거절을 당할지도 모른다는 이유를 대며, 아이의 뇌에서는 '배려하는 것이 안전하지 않다'는 판단을 내린 상태이다. 아이의 뇌에서 제시한 해결책은 그러한 고통을 그 순간만이라도 모면할 수 있도록 막는 것이다.

고통스럽고 힘든 감정으로부터 우리를 지켜주는 뇌의 능력은 상처받는 일이 빈번한 세상을 살아가는 데 매우 유용한 것이다. 우리는 각자 다른 상황에서 각기 다른 보호가 필요하다. 자신의 역할이나 일을 수행하는 데 두려움이나 좌절감이 방해요인으로 작용하면 안 되거나 자신의 감정이 안전하지 않다고 느낄 때다. 직장에서 힘들고 버거운 업무를 수행해야 하는 이들이 이런 상황에 놓이는 경우가 많다. 특히 구급차 운전사나 소방관처럼 위급한 상황에 자주 놓이는 사람에게서 이런 모습을 흔히 볼 수 있다. 또한 교사, 상담가, 관리자처럼 많은 사람을 상대하고 누군가를 이끄는 역할을 해야 하는 직업에서도 이런 모습을 찾아볼 수 있다. 맡은 임무를 수행하기 위해 자신의 기분은 잠시 옆으로 밀어둬야 하고, 중요한 순간에 자신의 감정이 비집고 들어와 방해하게 돼서는 안 된다고 느끼기 때문이다.

어른들도 자신의 감정을 타인에게 보이는 것이 안전하지 않다고 느낄 때가 있다. 예를 들어 배우자가 당신의 기분을 상하게 하고 나서 뭔가가 이상하다는 것을 감지하여 괜찮은지 묻는다면 어떨까? 실제로는 상처를 받았지만 그 순간에는 당신의 기분을 드러내는 것이 안전하지 않다고 느껴서, 슬퍼하거나 눈물을 보이는 대신 더 냉정한 태도를 보일지도 모른다.

하지만 감정적으로 건강해지려면 주기적으로 벽을 허물어뜨려야 한다. 또한 자신의 솔직한 기분을 표출해야 한다. 하지만 우리가 안전하다고 느끼고, 취약한 감정을 내보일 수 있는 사람들과 함께 있다고 느낄 때만 그런 기분을 표출할 수 있을 것이다. 감정을 숨기는 방어벽은 스스로를 지키기 위해 상황에 따라 일시적으로 생겨나는 것이어야 한다. 하지만 지속적으로 안전하지 않다고 느끼는 사람들에게는 이러한 순간이 며칠, 몇 주, 몇 년으로 이어질 수 있다. 그렇게 되면 마음의 문을 닫는 것이 일시적으로 작동하는 대처 기제가 아니라 평소의 마음 상태로 굳어지고 만다.

　놀라운 사실은 이렇게 마음이 닫힌 상태에 갇혀 있는 사람은 과거에 '감당하기 버거운 감정'을 느꼈을 가능성이 크다는 점이다. 이런 경험이 까마득한 옛날에 벌어졌던 상황일지도 모르지만, 그때 느낀 감정의 강도가 너무 센 나머지 방어기제 속에 갇혀버린 것이다. 이와 같은 이유로 어떤 아이들은 방어 상태에 갇혀 있는데, 이 상태가 계속되면 모든 것에 무심해 보일 수밖에 없다. 아이들에게 한때 유용했던 임시 장벽은 이제는 뚫을 수 없는 단단한 요새가 되어, 좋은 것 나쁜 것 할 것 없이 모든 것을 차단해버린다.

"상관없어!"라고 말하는 아이들

누구에게든 "맘대로 해."라든가 "나는 관심없어."라는 말을 들으면 버릇없고 무례한 느낌이 들 것이다. 하지만 이러한 표현에는 숨은 의미가 있다. 또한 이 표현을 통해 아이가 현재 어떤 상태에 있는지 단서를 얻을 수 있다.

　아이가 상관없다고 하는 모습 이면에는 실제로는 엄청나게 신경

쓰고 있지만, 자신이 너무나 취약해진 것 같은 기분이 들거나 고통스러운 느낌이라서 자신이 신경 쓰는 모습을 선생님이 보게 되는 것을 원치 않는 마음이 있다. 징 역시 자신에게 도움이 필요하다는 말이나 자신이 이해하지 못하는 부분이 있다는 말을 선생님에게 하지 못하는 것일 수도 있다. 어쩌면 아이는 그렇게 모든 것에 관심 없는 것처럼 행동하는 것이 가장 안전하다고 느끼는지도 모른다.

언젠가 나는 징처럼 자신이 겪고 있는 고투를 타인에게 털어놓기를 힘들어 하는 여자아이를 가르친 적이 있다. 한 달 사이에 아이에게 엄마와 같은 존재였던 할머니가 돌아가셨고 단짝 친구는 약물복용으로 병원에 입원했다. 아이는 수업을 따라오지 못하고 있었다. 아이의 사연을 더욱 자세히 알아보다가 아이가 2학년 수업 시간에 교사에게 어떤 질문을 했다가 공개적으로 망신을 당한 적이 있다는 것도 알게 됐다. 아이는 그 후로 두 번 다시 자기 의견을 말하지 않았다. 바로 그날, 아이의 마음이 굳게 닫혀버린 것이다.

아이의 뇌에서는 교사를 신뢰할 수 없다는 판단을 내렸다. 그때 얻은 '취약한 모습을 보이며 도움을 구하는 것은 안전하지 않다'라는 교훈은 여전히 아이의 마음속에 남아 있었다.

징에 대한 통찰은 교사에게 무엇이 필요한지를 알려준다. 징의 태도를 바꾸려면 아이가 잃어버린 것을 되찾아줘야 한다. 아이는 자신의 기분을 표현하는 법은 물론 타인을 배려하는 법도 잃어버렸다. 이런 문제는 아이에게 강요하거나 가르친다고 해결되지 않는다. 가장 먼저 아이가 세운 방어벽을 낮추는 특정한 환경부터 마련되어야 한다.

배려심이 중요한 이유

마음의 문을 닫으면 주변 환경 때문에 상처받는 일은 없겠지만, 또 다른 문제가 생겨난다. 우리가 타인과 소통하면서 배려심 있는 모습을 보이려면 먼저 자신의 마음속에 있는 배려심에 닿을 수 있어야 한다. 배려심은 타인에게 온정을 베풀고, 균형감 있는 시각을 가지게 해준다. 많은 사람들이 함께 생활하는 교실에서는 충동적으로 누군가를 공격하거나 다치게 하거나 앙갚음을 하는 행동을 예방하는 차원에서 배려심이 더욱 중요하다. 배려는 우리를 인간답게 만드는 감정이자, 우리가 타인과 유의미한 방식으로 더불어 살아가는 데 필요한 핵심 감정이다.

올리버 같은 아이를 대할 때는 아이에게 남아 있는 배려심의 흔적부터 찾아야 한다. 사실상 아이는 같은 반 친구들의 경험에 아무런 배려심을 보이지 않았다. 아이는 자신의 행동이 주변 사람들에게 미치는 영향도 고려하지 않았다. 아이가 정말 주변 사람들에게 관심이 없을 수도 있고, 마음속 무언가가 아이를 냉담하게 만들어 주변 사람뿐만 아니라 자신에게 필요한 것조차 보지 못하게 되었을지도 모른다. 이런 경우라면, 아이가 순간적으로 올라오는 충동을 누그러뜨리고, 타인에 대한 연민을 가질 수 있도록 배려심부터 되찾아야 한다.

아이마다 마음의 문을 닫았을 때 보이는 모습은 각기 다를 수 있다. 어떤 아이들은 심술궂거나 태연한 모습을 보일 것이다. 어떤 아이들은 혼자만의 굴 속으로 들어가 주변 세상과 동떨어져 지낼지 모르며, 이런 아이들의 경우 말수가 적고 반응도 잘 보이지 않기 때문에 교사가 문제를 쉽게 알아채지 못할 수도 있다.

무심한 아이에게 대응하는 단기적 방법

모든 아이들은 감정을 온전하게 느낄 안전한 장소에 대한 욕구가 있다. 아이가 다시 자신의 감정과 마주하게 하려면 일단 안전하다고 느껴야 한다. 이러한 변화는 한순간에 일어날 수 없다. 교사의 일관성 있는 태도가 오랜 시간 쌓여야만 아이는 자신이 교사에게 의지해도 된다는 것을 깨우칠 수 있다.

이 시기에는 학생들이 감정적으로 취약해지는 경험을 하지 않도록 신경 써야 한다. 이런 아이들은 교사가 자신에게서 빼앗아갈 것이 있다고 생각하는 것을 절대 용납하지 못한다. 아이가 마음의 문을 닫았다고 여길 수 있는 단서는 교사가 아이에게서 무언가를 보상하려 하거나 박탈하려 해도 아이가 태연한 모습을 보일 때다. 감정적으로 취약해지는 공포를 느껴본 아이는 자신이 받게 될 보상에 흥분하거나, 무언가를 빼앗기는 것에 실망하는 모습을 보일 수 없다. 그러한 모습을 보이면, '상실에 취약한 사람'으로 보이리라는 것을 알기 때문이다. 게다가 이런 아이들은 지금까지 이런 경험을 수없이 많이 겪어보았으므로 '안전하다는 느낌'과는 너무 멀리 있다.

이런 아이들에게 상벌을 주거나 회유하겠다고 눈앞에 당근을 흔들어 보이는 것은 최악의 방법이다. 감정을 드러내는 데 안전하다고 느끼지 못한다면, 아이는 자신이 무엇을 원하는지도 인정하지 못할 것이다. 욕구와 취약함을 함께 보이게 될 것이기 때문이다. 이러한 상황에 잘 대처하려면 아이에게 창피를 주거나, 아이가 좋아하거나 싫어한다고 선언한 것을 두고 감정 싸움을 벌이지 않아야 한다. 올리버 같은 아이에게 "무슨 소리야, 너 미술 완전 좋아하잖아!"라거나 "올리버, 맘에 없는 소리인 거 다 알아. 너는 쉬는 시간만 기다리잖니. 선생님은 못 속여."와 같은 식으로 반응하지 않아야 한다.

궁극적으로 이 순간에는 교사의 인내가 필요하다. 진정한 변화는 아이가 교사에게 느끼는 안전감과 유대감이 서서히 증가하면서 생겨날 것이기 때문이다.

무심한 아이에게 대응하는 장기적 방법

정서적 안전과 관계 맺기

이러한 아이들에게 교사는 확고하되 따스한 안내자가 되어야 한다. 아이들에게는 기대고 의지할 수 있는, 신뢰할 수 있으면서도 한결같은 리더십이 필요하다. 그와 더불어 교사가 평소 아이들에게 쏟는 것보다 훨씬 더 많은 배려와 따스함이 필요하다. 트라우마를 경험한 사람 중 다수가 무표정한 얼굴을 '화났거나' '분노한' 얼굴로 인식한다는 연구 결과를 떠올려보면 그 이유를 알 수 있다. 마음의 문을 닫은 아이도 여기에 해당할 수 있다. 이런 아이들은 교사의 무표정한 얼굴을 위협적으로 받아들일 수 있다.[14]

자신의 감정과 벽을 쌓은 아이들에게는 교사가 자신을 놀리거나 창피하게 하지 않을 거라는 믿음을 심어줘야 한다. 더불어 실수 및 발견을 위한 공간을 더 많이 마련해줘야 한다. 또한 이러한 아이들과는 관계 맺기부터 해야 한다. 아이를 알아봐 주고, 말을 걸어주며, 다리를 놓아주고, 유대를 맺으면, 아이들에게 필요한 정서적 안전감의 초석을 다질 수 있다.

수년 동안 무관심한 아이들을 상대했지만, 그중에서도 한 아이가 보여준 변화는 아주 눈부셨다. 15세 소녀인 트리스타는 캐나다 이주민이었다. 트리스타는 성적 학대, 신체적 학대, 기아, 노숙을 경험한 아이였다. 트리스타에게는 마음의 문을 닫을 만한 이유가 넘쳐흘렀다. 그녀는 살면서 단 한 번도 정서적 안전을 경험해본 적이 없기에 모든 일에 조심스러운 모습을 보였다.

나는 트리스타에게 내가 진행하는 프로그램에 참여하기를 권유했는데, 트리스타는 프로그램에 참여할 일은 없을 거라며 아주 분명히 선을 그었다. 트리스타는 다른 학생들과도 그 어떤 유대도 쌓으려 하지 않았고 우리가 계획하는 어떤 것에도 관심을 보이지 않았다. 하지만 나는 아이의 눈빛에서 반짝이는 열정을 보았다. 사실 내 눈에는 열정이 충만하다 못해 넘쳐흐르는 게 보였다. 단지 아이가 인정하지 못할 뿐이었다.

2년이라는 시간을 함께하며 나는 아이와 관계를 맺으려고 무척 애를 썼다. 아이가 나에게 다가오길 기다리는 대신 내가 먼저 아이에게 손을 내밀기 위해 노력했다. 수업 중 주기적으로 아이를 모으는 일을 빼먹지 않았다. 아이를 당황하게 할 만한 일은 절대 요청하지 않았다. 그러다가 트리스타가 춤을 굉장히 잘 춘다는 것과 춤을 출 때 가장 편안한 모습을 보인다는 것을 알게 됐다. 아이가 편안한 모습을 보이는 유일한 순간이었다.

하지만 아이가 행여나 춤추는 걸 그만둘까 싶어, 나는 절대 이 사실을 언급하지 않았다. 나는 아이가 온전히 자기 경험 속에 머무르며 자신이 밖으로 어떻게 비치는지 의식하지 않기를 바랐다. 아이는 결국 내가 자신의 안전한 울타리라는 것을 깨우쳤고, 드디어 내 곁에서 자신의 감정을 온전히 표현하기에 이르렀다. 나는 흐느껴 우는 아이를 한참 동안 안아주었다.

　머지않아 아이가 웃는 일이 점점 많아졌고, 학급에 마음이 통하는 친구도 생겼다. 여전히 벽을 세울 때도 있었지만, 이제 트리스타에게는 벽을 다시 허물어주는 순간과 장소, 사람들이 있었다. 아이는 자신이 하고 싶고 되고 싶은 것을 꿈꾸는 기분에 눈뜨게 됐다. 몇 년 동안 소식을 듣지 못하다가 최근 트리스타에게서 가슴을 뭉클하게 하는 이메일을 받았다. 놀랍도록 아름답고 용감무쌍한 이 젊은 여성은 마음을 활짝 열고 사회에 발을 내디뎌 부딪쳐 나갔다. 다음은 내가 받은 이메일의 일부이다.

> 선생님께서 선물로 주신 목걸이는 지금도 잘 간직하고 있어요. 선생님이 그리운 날은 그 목걸이를 목에 걸고 함께했던 때를 떠올려요. 저에게 감정을 표현하고 인생을 충만하게 살아가는 방법을 알려주셔서 감사합니다. 선생님은 제 은인이세요.

어린 트리스타가 선택한 방식은 외부와 단절한 채 자신의 내부로만 파고드는 것이었다. 아이에게선 그 어떤 희망도, 열정도, 유대에 관한 관심도 찾아볼 수 없었다. 하지만 정서적 안정과 관계 맺기가 이루어진 다음이라면 아이의 상황이 다른 방향으로도 얼마든지 펼쳐질 수 있다.

아이들은 상실, 고통, 수치심에 각자 다르게 반응한다. 날을 세우고 사람들에게 곁을 주지 않을 수도 있다. 하지만 해결 방법은 언제나 같다. 교사는 학생들이 자신의 감정을 표출하도록 도와야 한다. 교사는 학생들과 관계를 맺고 그들이 안전하다고 느낄 수 있도록 도와야 한다. 안전하다고 느껴야만 유대, 연민, 배려 같은 감정에 눈을 뜰 수 있기 때문이다. 마음의 문을 열기 시작하면 기쁨과 희망도 느낄 수 있고, 자기 앞에 펼쳐진 미래도 바라볼 수 있게 된다.

13
우두머리 행세를 하는 아이

교사라면 누구나 다음과 같은 상황을 겪어봤을 것이다.

당신의 반 학생인 오드리는 같은 반 학생들에게 늘 할 일을 지시한다.
학생들이 뭔가를 잘못하면 지적하고, 무엇을 언제 어떻게 해야 하는지
알려준다. 당신이 학생들에게 모둠 활동을 시킬 때는 오드리와 같은
모둠이 되는 아이들의 푸념을 듣느라 괴로울 정도다.

또는 이런 상황을 보게 될지도 모른다.

하킴은 항상 교사인 당신에게 해야 할 일을 말해준다. 교실이 너무 소
란스러우면 당신에게 알린다. 숙제를 나눠줄 시간이라고 거듭 알려주
기도 한다. 당신이 칠판에 뭔가를 적다가 철자를 틀리거나 어떤 내용을
빼먹기라도 하면 재빨리 지적한다. 하킴은 자신이 학급에 무엇이 필요

한지 꿰뚫고 있다는 것을 끊임없이 티를 내며, 당신이 처리해야 할 모든 일을 일러주는 것을 놓치지 않는다. 다른 학생들 일에 개입해서 "조용히 해."라거나 "복도에서 뛰면 안 돼."처럼 잔소리를 할 때도 있다.

어린 시절의 기억을 들춰보면, 학급 회의의 마무리 발언은 언제나 자신이 해야 하고 모든 사람에게 무엇을, 어떻게 해야 하는지 일러주곤 했던 친구가 한 명쯤 떠오를 것이다. 아니면, 우리 자신이 바로 그런 아이였을지도 모른다. 어떤 면에서는 아이에게 리더십의 자질이 싹트고 있는 것처럼 보일 수도 있지만, 대체로 다른 사람에게 짜증을 유발할 뿐이다.

교사 입장에서도 아이에게 이래라저래라 하는 지시를 받는 것은 그다지 유쾌하지 않은 경험이다. 교사는 언성을 높이거나 때로는 망신이나 무안을 주는 방법으로 아이를 자기 역할로 돌려놓으려 애쓸지도 모른다. '우두머리 행세' 앞에서 교사는 이성을 잃고 바람직하지 않은 모습을 내보이기도 한다.

행동의 이면에는 무엇이 있을까

주도권을 쥐는 데 사로잡혀 있다

우두머리 행세를 하는 아이들의 행동을 자세히 살펴보면, 이런 아이들 역시 교실에서 안전하지 않다고 느끼는 것을 알 수 있다. 아이는 교실에 주도권을 쥔 사람이 없어서 불안한지도 모른다. 아이는 주변에 안전감을 마련하기 위해 자신이 그 역할을 이어받아야 한다고 느낄지도 모른다. 문제 해결사 역할을 자처하는 셈이다.

오드리와 하킴 모두 자신이 속한 환경에서 안전하지 않다고 느낄 가능성이 크다. 오드리의 경우, 집에서 하는 행동이 자연스럽게 교실까지 이어진 것일 수 있다. 집에서 리더십의 부재를 느껴 자신이 빈자리를 채웠거나, 스스로 불안한 마음을 이기지 못하고 그런 역할을 자처한 것인지도 모른다.

아이는 자신의 세상에서 지도자가 없다고 느낄 때마다 불안하고 초조해질 수 있다. 이런 경우, 스스로 안전감을 마련하기 위해 자신이 직접 주도권을 쥐고 타인에게 지시하기 시작한다. 하지만 이런 식으로는 문제가 해결되지 않는다. 아이가 자신의 안전을 스스로 책임지고 있다고 느낀다면 훨씬 더 불안해질 수 있기 때문이다. 이렇게 우두머리 역할에 갇혀 있는 아이는 절대 편안한 학교생활을 할 수 없다.

여기서 또 다른 문제는 다른 학생들이 오드리를 지도자로 바라보지 않는다는 데 있다. 오드리가 아이들에게 할 일을 지시하지만, 다른 학생들은 오드리의 지시에 따르는 것을 못마땅해 한다. 여기에 권위형 리더십과 배려형 리더십의 차이가 있다. 권위적인 지도자는 배려 있는 책임 의식은 없이 자신이 지시할 권리가 없는 사람들에게까지 지시를 내린다. 교사가 행동의 이면, 즉 주도권을 쥐려는 욕구가 어디서 시작됐는지 알게 되면, 오드리에게 그러한 소질을 펼칠 만한 적당한 방법을 찾아줄 수 있다. 가령 자신보다 어린 학생들에게 글자 읽는 법을 가르쳐주는 역할을 맡기는 것이 하나의 방법이 될 수도 있다.

공백을 채우는 역할을 맡은 것일 수도 있다

하킴의 상황은 오드리와 조금 다를 수도 있다. 하킴은 교실의 리더십에 공백을 느끼고 자신이 그 자리를 채우는 역할을 맡았다. 아이가 스스로 의식해서 한 행동은 아니었지만, 아이의 머릿속에는 누군가가 주도권을 쥐어야 한다고 알리는 경보가 울리고 있다. 무언가 빠트리거나 깜박하는 일이 생기면, 챙기는 일은 늘 하킴의 몫이다.

어렸을 때 나 역시 소속된 장소에서 공백을 감지하면 채우는 역할을 담당하는 아이였다. 솔직히 말하면 지금도 조금 그런 편이긴 하지만, 이제는 전보다 잘 의식하면서 자제할 수 있다. 내 딴에는 도움이 되겠다고 애쓴 행동이었지만, 다른 이들에게 내 행동이 항상 그렇게 비쳤다고는 생각하지 않는다. 오드리나 하킴처럼 주도권을 쥐려 했던 내 행동 역시 상황과 장소에 맞지 않았다. 만약 하킴이 자신이 감지한 공백을 채우고 있는 거라면, 채워야 할 공백이 적어질수록 아이가 느끼는 안전감도 커진다는 의미가 될 것이다.

우두머리 행세를 하는 아이에게 대응하는 단기적 방법

지시하는 아이들은 교사를 성가시게 한다. 교사는 이런 아이들을 오만하거나 건방지다고 여길 수 있다. 아이가 다른 학생들에게 지시하는 모습을 보면, 지시받는 아이들에 대해 보호 본능이 일면서 "얘, 다른 친구들한테 지시하지 마." 또는 "네가 뭐라고 생각하니? 넌 대장이 아니야."라거나, 아이에게 깨우침을 주려는 마음에서 "그런 식으로 행동하면 아무도 너를 좋아하지 않을 거야. 그렇게 해서는 친구를 사귈 수 없어."와 같이 말할 수도 있다.

하지만 지시하는 행동의 이면을 알게 되면, 교실에서 아이가 다른 아이에게 지시하는 모습을 다른 시각으로 볼 수 있다. 교사의 역할은 각각의 아이가 교실을 더욱 안전하게 느끼도록 돕는 일이다. 따라서 우두머리 행세를 하려는 아이에게 그만하라고 말하거나 행동의 결과를 경고하는 대신, 교사가 서서히 주도권을 다시 가져올 방법을 찾아야 한다.

어떻게 실천할 수 있을까

이 순간, 아이에게 필요한 것은 그저 교사가 보내는 '나한테 맡겨!' 메시지인지도 모른다. 오드리의 경우에서처럼 아이가 다른 학생들에게 지시하는 모습을 보이면, 다음과 같이 교사가 개입해서 주도권을 되찾아올 수 있다.

"오드리, 선생님을 도와주려고 애쓴 거 알아. 그런데 테오는 도움이 필요하면 선생님한테 올 거야. 선생님이 잘 보살피고 있거든. 이제 자리로 돌아가서 네 일에 집중하렴. 테오는 괜찮아."

그런 다음 따뜻한 미소를 보내거나 잠시 후 오드리와 다른 대화를 시도하며 앞선 대화에 다리를 놓아, 교사가 변함없이 아이와의 관계를 소중히 여기고 있다는 것을 아이가 알게 한다.

하킴의 경우에도 해결 방법은 같을 것이다. 하킴은 자신이 나서지 않으면 학급이 엉망이 될지도 모른다고 느낀다. 실제로 교사의 리더십에 공백이 있는 교실에서 이런 모습을 쉽게 볼 수 있다. 하지만 교사가 강력한 리더십을 행사하는 경우에도 이런 일이 일어날 수 있다. 아이가 공백을 채우는 일에 길들여진 상태일 수도 있기 때문이다. 따라서 다음과 같이 교사가 모든 일을 잘 챙기고 있다는 확신을 심어줘야 아이가 안심할 수 있다.

"하킴, 고맙다. 어쩜 그렇게 학급 일을 잘 챙길 수 있니! 그런데 걱정하지 않아도 돼. 선생님이 숙제랑 수학여행 신청서도 다 기억하고 있거든. 선생님이 잘 챙길게. 실은 벌써 여기 다 꺼내놨단다."

우두머리 행세를 하는 아이에게 대응하는 장기적 방법

지시하는 일은 즐겁지 않다. 지시에 따르는 상당한 책임과 무게를 짊어져야 한다고 생각하면 무의식적인 행동이라 하더라도 금세 지치고 불안해진다. 지시하는 아이들에게는 자신이 보살핌을 받고 있으며 자신의 욕구가 충족될 것이라고 느끼게 하는 한결같은 리더십이 필요하다. 아이들이 기대어 쉴 수 있는 강력한 리더십을 실제로 느껴야만 한다. 교사가 이런 학생들에게 안전감을 심어줄 방법은 다음과 같다.

- 한결같이 따스한 지도자의 모습 보여주기
- 무슨 일이 언제, 어떻게 일어날지 예측할 수 있도록 일과 마련하기
- 교사가 잘 챙기고 있다는 것을 분명하게 표현하기
- 주저하지 않고 명확하게 방향 제시하기

학생들이 교사의 강력한 리더십을 느끼면, 자신이 책임져야 한다는 필요성을 점차 덜 느끼게 될 것이다. 하지만 어떤 아이들에게는 교실 밖의 삶이 너무 힘겹고 스트레스가 많아, 당신이 주도권을 되찾는 작업을 멋지게 수행하더라도 변함없이 지시하려는 모습을 보일 것이다. 이런 경우에는 아이에게 다른 역할을 부여해서 배출구를 마련해주면 좋다. 주변 사람들을 짜증 나게 하지 않으면서 아이가 자신의 욕구를 건강하게 충족하는 데 도움을 주는 배출구를 마련하는 것에 해답이 있다.

언젠가 내가 맡았던 학생 중에 극심한 스트레스를 받으며 생활했던 러넬이라는 아이가 있었다. 그 아이는 부모의 지도나 양육은 거의 받지 못한 채, 이사를 자주 다니며 살아왔다. 아주 어릴 때부터 부모 역할을 짊어지고 자신의 어머니를 돌봐야 했다. 아이의 이러한 행동이 학교에서도 이어지다 보니, 자연스레 다른 학생들의 심기를 불편하게 만들었다.

아이는 친구들에게 지시하면서 자신이 선생님 내지는 부모인 양 해야 할 일을 알려주곤 했다. 나는 러넬에게 다른 아이들을 성가시게 하지 않으면서 주도권을 줄 수 있는 역할을 마련해줬다. 아이에게 모든 공연용 소품을 관리하고 무대를 준비하는 역할을 맡겼다. 무엇이든 임무를 맡고 책임지는 것이 아주 익숙했던 러넬이 잘할 수 있는 일이었고, 실제로도 훌륭하게 해냈다.

러넬은 더는 다른 학생들을 성가시게 하지 않았을 뿐만 아니라 학생들 역시 아이의 능력을 인정해줬다. 그와 동시에, 아이의 마음에 위로도 되었다. 모두에게 득이 되는 대처법이었다. 이 모든 과정 내내 나는 러넬이 다시 아이다운 모습을 되찾고 안심할 수 있도록, 지도자의 모습을 고수하면서도 모든 것을 제대로 처리하고 있다는 인상을 풍기려고 최선을 다했다.

'어린아이들과 독서 짝꿍 맺어주기'처럼 아이에게 누군가의 멘토가 되는 기회를 제공하는 접근법이 성공하는 경우를 주변에서 많이 목격했다. 또래에게는 지시받는 것 같은 느낌을 주는 행동이 그러한 리더십이 필요한 어린아이들에게로 향하면 긍정적인 경험이 될 수 있다. 이런 방식으로 고학년과 저학년 학생들을 서로 짝지어주면, 주도하려는 욕구를 건강하게 배출할 수 있으므로 다른 아이들을 성가시게 해서 반발을 사는 일도 사라진다.

아이의 우두머리 행세가 교사의 화를 돋울 수도 있겠지만, 아이가 자신의 세상 속에서 안전감을 조성하려는 행동임을 기억한다면 이러한 행동을 보이는 아이에게 공감하는 마음이 생길 수도 있을 것이다. 교사로서 유쾌한 일이 아니긴 하지만, 아이에게도 결코 즐거운 상황은 아니라는 점을 이해한다면, 아이가 어른에게 기대어 보다 편안한 상태에서 자신의 삶을 항해할 수 있는 안전한 환경을 만들어 주는 일에 집중할 수 있을 것이다.

14
공격적인 아이

당신도 다음과 비슷한 상황을 겪어본 적 있을 것이다.

쉬는 시간이 끝나 학생들 모두 교실로 들어오려고 줄을 서 있다. 바비가 샘에게 들고 있는 공을 달라고 한다. 샘이 싫다고 하자, 바비는 공을 잡 아채려고 한다. 샘이 공을 꽉 잡는 순간, 바비는 샘의 팔을 물어버린다.

아니면 이런 상황을 경험했을지도 모른다.

리즈는 화가 나면 사물함 쪽으로 가서 겉옷과 배낭을 모조리 내팽개친 다. 그리고는 발로 차고 짓밟는다. 그 구역에 있는 과제물이 눈에 띄는 대로 죄다 찢어버린다.

심지어 이런 상황도 겪어봤을지 모른다.

신시아는 문제를 틀리면, 자기 머리를 계속해서 때리기 시작한다. 주먹으로 자기 이마를 치면서 "나는 태어나지 않았어야 했어. 난 너무 멍청해."라고 중얼거린다.

행동의 이면에는 무엇이 있을까

공격적인 행동은 대부분 좌절감에서 비롯한다. 좌절은 인간이 겪는 가장 흔한 감정이며, 공격성은 교실에서 볼 수 있는 최대 난제이다. 위의 세 가지 상황에서는 무언가가 아이의 뜻대로 돌아가지 않고 있음을 알 수 있다.

공을 원하는 샘이나 문제를 틀린 신시아의 경우에서처럼 뜻대로 되지 않은 것이 명확할 때도 있지만, 좌절의 원인이 눈에 보이지 않을 때도 많다. 리즈의 경우, 이미 감정이 격한 상태로 등교했을 수도 있고, 본인조차 좌절의 이유를 모를 수도 있다. 어쩌면 그날 아침 리즈의 엄마가 갑자기 출장을 떠났을 수도 있고, 부모님이 최근 이혼했을지도 모르며, 멀리 이사 갈 예정이라는 걸 얼마 전에 알게 됐을 수도 있다.

근본적인 이유를 끝까지 모를 수도 있지만 여기서 반드시 생각해야 할 점은 이유와 형태를 막론하고 '아이가 보이는 공격성의 이면에는 좌절감이 있다'는 것이다. 무언가가 뜻대로 돌아가지 않으면, 아이는 순간적으로 좌절감을 표출하는 행동을 한다. 때로는 짜증처럼 가벼운 수준일 때도 있지만, 몸의 통제력을 상실한 것처럼 아주 강렬할 때도 있다.

좌절이 공격 에너지로 바뀔 수 있다

사람들은 각자 다른 방식으로 좌절을 표출한다. 바비는 샘에게 좌절한 상태다. 바비는 깨물기로 좌절을 표출했다. 깨물기는 어린아이들이 좌절을 표출하는 꽤 흔한 방법 중 하나이다. 좌절을 표현하는 또 다른 흔한 방법은 리즈처럼 무언가를 짓밟고, 발로 걷어차고, 갈기갈기 찢는 것이다. 누군가를 때리거나 물건을 집어던지는 행동으로 표출하는 아이들도 있다. 어떤 아이들은 악을 쓰고 비아냥대며 가시 돋친 말을 내뱉는 등 언어적으로 좌절을 표출한다.

사람들은 대부분 좌절을 표출하는 방식을 한두 가지쯤 가지고 있다. 어쩌면 당신도 자신이나 자녀의 성향이 어떤지 떠올려 볼지도 모르겠다. 타인을 해치거나 기물을 파손하는 폭력성을 보이는 경우나 공격 에너지가 자기 자신을 향하는 경우는 큰 문제로 발전할 수도 있다.

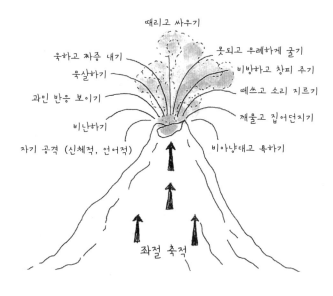

신시아 같은 아이들은 본능적으로 자신을 공격한다. 어쩌면 다른 대상에 좌절을 표출하는 것을 안전하다고 느껴본 적이 없어서일 수도 있다. 신시아의 좌절은 자기 비하로 표출되기도 한다.

"난 태어나지 말았어야 했어. 난 너무 멍청해. 난 제대로 할 줄 아는 게 없어."

이러한 행동이 언어 비하에서 끝날 때도 있지만, 주먹으로 머리를 치거나 머리를 쥐어뜯는 것처럼 신체를 해치는 방향으로 표출되기도 한다. 우리는 이러한 유형의 자기 비하를 자존감 부족 문제로만 치부할 뿐 그 아래에 내재한 좌절을 보지 못하는 경우가 많다.

교사는 아이가 공격 에너지를 발산하면, 아이가 좌절한 상태란 것을 먼저 인지해야 한다. 아이가 겪고 있는 감정을 헤아리고 다른 배출구를 찾도록 도와준다면 공격성을 낮추는 데 한 발짝 다가갈 수 있다는 점도 기억하자.

어른도 충동을 억제하지 못할 때가 있다

댐 뒤편에 있는 물을 좌절이라고 상상해보자. 물이 계속 유입되면서 댐에 압력을 가하면 물이 넘치거나 뜻밖의 장소로 새어 나갈 수 있다. 댐에 가해지는 압력이 너무 강하면 댐이 터져서 그 여파로 주변이 난장판이 될 수 있다. 우리의 감정도 이와 비슷해서 차곡차곡 쌓이다가 (특히 정상적인 배출구가 막혀 있는 경우) 엉뚱한 사람에게 새어 나가거나 공격 에너지로 폭발하며 한꺼번에 터져나올 수 있다.

대개 성인은 공격 에너지가 겉으로 드러나는 방식을 조절할 수 있는 성숙함을 어느 정도 갖추고 있어서 아이들보다는 좀 더 교묘하게 좌절감을 표출하곤 한다. 대다수의 성인은 무턱대고 물건을 던지거나 누군가를 때리지는 않을 정도의 침착함을 유지한다. 보통 성인의 좌절은 훨씬 더 미묘하고 소극적인 방식으로 드러나지만 항상 그런 것은 아니다. 좌절은 때로 격렬하고 강력한 감정을 수반하기도 한다. 아이가 당신 말을 듣지 않거나 배우자와 서로 오해가 생겼거나 허리를 심하게 다쳐 통증으로 고통스러웠던 때처럼 당신이 바라는 대로 되지 않았을 경우 어떤 느낌이었는지 떠올려 보자. 당신은 어떤 반응을 보였는가? 그 결과 무슨 일이 일어났는가?

내 개인적인 경험을 하나 이야기하자면, 나는 그날 이사 준비로 짐을 싸느라 여념이 없었다. 푹푹 찌는 날씨에 지쳐 있었고, 할 일은 산더미였으며, 시간에 쫓기고 있었다. 네 살배기 딸아이가 방으로 들어왔다. 아이는 그저 질문을 하나 하고 싶었을 뿐이었고, 자신이 태동하는 폭풍우 속으로 들어오고 있다는 것을 알지 못했다.

내 머릿속에서는 '말조심하자. 호통치면 안 돼. 애한텐 아무 잘못이 없잖아.'라는 목소리가 흘러나왔다. 하지만 이성의 목소리가 충분히 크지 못했거나, 좌절의 크기가 훨씬 더 컸던 모양이다. 딸아이의 천진난만한 질문에 간단하게 답해주는 대신 나는 폭발해버렸고 딸아이는 울면서 방을 나갔다.

물론 나는 그 상황에 맞는 더 나은 방법을 알고 있었다. 하지만 이건 알고 모르고의 문제가 아니었다. 내가 순간적으로 느낀 강렬한 좌절감에 관한 문제였다. 감정 폭발은 완전히 맥락을 벗어나 있었고 당연히 부적절했다. 내가 보인 반응은 아이나 아이가 한 질문과는 무관했고, 나 자신이 갖고 있던 좌절과 불안에서 비롯했다. 어느 정도 마음의 평정을 되찾을 여유가 생기자, 나는 균형감 있게 상황을 바라볼 수 있었다. 이러한 일이 성인에게, 그것도 아이들을 지도하고 스스로 감정을 잘 조절하고 행동을 자제해야 하는 나 같은 사람한테 일어났다는 점이 놀라웠다.

교사가 자신의 모습을 객관적으로 바라볼 수 있다면, 자신이 보살피는 아이들을 이해하고 공감하는 데도 도움이 될 것이다. 때론 어른도 충동을 억제하지 못할 때가 있다는 것을 인식할 때, 아직 완전히 성숙하지 못했거나 성숙해가는 과정에 있는 아이들에게 더 큰 인내심을 발휘할 수 있을 것이다.

'좌절의 로터리' 통과하기

좌절이 우리 몸에 들어왔을 때 일어나는 상황을 로터리에 비유해서 살펴보면 더 쉽게 이해할 수 있다. 우리가 좌절을 경험할 때, 로터리를 빠져나갈 수 있는 길이 몇 가지 존재한다. 하지만 제대로 된 길을 이용하지 못하면 좌절이 계속 쌓여 로터리를 순환하면서 에너지는 더욱 강렬해진다. 댐에서 불어났던 물처럼 좌절은 공격 에너지로 분출되며 많은 경우에는 근본 원인에서 완전히 벗어난 형태로 표출된다.

이제 바비의 경우로 다시 돌아가서, 아이가 가진 강렬한 좌절이 어떤 길로 뻗어갈 수 있는지 살펴보자. 바비의 경우, 아이의 뜻대로 되지 않은 일이 무엇인지 확인할 수 있다. 바비는 공을 원하는데 샘이 주지 않으려고 한다. 아이가 처음으로 시도한 일은 상황을 바꾸는 것이고, 바비는 공을 잡아채려고 시도했다.

내 뜻대로 되지 않는 상황에 처했을 때 사람들이 처음 하는 생각

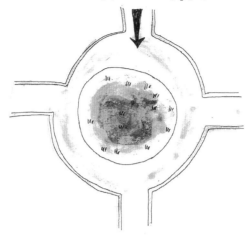

좌절
(여기서 감정이 로터리로 진입한다)

은 보통 상황을 바로잡거나 환경을 바꾸거나 누군가의 마음을 돌리는 것이다. 하지만 때로는 좌절하게 된 원래의 이유에서 멀어진 채, 즉각적으로 상황을 바꾸려는 충동에 사로잡히기도 한다. 좌절 에너지는 가정에서, 교실에서, 지역사회에서, 어쩌면 그보다 훨씬 더 넓은 세상에서 상황을 바로잡거나 변화를 일으키려 할 때 활용된다.

　하지만 사이가 좋지 않은 부모, 갑작스러운 이사, 반려동물의 죽음, 형제자매의 탄생처럼 아이가 자신의 힘으로 바꿀 수 없는 일도 있다. 바꿀 수도, 바꿔서도 안 될 상황에 부닥치면, 변화를 받아들여야만 한다. 때론 불가능한 일도 있다는 것을 마음에 새기고 다음 단계로 넘어가게 하는 내적 변화가 일어나야 한다. 다시 오뚝이처럼 일어나 더 많은 자원을 가지고 새로운 도전에 직면할 수 있도록 건강한 방식으로 감정을 배출할 수 있는 기회를 만들어야 한다. 간단히 말해 '분노'에서

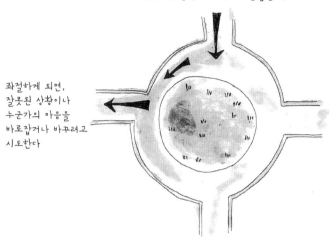

좌절
(여기서 감정이 로터리로 진입한다)

좌절하게 되면,
잘못된 상황이나
누군가의 마음을
바로잡거나 바꾸려고
시도한다

'슬픔'으로 넘어가는 과정이다. 이 과정에서 진정한 적응이 이루어지면서 우리의 내면에 회복탄력성이 생겨난다.

회복탄력성이 중요한 이유

회복탄력성이 생기려면 뜻대로 되지 않는 일에 대해 인정하고 슬픔과 실망을 느낄 수 있어야 하는데, 이는 말처럼 쉬운 일이 아니다. 그러다 보니 사람들은 대부분 계속해서 자기 멋대로 하려고 들거나, 불가능한 일을 되게 하려고 발버둥 치기도 한다. 그렇지 않으면, 앞서 언급한 상황 속 아이들과 같은 모습을 보일 수도 있다. 즉, 다른 길이 모두 막히면서 공격 에너지를 밖으로 분출하게 되는 것이다.

슬픔과 실망은 우리가 감당하기 힘든 기분이다. 우리는 본능적으로 그런 기분을 피하려고 한다. 그리고 때로는 무슨 일이 일어나는지

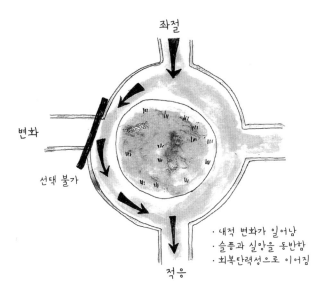

좌절

변화

선택 불가

적응

- 내적 변화가 일어남
- 슬픔과 실망을 동반함
- 회복탄력성으로 이어짐

우리가 미처 파악하기도 전에 우리의 뇌에서 이런 감정을 대신 처리해 주기도 한다. 우리의 내부 방어 체계는 감당하기에 너무 벅찰 수 있는 감정에 민감하게 반응하며, '감정을 억제하는 방식'으로 우리를 보호한다. 하지만 좌절의 진정한 배출은 분노가 슬픔으로 바뀔 때 일어난다.

바비는 이 과정까지 이르지 못했다. 어쩌면 바비가 느끼는 분노가 너무 커서 슬픔으로 바뀌지 못했을지도 모른다. 어쩌면 순간적으로 그 문제에 대해 슬픔을 비롯한 그 어떤 힘든 감정도 느끼지 않도록 바비의 뇌가 방어 태세를 갖췄는지도 모른다. 아니면 바비가 거절당하는 경험을 해보지 못해서 감당할 자신이 없었을 수도 있다. 어쩌면 분노에서 슬픔으로 넘어가는 기회를 얻지 못했을지도 모른다. 이유야 어찌 됐든 분명한 것은 바비가 적응할 수 있는 상황에 있지 않았기에 아이의 좌절감이 내부에 그대로 남아 있다는 것이다.

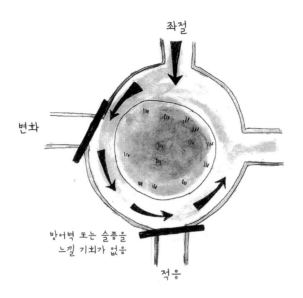

좌절

변화

방어벽 또는 슬픔을
느낄 기회가 없음

적응

충동 조절 능력의 양면성

'충동'은 마음 깊은 곳에서 생겨난다. 충동은 본능적이며 그 속에는 어떤 의도가 없다. 의도가 있으려면 인지 기능이 필요한데, 충동에는 사고하는 과정이 필요하지 않다. 하지만 충동에 '저항'하려면 사고하는 과정이 반드시 필요하다. 즉 누구나 자신의 뇌에서 '이건 좋은 생각이 아닌 것 같아.'라고 알려주는 부분에 접근할 수 있어야 한다.

바비는 샘을 물었을 때, 자신이 샘을 다치게 한다거나 선생님에게 혼날 수도 있다는 것을 고려하지 않았다. 아이는 자신의 충동에 따라서만 행동했다. 이 상황까지 아이를 몰아간 것은 좌절이라는 감정이었고, 바비에게는 아무런 주도권이 없었다. 적어도 그 순간만큼은 아이가 충동적으로 행동하는 것을 막아줄 복잡한 기분도 없었다.

아이에게 충동 조절 능력이 생기면 공격 행동이 줄어들고, 아이가

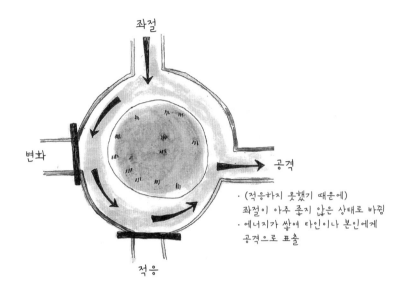

좌절

변화

공격

• (적응하지 못했기 때문에)
  좌절이 아주 좋지 않은 상태로 바뀜
• 에너지가 쌓여 타인이나 본인에게
  공격으로 표출

적응

자신의 행동을 서서히 통제하기 시작한다. 하지만 행동의 이면에는 여전히 좌절이 존재하며, 상황을 바꾸거나 분노에서 슬픔으로 넘어가거나 발산하는 방법으로 배출하지 않으면, 이러한 에너지가 계속해서 쌓일 수도 있다.

이런 경우, 아이는 다른 사람에게 상처를 주지 않으려고 지나치게 의식하다가 자기 자신을 해치거나 비하할 수도 있다. 아니면 감정이 안으로 깊숙이 숨어들면서 우울증이 되기도 한다. 따라서 교사는 문제 행동으로 지목하는 것 중 상당수가 실제로는 갈 곳을 잃은 좌절감에서 비롯한 행동일 수도 있음을 인지하고 아이의 마음을 헤아려줄 수 있어야 한다.

공격적인 행동이 일어난 후의 대처법

모두의 안전 살피기

학교에서 공격적인 행동이 발생한 순간, 교사가 가장 먼저 할 일은 모두의 안전을 살피는 것이다. 다친 아이가 괜찮은지, 공격한 아이가 다른 사람을 또 해치지는 않는지 확실하게 살펴야 한다.

공격받은 아이에게는 충분한 보살핌이 필요하다. 이는 신체적으로 안전한지와 더불어 감정적으로도 괜찮은지 살핀다는 의미다. 아이의 나이에 따라 방식은 달라질 것이다. 고학년 아이라면 다른 사람들이 지켜보는 앞에서 다친 것에 창피한 마음이 들 수 있다. 그러므로 아이를 사적인 장소로 데려가 아이의 처지에 공감해줘야 한다.

"이런 일이 생겨서 어쩌니. 많이 아팠겠다."

그런 다음 당신이 책임지고 공정하게 일을 처리할 것임을 알려줘야 한다.

"너에게 일어난 일은 용납될 수 없어. 선생님이 잘 처리할 거야."

이런 상황에서 보통 교사는 공격한 아이와 다친 아이만 생각할 가능성이 큰데, 반 아이들이 모두 상황을 목격했다면 전체 학급을 대상으로도 이 문제를 다뤄줘야 한다. 우선 아이들이 이 상황을 불공평하다고 여겨 자신들이 직접 나서서 문제를 해결하려 하지 않도록 '집단의 사회 정의감'을 충족시켜줘야 한다.

만약 집단에서 부당함을 보았는데 교사가 그 문제를 제대로 처리하지 못하면, 아이들이 직접 가해 아이를 공격하거나 비난하는 등 건강하지 못한 분위기가 형성될 수 있다. 아이들에게 구체적인 내용까지 알려줄 필요는 없지만, "아까 우리 모두 목격했던 일에 대해서 선생님이 해줄 말이 있어요. 다른 사람을 깨무는 건 용납할 수 없는 행동이에요. 선생님이 이 문제를 해결하고 있고, 해결 과정은 선생님이 바비랑 개인적으로 이야기를 나눌 거예요. 지금 잘 처리되고 있어요."라는 정도로 말하면 상황을 무리 없이 잘 정리할 수 있을 것이다.

또한 이런 상황이 발생하면 불안감을 느껴 초조해 하는 아이들도 있음을 기억하자. 교사가 책임자의 위치에서 학급을 잘 보살피고 있다고 여겨야 아이들의 안전감이 회복될 수 있다. 교사가 이 상황을 충분히 감당할 수 있다는 확신을 주면 아이들은 더욱 안심하게 된다.

아이가 마음을 열 때까지 기다리기

아이가 문제 행동을 보이는 순간, 교사가 가장 먼저 해야 할 일은 공격성을 멈추는 것이다. 공격적인 아이의 행동을 멈추게 하는 것은 정교한 춤을 추는 것과 같다. 그 순간 교사가 할 수 있는 최선은 모든 사람의 품위를 손상하지 않으면서 상황을 헤쳐나가는 것이다. 즉 비난이나 수치심이라는 불꽃을 부채질하지 않으면서, 공격적인 아이를 포함한 모든 학생과 관계를 유지하기 위해 노력해야 한다는 의미다. 무엇보다도, 교사는 모두의 안전을 지키면서 이 힘겨운 순간을 잘 헤쳐나가야 한다.

당장은 공격적인 아이를 혼낼 때가 아니다. 나중에 아이가 느끼는 강렬한 감정이 사그라지면 적당한 때가 올 것이다. 이런 일이 벌어지면 교사 입장에서는 분노나 실망감을 느껴 아이에게 행동이 옳지 않았음을 즉시 알려주고 싶은 마음이 앞설 것이다. 교사는 격앙된 상태에서 서둘러 아이와 대화를 나누려 들지도 모른다. 하지만 아이는 여전히 흥분 상태에 휩싸여 있기에 교사가 하는 말이 귀에 들어오지 않을 것이며, 다른 감정에 마음을 내어줄 여유도 없을지 모른다.

교사는 일단 자신의 감정을 누르고 아이가 차분해지고 고분고분 해질 때까지 기다려줄 수 있어야 한다. 아이가 실제로 귀와 마음을 연 상태일 때에야 비로소 일어났던 일에 관해 발전적인 대화를 나눌 수 있다. 그리고 그때가 되면, 교사는 상황에 따라 다양한 접근법을 취해 볼 수 있다.

거절에 적응하도록 도와주기

거절에 적응하는 것은 원하는 것을 얻지 못한다는 것을 받아들일 수 있다는 의미다. 바비의 상황으로 다시 돌아가보면, 아이는 거절에 익숙 하지 않으며 그러한 실망감을 감당하지 못할 수도 있다. 어쩌면 지금 까지 사람들에게 양보를 많이 받으며 살아와서 거절당한 경험이 별로 없을지도 모른다. 아니면 정반대일 수도 있는데, 사람들에게 항상 거절 당하고 누구에게도 자신의 실망이나 슬픔에 대해 공감받지 못해, 지속 적인 좌절 상태에 있다가 분노했는지도 모른다.

아이가 원하는 것을 얻지 못해 화내고 공격적인 모습을 보일 때, "너무 아쉬워서 어쩌니. 네가 ○○를 정말 원했는데."라는 반응을 보이 면, 아이가 당장에 느끼는 실망은 더욱 커질 것이다. 하지만 교사가 이 런 식으로 아이의 좌절을 헤아려주면 아이는 자신이 바랐는데 얻지 못 한 것에 대해 슬픔을 느끼며 상황을 인정할 수 있다. 반면, 아이가 화내 고 공격적인 모습을 보일 때 "멈춰, 애처럼 굴지 말고. 그만해!"라고 당 신도 바로 분노로 맞받아친다면, 아이는 실망과 슬픔으로 넘어가기보다 분노 상태에 그대로 머물러 있을 가능성이 크다.

타인의 좌절에 좌절로 맞서는 것은 가장 자연스러운 반응이지만, 공격적인 아이가 적응하는 데는 전혀 도움이 되지 않는다. 단 한 번도 거절당해본 적이 없거나 수없이 많은 거절을 받아본 아이에게는 회복탄력성이 잘 생기지 않는다. 회복탄력성은 거절을 경험한(아니면 자신이 바꿀 수 없는, 원치 않는 상황에 직면한) 아이가 상황을 인정하고 실망감을 느끼며 다음 단계로 넘어갈 수 있을 때 생겨난다. 이런 적응 과정을 거치면서 아이는 자신이 실망감을 이겨낼 수 있다는 사실을 알게 된다.

앞서 소개한 '좌절의 로터리'를 떠올려보자. 좌절을 발산하는 데 실제로 도움이 되는 배출구는 분노에서 슬픔으로 옮겨가는 '적응'이다. 인생의 역경에 적응하려면, 우리가 그토록 바라는 변화는 일어나지 않을 수도 있다는 사실을 이해할 수 있어야 한다. 바로 이것이 우리가 앞으로 나아가도록 도와주는 힘이 된다.

배우자나 친구, 가족처럼 당신과 아주 가까운 사람이 당신에게 "너한테 정말 실망이야. 화를 자제할 수 있었어야지."라고 말하는 상황을 생각해보자. 우리는 본능적으로 방어적인 모습을 보일 것이다. 그 대신 상대가 "네가 화가 많이 났구나. 힘들었겠다."라고 말한다면, 분위기는 달라진다. 답답한 마음에 숨통이 트이면서 어떻게 행동해야 하는지에 대해 강요당하는 느낌을 받지 않은 상태에서 스스로 생각하게 된다.

시간이 조금 흘러 아이의 고조된 감정이 가라앉았다면 아이가 느낀 실망감에 공감해주는 것만으로도 많은 도움을 줄 수 있다. "오늘 정말 힘들었지? 공이 정말 갖고 싶었구나. 너도 많이 속상했을 거야."라는 말을 통해 아이가 상황에 적응하고 회복탄력성을 기를 수 있도록 도울 수 있다. 학교는 아이들이 눈물이나 취약한 모습을 보이기 힘든 장소이므로 교사는 항상 신중하면서도 아이의 품위를 지켜주는 방식으로 도움을 줘야 한다. 리즈의 경우처럼 아이가 겪는 좌절감의 원인을 알 수 없을 때는 "너 대체 왜 그러니?"라는 말 대신 "지금 너무 답답하고 힘들구나."라는 말을 건네는 것만으로도 큰 효과를 얻을 수 있다.

아이의 선한 의도 찾아주기

아이가 가진 좋은 의도를 찾아주는 것도 도움이 될 수 있다.

"선생님은 네가 얼마나 애쓰고 있는지 알아. 넌 배려심이 있는 아이고 샘을 다치게 하고 싶지 않았을 거야. 어떻게 해야 할지 몰랐을 뿐이야. 지금 배우고 있으니까 이제 곧 잘하게 될 거야."

이런 말은 아이가 누군가를 해치거나 말썽부리지 않겠다는 의도를 가지고 노력할 수 있도록 이끈다. 학생들이 자신의 긍정적인 내적 욕구에 닿을 수 있게 도와줄수록 그들은 충동을 조절하는 내면의 나침반을 찾게 될 것이다.

화해하도록 돕기

교사가 아이에게 충분히 공감을 표현해주고 아이도 차분해진 상태라면, 또한 교사가 자신을 비난하려는 게 아니라 도와주기 위해 곁에 있다고 느낀다면, 어떤 방식으로든 '화해하기'에 관한 생각을 심어주기에 좋은 때가 온 것이다.

나는 억지 사과는 아무 의미가 없다고 생각하기 때문에 아이가 화해하고 싶다는 자신의 욕구에 닿도록 도와주는 것을 선호하며, 아이를 응원하는 분위기 속에서 이런 욕구가 더 자연스럽게 생겨날 수 있다고 믿는다.

"네가 샘을 물어서 아프게 했어. 미안하다고 말하는 게 힘들 때도 있지만, 누군가를 다치게 한 후 마음이 좋지 않을 때는 이렇게 해야 하는 거야. 언제, 어떻게 할지는 네가 결정하면 돼. 미안하다고 말하는 방법은 아주 다양하단다. 그림을 그려주거나, 편지를 쓰거나, 아니면 그냥 미안하다고 말로 해도 돼. 네 방식대로 미안한 마음을 표현할 수 있어. 선생님은 네가 사과하는 걸 지켜보지 않을 거야. 이건 너한테 맡길 거야."와 같은 식으로 말하는 것이다.

그런 다음 이 문제에 관해 더는 확인하지 않는다. 물론 사과하는 아이도, 사과하지 않는 아이도 있을 것이다. 사과하지 않는 아이 중에는 미안하다고 말하는 행동을 너무 어려워하는 경우도 있으므로 사과하지 않는다고 해서 반드시 미안해 하지 않는다는 의미는 아니다. 미안한 마음은 아이의 내면에 스며든 채 그대로 남아 아이의 성장에 도움을 줄 것이다. 그리고 미안해 하지 않는 아이들에게는 억지로 사과하게 시켜봤자 아무런 도움이 되지 않을 것이다.

또한 다친 아이에게는 충분한 공감과 위로가 필요하므로 최소한 교사라도 아이에게 다가가 따뜻한 위로의 말("너에게 이런 일이 생겨서 어쩌니. 다쳤을 때나 문제가 생겼을 때는 언제든지 선생님한테 와도 돼. 선생님은 항상 네 옆에 있을 거야.")을 건네야 한다.

문제가 재발하지 않도록 예방하기

아이와 함께 계획 세우기

다음으로는 공격적인 행동을 보이는 아이를 도와줄 계획을 세워 아이가 자신의 충동을 더 잘 조절할 수 있게 할 차례다. "그런 기분이 들 때를 대비해서 계획을 세워둬야 해. 예를 들어서 그런 기분이 생겨나려는 느낌이 들면 선생님한테 오면 돼. 친구를 깨물 것 같은 느낌이 들면 네 옷을 물거나, 주먹을 꽉 쥐거나, 다른 사람을 해치지 않는 다른 걸해도 돼."와 같은 말을 해줄 수 있다.

이렇게 해도 계획대로 완벽하게 되지는 않을 텐데, 아이가 순간적으로 너무 강한 충동을 느낄 수 있기 때문이다. 하지만 아이와 대화를 나누고 이러한 상황에 대비해 계획을 세우다 보면, 마치 씨앗을 여러 개 심듯 아이의 마음속에도 여러 선택권을 심어줄 수 있을 것이다.

아이를 위한 지원 마을 구축하기

때로는 아이가 문제 행동을 보이기 전에 개입해 도와주는 지원 마을을 구축하는 것이 도움이 될 수 있다. 퀘벡 주의 양육 지원 센터(Nurturing Support Centers)와 연계된 한 학교에서는 행동 문제를 보이는 학생들을 위한 프로그램으로, 일명 '낙하산 계획'을 개발해 운영하고 있다. 이 계획의 일환으로, 교사와 교직원들은 아이들을 도울 수 있는 일을 서로 지원한다. 예를 들어 교사가 보기에 아이가 감당할 수 있는 수준을 벗어나 도움이 필요하면 다른 학생들도 신경 써야 하는 교실에서 교사혼자 씨름하는 대신, 그 역할을 다른 이에게 넘긴다.

이때 학생이 눈치채지 못하는 방식으로 실행하는 것이 중요하다. 아이에게 지금 당장 도움이 필요하다는 것을 알리는 신호를 어른들끼리 공유한다. 예를 들어 교사는 아이에게 봉인된 노란색 봉투를 도서관 사서에게 가져다주라고 심부름을 시킨다. 사서는 봉투를 보고, 아이에게 도움이 필요해 자신에게 보내졌음을 파악한다.

그러면 사서는 학생에게 "내가 지금 도움이 좀 필요하거든. 여기서 잠깐 일손 좀 거들어줄 수 있겠니?"와 같은 말을 건넬 수 있다. 많은 경우 아이들은 자신이 도움을 요청받았다는 것을 특별하게 받아들여 승낙할 것이다. 그러고 나면, 사서는(혹은 다른 직원이든) 아이를 자기 곁에 두고 아이의 기분이 누그러질 때까지 친밀하게 관계를 맺는 시간을 보낸다. 함께 책을 분류하거나, 도서관을 정리할 수도 있다.

어린아이라면, 책을 함께 읽는 것처럼 좀 더 오붓한 시간을 보낼 수도 있다. 더 많은 유대가 필요한 학생도 있고, 억눌린 에너지를 배출해야 하는 학생도 있을 것이다. 활동의 종류는 학생에게 필요한 것을 지원해주는 계획의 일부로 팀을 이루는 이들이 함께 결정한다.[15] 이러한 유형의 계획은 학생들이 충분한 충동 조절 능력을 갖추게 될 때까지 학급에 엄청난 도움이 될 수 있다. 또한, 복도로 내보내기처럼 학생들의 좌절감을 더욱 악화시키지 않는 방식으로 학생을 도울 수 있다는 점에서도 의미가 있다.

이러한 계획을 활용할 때 어른들이 주고받는 신호는 당연히 자주 바꿔줘야 할 것이다. 그렇지 않으면 아이들이 봉투의 의미를 알아차릴 수 있기 때문이다. 각자 자기 교실에서 홀로 분투하는 대신, 모두가 서로를 지원하는 마을을 만들어 나가면, 난관을 만날 때마다 서로 도움을 주고받을 수 있다. 우리에게 도움이 필요할 때 누군가가 '낙하산을 타고 날아온다'는 발상은 정말이지 너무나 사랑스럽다.

건강한 방법으로 공격 에너지 배출하기

같은 반 친구들을 때리는 행동을 계속하는 아이가 있다고 상상해보자. 이제 이 아이의 내면에 있는 고약한 좌절감을 대변에 비유해서 생각해 보자(이미지에 대해서는 양해 바란다. 하지만 이 비유법이 이해하기에는 가장 효 과적인 것 같다!). 이 아이가 변을 보지 않은 날은 아주 잘하고 있다며 칭 찬과 보상과 축하를 받는다. 성실한 아이는 최선을 다해 변을 참는다. 하지만 일주일 정도 참다 보면, 변이 너무 커져서 밖으로 나와야 한다. 그렇게 오랫동안 참고 나면 대변이 얼마나 많이 나올지 상상할 수 있 을 것이다.

　교사가 공격적인 아이들에게 자주 사용하는 방법은 잘 참았다며 보상이나 혜택을 주는 것이다. 하지만 아이가 아직 충분히 적응하지 못했고 충동을 조절하지 못하는 경우, 아이의 내면에서는 좌절이 계속 부글거릴 것이다. 그렇게 되면, 아이에게 무조건 충동을 참게 하는 것 이 아니라 아이가 자신이나 타인을 다치게 하지 않고 관계를 해치지 않으면서 학급에 방해가 되지 않는 방식으로 좌절을 내보내도록 돕는 일을 목표로 해야 한다.

　아이의 내면에 무언가가 퍼지려는 것이 느껴지면 바로 그때가 비 교적 간단한 방법으로 방향을 전환해주기에 좋은 시기다. 교사는(혼자 혹은 다른 교사나 보조 교사 내지는 아이가 우호적인 태도를 보이는 사람과 함께) 아이를 불러내 다음과 같은 활동을 시도해볼 수 있다.

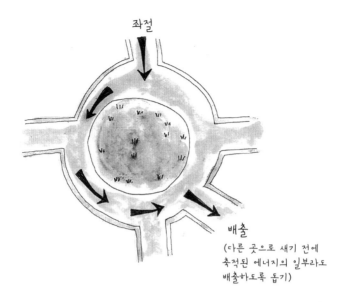

좌절

배출
(다른 곳으로 새기 전에
축적된 에너지의 일부라도
배출하도록 돕기)

- 공 던지기
- 칼싸움하기
- 재활용 쓰레기 밟아 뭉개기
- 뽁뽁이 밟아 터뜨리기
- 매트 흔들어 털기
- 쓸거나 문지르기
- 칠판 지우개 털기
- 책 쌓기
- 가구 옮기기

아이가 무엇에 관심이 있는지 알고 있다면, 에너지를 내보낼 방법에
대한 아이디어를 얻을 수 있다. 아이가 운동을 좋아한다면 공 던지기

나 공차기 시간을 가지면 도움이 될 수 있다. 아이에게 물건을 찢고 싶어 하는 성향이 있다면, 재활용으로 버릴 종이를 찢는 기회를 마련해서 억눌려 있던 좌절을 내보내는 배출구를 제공해줄 수 있다.

이때 아이가 억눌린 에너지를 배출해주는 활동을 하고 있다고 인지하지 못해야 효과가 좋다. 아이가 이런 활동을 처벌로 인지해 저항할 수도 있기 때문이다. 아이 스스로 '나쁜' 에너지를 내보내기 위해 애써야 한다고 인식하면서 남의 시선을 의식하고 창피해 할 수도 있는데, 이 또한 방해 요인으로 작용할 수 있다.

교사가 이유를 드러내지 않으면서 에너지를 조금이라도 해소할 기회를 제공해주는 것이 비결이다. 아이에게 내보내야 할 축적된 에너지가 있는 것 같다면, 아이가 배출할 수 있는 기회를 제공하기 위해 다른 교사에게 앞서 언급한 것과 같은 활동을 시켜달라고 부탁할 수도 있다. 교사가 아이에게 "너 화났니? 잠깐 가서 악기 연주하고 올래?"라고 물으면, "아니요, 괜찮아요."라는 답변이 돌아올 것이 뻔하다. 따라서 그런 질문은 할 필요가 없다. 아이가 화났거나, 좌절한 상태이며 배출구가 필요하다는 판단이 들면, 교사가 모든 걸 주도해서 기회를 마련하면 된다.

집단을 대상으로 배출구 마련하기

공격성은 교실에서 감당하기 너무 벅차고 두려운 문제이다. 따라서 학급 전체를 대상으로 좌절을 낮추고 축적된 에너지를 배출할 활동을 펼쳐나가기 위한 아이디어를 모색하면 좋다. 교사는 아이디어를 찾는 과정에서 자신만의 창의력을 발휘할 수 있으며, 누구보다 학생들을 잘 알기 때문에 효과적인 방법을 마련할 최적의 인물이기도 하다.

어떤 학생이 좌절감을 느끼고 있는지 교사가 항상 파악할 수는 없을 것이다. 요즘은 대체로 아이들이 자발적인 놀이와 야외활동을 하며 에너지를 배출하는 시간을 누리지 못한다. 따라서 교사는 예방의 의미로 몸을 움직이며 공격 에너지를 배출할 수 있는 의식을 교실 활동에 정기적으로 끼워 넣을 수 있다.

학생들이 공격 에너지를 배출할 수 있는 활동에 정기적으로 참여하도록 일정을 세울 수 있다면, 학급의 방해 요인이 서서히 줄어들 것이다. 또한 교사가 활동에 함께 참여하면 더 좋은데, 이렇게 하면 학생들끼리만 활동을 즐길 때보다 교사와 학생들과의 관계가 돈독해지는데다, 활동이 더욱 순조롭게 진행될 가능성도 커지기 때문이다.

감정 배출을 위한 공간 마련하기

교사가 학생들에게 정기적으로 배출 활동을 제공해준다 할지라도, 충동 조절 능력이 거의 없고, 내면에 상당한 좌절이 들끓고 있으며, 좌절을 처리하고 배출할 놀이 기회가 부족할 경우 에너지를 배출할 안전한 방법을 찾는 데 훨씬 더 많은 지원이 필요할 수도 있다.

다음에 소개하는 이야기는 감정 배출을 위한 물리적 공간을 마련해주는 방법으로 교실에서 발생하는 공격 행동을 줄인 퀘벡의 어느 학교에서 보내온 사연이다. 이 공간은 충동 조절 능력이 아직 발달하지 않아 교실에서 폭발해버리는 경우가 많은 4~8세 어린 학생들을 대상으로 한다. 이 공간에는 어른이 상주한 상태에서 한 번에 한 아이만 들어올 수 있다. 고학년이나 청소년의 경우(신체적 안전과 공간 훼손 문제는 제쳐두고라도) 자의식이 강해 공개적인 방법으로 자신의 좌절을 표출하지 않지만, 어린아이들은 남의 눈을 그다지 의식하지 않는 편이라 효과적이다.

교사가 아래 사연에서처럼 체계적인 프로그램을 시행할 수는 없겠지만, 그렇다 하더라도 좌절로 넘쳐나는 어린아이들을 다른 학교에서는 어떻게 돕고 있는지 살펴본다면 도움이 될 것이다. 어쩌면 감정을 표출할 공간이 중요하다는 것을 인지하고 그 개념을 당신의 교실에 반영할 수 있을지도 모른다. 이러한 인식 체계의 전환을 받아들이면, 교사는 교육자로서 학생들의 정서적 건강을 살피고 교실에서 공격 행동을 낮추는 일을 지원할 수 있다. 교사는 학생들을 딴 곳에 정신이 팔리게 하거나 진정시키려고 애쓰는 대신(좌절을 전환하는 활동이든 안전하게 배출하는 공간을 통해서든) 학생들이 자신의 좌절을 경험하고 표현할 수 있어야 한다는 개념을 좀 더 편안하게 받아들일 수 있을 것이다.

감정의 방

심리학자 이바 드 가츠토니Eva de Gosztonyi

나는 40년 넘게 여러 학교에서 심리학자로 일하며, 온갖 행동 문제를 보이는 아이들을 상대해왔다. 그중에서도 폭력적으로 감정을 분출하는 학생들이 우려의 대상이었다. 이 학생들은 과제를 마무리하라거나 모자를 벗어달라는 요청이나 특정 행동을 하지 말라거나 원하는 것을 가질 수 없다는 말 혹은 자기가 원하는 연필이나 크레용이 없다는 이유로 격한 반응을 보였다. 그러면서 욕하기, 소리 지르기, 물건 던지기, 책상 뒤엎기, 종이 갈기갈기 찢기와 같은 행동을 보였다.

교사들은 최선을 다해 이 같은 감정 폭발을 감당해보려 애썼지만, 아무 소용도 없어 보였다. 상벌은 단기적으로는 효과를 보였지만, 시간이 흐를수록 상황을 악화시키는 듯했다. 아이를 격리하는 것은 모두에게 안전한 방법이었지만, 아이가 다시 돌아왔을 때 훨씬 더 문제가 심각해지는 경우가 많았다.

학교에서는 '진정할 수 있는 공간'을 마련했지만, 아이의 상황이 절정에 이르면, 공간은 파괴되기 일쑤였다. 고통 속에서 괴로워하는 아이들을 도와줄 방법을 찾기 위해 나는 스스로 묻고 또 물었다. 무언가가 빠져 있었다.

그 무렵 나는 뉴펠드 박사의 강의를 들었고, 그때서야 아이들에게 자기 내면의 소용돌이치는 감정을 표현할 장소가 없다는 것을 깨달았다. 대다수의 어린 학생들은 좌절, 즉 무언가가 뜻대로 되지 않을 때 생겨나는 감정에 사로잡혀 있었다. 투병 중인 엄마, 주말에 깜박하고 데리러 오지 않는 아빠, 경제적 어려움 등 좌절감을 느끼게 하는 일은 너무나 많았다.

아이가 좌절이 가득한 상태로 등교하면, 학교생활에 필요한 일을 잘 처리하지 못한다. 일찍 일어나는 것, 버스를 타는 것, 혼잡한 복도에서 두꺼운 외투를 벗는 것, 가만히 앉아 있는 것, 차례가 올 때까지 기다리는 것, 싫어하는 일을 해야 하는 것, 좋아하는 일을 그만해야 하는 것, 나를 존중하지 않는 수많은 다른 아이들과 같은 공간에 있는 것, 오해받는 것 등 힘겨운 것이 너무나 많다. 그러다 보니 학교에 있다가 어느 순간 갑자기 좌절이 '끓는점'에 도달해 넘쳐버린다고 해도 놀라운 일이 아니다.

뉴펠드 박사는 이러한 폭발을 최대한 빨리 진정시키거나 피해야 할 대상으로 바라보지 않았다. 좌절을 해소하는 두 가지 방법은 변화하거나 적응하는 것인데, 이를 통해 회복탄력성을 얻게 된다는 말이 특히 마음에 와닿았다.

해결 방법은 명확해 보였다. 좌절로 생겨나는 공격 에너지를 안전하게 내보낼 수 있는 공간을 만들어주는 것이었다. 일부 학교에는 이미 아이가 차분한 시간을 보낼 수 있는 아기자기하고 조용한 공간인 '진정의 방'이 있었지만, 감정이 격한, 특히나 공격 에너지로 가득 찬 아이를 보낼 만한 장소는 아니었다.

운 좋게도 내가 일했던 학교에서는 내 제안을 긍정적으로 생각했고 심각한 행동 문제를 보이는 학생들을 위해 특별한 공간을 만들기로 했다. 방에 파란 하늘, 보송보송한 하얀 구름, 크고 근사한 나무를 그려 넣고 시선을 끄는 색상으로 벽을 칠했다.

아이들은 처음엔 경계하는 모습을 보였다. 그래서 교사들은 아이들이 방에 와서 기다란 튜브, 작은 봉제 인형, 온갖 크기의 베개, 바닥에 놓인 뽁뽁이처럼 여러 소품을 직접 체험해볼 수 있게 했다. 교사들은 누구에게나 '소리 지르고 때리기도' 하면서 감정을 표출할 수 있는 공간이 필요할 때가 있다고 학생들에게 설명했다. 이곳이 바로 누구도 해치지 않으면서 그런 감정을 발산할 수 있는 공간이었다. 아이들은 튜브로 벽을 치거나, 베개를 던지거나 마구 밟을 수도 있었다. 처음에는 어른이 본보기를 보여주기도 했고, 아이를 방으로 데려와 감정을 배출하도록 독려하기도 했다.

물론 아이들에게 소리 지르고 짓밟고 던지고 때리라고 독려한다면, 교사가 아이들에게 자신의 좌절을 항상 이런 식으로 표현하라고 가르쳐주는 셈이 아니냐고 묻는 사람도 있을 것이다. 우리가 아이들을 그대로 방치한다면 그렇게 될 수도 있다. 하지만 아이들이 겪는 엄청난 감정을 홀로 감당하도록 내버려두지 않는다. 어른이 그곳에 함께 있으면서 아이가 '감정을 내보내는' 과정을 돕는다. 아이가 느끼는 감정을 명명하고, 좌절이나 불안 같은 감정을 오롯이 느끼도록 공간을 제공해주고, 마지막에는 아이가 서서히 자신의 복잡한 기분을 마주하고 일어난 일을 되돌아보도록 인도하는 것이다.

시간이 좀 걸리긴 했지만, 감정의 방으로 가서 도움을 받을 수 있다는 신뢰가 생겨나기 시작했다. 이 학교에서는 지금까지 5년 넘게 감정의 방을 운영하고 있는데, 엄청난 변화가 일어났다. 일단 공격적인 행동으로 정학 처분을 받는 학생들이 줄어들었다.

이제 아이들은 자신의 감정을 말로 표현한다. 아이들은 상황이 잘 풀리지 않을 때 눈물을 흘릴 수 있는 안전한 장소가 있다는 것을 안다. 아이들은 행동적, 정서적 측면과 더불어 수업 참여도 측면에서도 주목할 정도로 성장한 모습을 보였다.

청소년을 위한 고려 사항

청소년은 대부분 이런 목적의 활동에 참여하는 것을 불편하게 여길 것이다. 일곱 살 아이에게 5분 동안 드럼을 치거나 쿵쿵대며 걸으라고 하면 아주 좋아할지 몰라도, 대부분의 십 대들은 아무리 사적인 공간이라 해도 이런 활동을 하는 것을 어색하고 창피해 할 것이다. 십 대에게 공격 에너지를 비롯한 다양한 감정을 발산하는 공간을 자연스럽고 은밀하게 제공해주는 다른 배출 수단이 있다. 이러한 배출 수단은 교실 활동이 아니라 교내 프로그램이나 클럽처럼 보편적인 특징을 띠는 경우가 많다.

십 대가 몸을 움직이며 공격 에너지를 배출하는 데 도움을 주는 프로그램으로는 춤, 요가, 농구, 무술 같은 신체 활동과 하이킹, 달리기, 정원 가꾸기 같은 야외 교육 프로그램이 있다. 수공예 작업도 학생들이 자르고 망치질하는 등 몸을 쓰는 작업이 포함되므로 신체 활동과 연관된다. 이 중 일부 프로그램은 수업에 포함되기도 하지만, 학생들이 자발적으로 참여하는 점심시간 클럽이나 방과 후 활동도 있다. 많은 학교에서는 청소년이 농구나 근력운동을 할 수 있도록 체육관이나 운동실을 개방하기도 한다.

다양한 활동을 통해 좌절감 표출하기

당신이 매우 화가 났는데 배우자나 친구 혹은 가족이 다가와 "당신 진정해야겠어. 가서 심호흡 좀 하고 와."라고 말한다면, 맞는 말일지라도 듣고 싶지 않을 것이다. 솔직히, 더 분노하게 될 것이다.

대신 배우자나 친구 혹은 가족이 "네 마음 알아." "너무 속상해서 어쩌니." "오늘 힘들었지?"와 같은 말을 해준다면 조금은 기분이 나아질 것이다. 같은 맥락에서 무턱대고 진정하라는 말부터 꺼내는 것은 아이에게도 답답한 경험이 될 수 있다. 마음을 진정시키는 활동이 일부 아이에게는 효과적일 수 있지만, 모든 아이에게 그런 것은 아니다.

교사가 모든 아이의 기분을 알아줘주면 좋겠지만 정신없이 흘러가는 교실에서는 가능하지 않은 경우가 많다. 이럴 때 전체 학급을 위해 교사가 할 수 있는 일은 좌절감은 인간이라면 흔히 겪을 수 있는 감정이라는 것을 받아들이게 하는 것이다.

또한 교사는 학생들이 기분을 억누르거나 숨기는 대신, 드러낼 수 있는 활동과 프로그램을 정기적으로 제공해줄 수 있다. 어린이와 청소년이 감정을 발산하는 데 도움이 되는 프로그램으로는 연극, 합창, 미술, 춤, 오케스트라, 밴드, 시, 영화 클럽 등이 있다. 이런 프로그램이 공식적으로 운영될 수도 있지만 대개는 학생들이 자발적으로 참여하는 점심시간이나 방과 후 클럽이 될 수도 있다.

이러한 클럽 활동에서는 교사의 존재가 중요하다. 교사가 학생들과 유대를 맺고, 학생들을 이끌며, 멘토가 되어주고, 공감을 표현하며 관계를 맺을 수 있는 아주 좋은 방법이기 때문이다. 많은 학교에서는 '무대의 밤' 같은 행사를 매달 개최하는데, 십 대들이 자신의 노래, 음악, 시를 친구 혹은 학교 구성원들과 공유할 수 있는 자리이기 때문이다. 이러한 행사에서 학생들은 시와 노래 등을 통해 솔직하게 자신의 좌절, 분노, 슬픔을 표현할 수 있다.

학교에서 제공하는 다소 보편적인 클럽과 프로그램 말고도 좌절감을 표출하도록 돕는 데 중점을 둔 특별한 활동을 제공해주면 좋다. 이러한 활동을 통해 학생들이 자신의 기분을 명명하거나 자신의 기분을 객관화할 수 있다. 또한 기분이 흘러나와 표출될 수 있는 기회를 누릴 수도 있다. 학생들이 자신의 기분을 표출하도록 돕는 몇 가지 활동에 대해 좀 더 자세히 살펴보자.

창의적 글쓰기 활동

글쓰기는 학생들이 자신의 내면을 들여다보고 표현하는 아주 좋은 방법이다. 모든 학생이 언어로 자신을 표현하는 일을 편안하게 여기지는 않겠지만, 어떤 학생들에게는 그저 약간의 아이디어만 마련해주면 된다. 시나 일기 쓰기는 이러한 과정을 진척시키는 강력한 수단이 될 수 있다.

'감각 시 쓰기' 또한 이러한 종류의 아이디어를 실현하는 훌륭한 예에 해당하는데, 후각, 미각, 청각, 촉각, 시각 등 모든 감각을 사용하여 자신의 감정을 표현하는 시를 쓰는 것이다. 나는 이러한 시 쓰기 활동을 다섯 살 아이들(아이가 말하면 내가 받아 적는 일대일 방식으로), 고등학생, 대학생 그리고 그밖의 다양한 연령층을 대상으로 진행해왔다. 그냥 뭔가를 써보라고 하는 것보다는 덜 부담스럽고 덜 위협적인 느낌을 주기에 딱 적당한 수준의 체계를 제공해주는 것이다.

'일기 쓰기'는 수많은 청소년이 자신의 기분을 돌아볼 수 있는 훌륭한 방법이다. 다른 사람들 앞에서 몸으로 자신을 표현하는 것에 편안해 하는 학생들이 있는 반면, 어떤 학생들은 자신이나 선생님만 볼 수 있게 기분을 표현하는 은밀한 방법을 선호한다.

미술 활동

미술 활동 역시 자신의 기분을 표현하는 유용한 수단이 될 수 있다. 색상과 형태로 자신을 표현하는 일은 '멋지게' 보여야 한다는 기대가 없을 때 특히 큰 만족감을 줄 수 있다.

이 과정을 진행하는 방법으로는 자유롭게 낙서하기, 기분을 색상과 도형으로 표현하기, 기분을 괴물이나 생명체로 구현하기 등 교사가 창의성을 발휘해볼 수 있다.

음악 활동

작곡 및 연주는 좌절감을 표출하는 엄청난 배출구가 될 수 있다. 아이들에게 "좌절감은 어떤 소리를 낼까?"라고 질문하며 좌절이 내는 소리를 짤막하게 작곡해보라는 과제를 내면, 아이들이 만든 소리가 너무 기괴해서 교실에 웃음이 흘러넘친다. 웃음을 동반하는 이러한 유형의 작곡 활동은 좌절을 효과적으로 배출하는 역할을 한다.

게다가 학생들이 좌절의 소리를 서로 얼마나 다르게(혹은 비슷하게) 느끼는지 보여주는 절호의 기회가 될 수 있다. 예를 들어 어떤 아이나 집단에게는 좌절이 너무 느려서 지루하고 따분했기에 엄청나게 느린 좌절의 음악을 만들 수 있다. 어떤 학생들은 요란하고 빠르며 날카롭게 긁히는 소리가 나는 음악을 만들지도 모른다.

이렇게 옳고 그름이 없는 감정 표현 작품을 공유하는 시간을 통해 교사는 학생들에게 서로 방식은 달라도 인간은 누구나 좌절을 경험한다는 것을 알려줄 수 있다.

춤추기 활동

학생들이 기분을 표출하도록 돕는 방법으로 포용적 동작을 활용하는 교육자들이 점점 늘어나고 있다. 신체 동작은 좌절감을 배출하는 아주 훌륭한 수단이 되는데 아이들이 그 과정에서 전신을 사용하기 때문이다. 몸을 쓰려는 아이의 자연스러운 욕구를 이용해 흥분과 공격성을 배출하면서도 파괴적이지도 않으며 타인을 해치지 않는 방식으로 에너지를 흘려보내는 것이다.

에너지의 배출 수단으로 몸을 사용하는 것 외에도 동작과 춤에 음악을 곁들일 수도 있다. 음악에는 우리 내면의 감정을 끌어내는 놀라운 힘이 있다. 음악은 우리의 신체와 음악이 가진 힘을 접목해서 감정을 느끼며 배출하도록 도와준다. 심리학자인 미하이 칙센트미하이Mihaly Csikszentmihalyi와 진 나카무라Jeanne Nakamura는 '몰입(flow)'이라는 용어를 사용해 춤이 가진 영향력과 춤이 미치는 범위에 관해 이야기한다.[16]

몰입 상태는 자신을 평가하거나 결과를 이끌어내려는 노력을 내려놓고, 몸이 가는 대로 움직이는 것이다. 인간은 몰입을 경험하며 대체로 해방감과 편안함을 느낀다. 이러한 기분은 생각을 내려놓고 신체의 경험 속으로 온전히 빠져드는 변화를 가리킨다. 칙센트미하이는 이를 '최적 경험과 최적 발달 모델'이라 일컬었다. 어린아이들은 신체 동작으로 기분을 표현하는 것을 아주 편안해 하는 편인데, 아직 문화 규범에 대한 개념이나 멋지게 춤을 춰야 한다거나, 특정한 동작을 해야 한다는 선입견이 없기 때문이다.

몸을 움직이는 것은 자기 자신을 표현하는 가장 자연스러운 방법이다. 고학년 아이들은 처음에는 이러한 경험을 낯설어 할 수 있으며 앞서 언급한 문화적인 이유로 활동을 시작하는 데 더 많은 지원과 시간이 필요할 수도 있다. 하지만 이러한 분위기가 꽃필 수 있도록 정서적으로 안전한 장소를 마련해주고 아이가 동작으로 자신의 감정을 표현하는 것에 대해 처음 갖게 되는 긴장감만 잘 극복할 수 있다면, 아이들은 자신의 가장 연약한 감정을 마주하고 몸의 움직임을 통해 에너지를 배출할 수 있을 것이다.

15
남을 괴롭히는 아이

다음의 상황을 상상해보자.

엠마는 말을 더듬는 아이에게 다가가 그 아이의 말투를 흉내 내며, 과
장되게 말을 더듬는다. 다른 아이들 앞에서 이 아이를 놀리고 비웃으
며 망신을 주려고 한다.

아니면 이런 상황은 어떤가.

에드워드는 같은 반 아이인 빌에게 물건을 빼앗을 거라며 협박하고,
반 아이들이 보는 앞에서 자주 망신을 준다. 빌이 자기 말대로 행동하
지 않으면 신체적으로 해를 가할 때도 있다. 에드워드는 빌에게 공포
심을 심어주는 것을 즐기는 것 같다.

마지막으로, 다음과 같은 상황도 생각해보자.

> 클로이는 한 남자아이에게 이성적으로 호감을 느낀다. 그런데 엘리자
> 베스라는 다른 여자애도 그 아이에게 호감을 느끼고 있다고 생각한다.
> 클로이는 엘리자베스를 투명 인간 취급하기로 한다. 엘리자베스가 뭔
> 가를 말하면, 클로이는 "지금 무슨 소리 났어?"라고 반응한다. 클로이
> 는 다른 아이들을 자기 편으로 만들어 엘리자베스를 따돌린다. 다른
> 아이들이 엘리자베스를 싫어하게 하려고 없는 말을 지어내기도 한다.
> 클로이는 엘리자베스와 친하게 지내는 아이들에게 공포심을 심어준
> 다. 그러다 보니 다른 아이들도 놀리고, 비아냥대고, 창피를 주고, 단체
> 로 엘리자베스를 투명 인간 취급한다.

남을 괴롭히는 분위기는 우리를 두려움으로 몰아넣는다. 어쩌면 우리
는 학창 시절의 경험을 바탕으로 이런 분위기를 감지할지도 모른다.
아니면, 하루하루를 살얼음판으로 만들었던 손위 형제자매에게 비슷
한 일을 겪었을 수도 있다. 성인이 되어 일터에서 동료 교사나 상사로
부터 겪은 일인지도 모른다.

괴롭힘을 직접 겪어보지 않았더라도, 살면서 한 번쯤은 괴롭힘을
목격하고 어쩔 줄 몰라 했던 경험이 있을 것이다. 강렬한 좌절감의 누
적으로 생겨나는 공격 에너지와 달리 괴롭힘은 착취적인 성격을 띤다.
괴롭히는 아이들은 상대방의 약점을 교묘히 파고든다. 또한 상대에게
필요한 것을 간파한 뒤 이를 악용한다.

행동의 이면에는 무엇이 있을까

진정한 지도자의 의미

괴롭힘에 대해 알아보기 전에 지도자가 된다는 것이 어떤 의미인지부터 살펴볼 필요가 있다. 남을 괴롭히는 아이들을 지도자로 볼 사람은 아무도 없을 테니 지도자 이야기로 시작하는 것이 혼란스러울지도 모르겠다. 하지만 조금만 읽어본다면 무슨 의미인지 이해하게 될 것이다.

지도자란 이끄는 사람이다. 그리고 이끄는 쪽의 반대편에는 따르려는 누군가가 있다. 관계가 이루어지는 데 필요한 최소 요건이다. 발달 과학적 측면에서 이 상황을 바라본다면, 우리는 서로 유대를 맺는 방식에서 '알파' 또는 '의존'이라는 두 가지 모드 중 하나로 관계를 맺는다고 할 수 있다.

두 단어 모두 부정적인 의미를 내포한다. 예를 들어 '알파'라는 단어를 들으면, 알파독(무리 안에서 서열이 가장 높아 무리를 통솔하며 우두머리 역할을 하는 개를 의미하며 비유적인 의미로도 사용됨-옮긴이)이나 위세 부리는 사람이 떠오를지도 모른다. 마찬가지로 '의존'이라는 단어도 조금 부정적으로 느껴질 수 있는데, 독립성을 높이 평가하고 의존하는 것을 나약함의 표시로 바라보는 문화에서는 특히 그렇다.

하지만 인간답다는 것은 상황에 따라 의존할 수도, 주도권을 잡을 수도 있다는 의미며, 이는 각자 처한 상황과 시기에 따라 달라질 수 있다. 사람들이 서로 관계 맺는 방식을 '도움을 주고 받는 입장'으로 생각해보면 좋다. 알파 모드에서 우리는 누군가의 욕구를 '충족시켜주며', 의존 모드에서는 이를 '받는' 입장이 된다. 친구나 연인과의 관계에서는 서로의 욕구에 따라 양쪽을 오가며 상호적인 춤을 추는 것이 이상적일 것이다. 하지만 부모나 교사처럼 누군가를 돌보는 사람의 입장에서는 상호 작용이 일어나지 않는다.

　교사의 역할은 알파 모드에서 최고의 효과를 발휘한다. 교사라면, 책임지는 위치에서 학생들에게 '주는 입장'을 취하는 것이 당연하다. 학생들이 '받는 입장'이 되는 것도 당연하고 필수적이다. 지도자가 된다는 것은 책임감을 느끼고 학생들에게 필요한 것을 제공한다는 의미다. 더불어 아주 중요하게는 학생들에게 마음을 쓴다는 의미로, 상대방에게 따스함과 유대감을 실제로 느끼게 하는 것이다. 지금까지 이해한 내용을 토대로 지도자의 의미를 공식으로 정리하면 다음과 같다.

알파 모드 + 보살피는 대상에 대한 **책임감** ○ + 책임지는 대상에 대한 **배려심** ○

⇩

진정한 지도자

괴롭힘 행동의 원인

먼저 '괴롭히는 아이'라는 단어에 주목해보자. 우리 문화에서는 의도적으로 이 단어를 사용하지 않으려고 애쓰며, 대신 괴롭힘을 집단 분위기로 표현해왔다. 누군가를 '괴롭히는 아이'로 낙인찍기보다 괴롭힘이라는 행동을 이해하는 방향으로 생각을 전환하려는 시도일 것이다.

　인간에게는 너무 취약해지는 상황으로부터 자신을 보호할 방법이 있다. 정확하게는 우리 뇌에서 이 부분을 담당하며, 너무 힘들거나 너무 벅찬 일에 무감각해지거나 귀를 닫는 방향으로 움직인다. 심지어

뇌는 방어벽을 세워 우리가 상처받는 관계에서 빠져나오도록 도와주기도 한다. 하지만 이러한 방어벽은 어디까지나 임시방편이어야 한다.

그런데 상처를 너무 많이 받은 사람의 경우 이러한 방어 모드에 갇혀버릴 수도 있다. 방어 모드에 갇혀 있으면 어떤 감정도 거의 느끼지 못한다. 배려심은 그런 과정에서 가장 먼저 잃게 되는 감정이다.

앞서 소개한 세 가지 상황 중 말을 더듬는 아이를 흉내 내고 조롱했던 엠마의 경우를 살펴보자. 엠마는 배려를 조금이라도 느낄 만한 일에 아주 방어적인 태도를 보일 가능성이 크다. 우리는 엠마가 살아온 환경에 대해 아무것도 알지 못하지만, 과거 어느 시점에 감당하기 너무 벅찬 일을 겪어 아이의 뇌가 방어 모드를 실행했으며 아이가 아직 자신의 감정을 되찾지 못했다고 추측할 수 있다.

이제 관계를 맺는 두 가지 방법인 알파와 의존에 엠마의 상황을 도입해보자. 어떤 대상이든 간에 누군가에게 의존하는 것은 엠마에게 너무나 취약한 일이며, 특히 방어벽을 완전히 두르고 있는 상황에서는 더욱 그렇다. 따라서 기본적으로 엠마는 알파 위치에 있으려 한다. 이 위치에서 엠마는 자연스럽게 주도권을 잡게 된다. 하지만 이러한 리더십은 진정한 리더십이라 할 수 없다.

여기에는 핵심 요소가 빠져 있다. 첫째, 이끌 대상이 없다. 적어도 엠마에게 의존하려는 사람은 아무도 없다. 엠마에게는 이러한 위치에 있는 사람이라면 마땅히 보여야 할 배려심이 없다. 그러다 보니 엠마는 복종을 요구하면서도 타인의 욕구에는 무지해 '보인다'.

하지만 바로 여기에 흥미로운 점이 있다. 사실 엠마는 지배 대상의 욕구에 무지하지 않았다. 실은 상대방의 욕구 혹은 취약하다고 감지된 것을 아주 정확하게 간파했다. 엠마는 말 더듬는 소리를 주의 깊게 들었지만(배려심 있고, 책임감 있는 알파 지도자가 하듯이) 이 아이를 보호하고 지켜주는 방향으로 움직이는 대신, 상처를 마구 들쑤셨다. 엠마 자신이 수치심과 상처의 제공자가 된 것이다. 엠마에게는 타인의 욕구에 배려심 있게 반응하는 정서적 감수성이 없으므로, 오히려 상대의 약점을 악용한다. 이렇게 해서 '괴롭히는 아이'가 탄생한다.

알파 모드 + 보살피는 대상에 대한 **책임감** × + 책임지는 대상에 대한 **배려심** ×

⇩

괴롭히는 아이

책임감과 배려심을 확실하게 갖추지 않고는 절대 알파 지도자의 위치를 차지할 수 없다. 같은 상황에서도 책임감과 배려심이 없다면 괴롭히는 분위기가 고개를 들면서 상대방이 고통받을 수 있다. 다행히 되돌리기에 아직 늦지는 않았다. 엠마가 자기 감정을 되찾을 수 있도록 마음을 여는 것이 시작이며, 쉽지는 않겠지만, 그렇다고 해서 불가능한 일도 아니다.

하지만 해결 방법으로 넘어가기 전에 상황을 새로운 시선으로 바라볼 기준이 생겼으니 잠시 에드워드와 엠마의 경우로 돌아가서, 괴롭히는 행동을 이해해보자.

우선, 에드워드의 경우, 같은 반 친구를 신체적으로 위협하고, 계속해서 아이의 물건을 훔치며, 공포심을 심어주는 것을 즐기는 듯했다. 상황을 잘 살펴보면, 에드워드는 확실히 알파 모드에 있고 배려와는 벽을 쌓았음을 알 수 있다. 표적이 된 빌은 과거 에드워드에게 자신의 두려움을 내비치며 취약한 모습을 보였을 것이다. 그리고 에드워드가 빌의 두려움을 감지하는 순간, 게임은 시작되었다. 빌의 취약성은 에드워드에게 중독성 있는 권력 의식을 심어줬다.

감수성 훈련이 답은 아니다

바로 여기서 오늘날 괴롭힘을 멈추려고 할 때 흔히 시도하는 접근법이 가진 한계가 드러난다. 이 접근법은 바로 '감수성 훈련'이다. 감수성 훈련은 괴롭힘 행동이 어떻게 상대방의 마음에 상처를 주는지 공유하는 자리를 마련해 괴롭히는 아이를 이해시키려는 시도이다. 여기서의 문제는 괴롭히는 아이가 타인의 기분을 고려할 수 있는 상태가 아니라면, 피해 학생이 자신의 취약성을 드러내는 일이 괴롭히는 아이에게 오히려 무기를 공급해준 셈이 된다는 데 있다.

엠마와 말을 더듬는 남학생의 경우로 잠시 돌아가보자. 교사는 괴롭힘을 당하는 아이에게 당시에 느낀 감정을 공유해달라고 부탁한다. 그러자 아이는 자신이 놀림받았을 때 얼마나 큰 상처를 받았는지 털어놓았다. 바로 그게 엠마가 노린 거라면, 즉 상대방에게 상처를 주려고 한 거라면, 피해자의 상처받은 감정을 공유하도록 한 것은 엠마에게 "아주 좋아. 원했던 대로 됐네. 임무 성공!"이라는 생각만 들게 할 것이다.

피해 학생의 감정을 공유하도록 하는 것은 '괴롭히는 아이'가 자신이 누군가에게 상처를 주고 있다는 것을 안다면 멈출 것이라는 가정에서 비롯됐지만 안타깝게도 항상 맞는 말은 아니다. 괴롭히는 아이에게 자신이 어떤 행동을 했는지 알 수 있는 기회가 주어지지 않으면, 이 접근법은 오히려 역효과를 불러올 수 있다. 따라서 괴롭히는 아이에게 배려심을 되찾아주는 일이 최종 목표가 되어야 하며, 결국은 이것이 변화를 만들어내는 가장 효과적인 방법이 될 것이다.

그렇다면, 클로이의 경우는 어떨까? 클로이는 자신이 호감을 느끼는 남학생에게 관심이 있는 것 같다는 추정에 근거해 엘리자베스를 완전히 무시했다. 여기서도 동일한 관계가 작용하는 것을 볼 수 있다. 클로이는 알파 상태에 있고, 남학생을 자신의 소유물로 정했다. 남학생과 클로이가 실제로 어떤 관계인지는 중요치 않으며, 클로이가 남학생을 점찍었다는 것이 중요하다. 이제 누구라도 자신을 방해하거나 남학생에게 관심을 보이는 사람은 알파 위치에 도전장을 내밀게 되는 셈이다. 이 상황에서 클로이는 자신의 무리를 소집해 단체로 엘리자베스를 무시했다. 방관자들은 두려움으로 인해 자기도 모르는 사이 참여자가 된 것이다.

괴롭히는 아이들이 잃어버린 것

엠마, 에드워드, 클로이에게서 찾아볼 수 없는 것은 타인에 대한 배려심이다. 그렇다면 아이들은 왜 배려심이란 중요한 덕목을 잃어버린 걸까? 우리는 대개 우리의 뇌가 어떤 위협으로부터 자신을 보호하는지 의식하지 못한다. 위협으로 감지된 것이 과거에 있었던 일이었을 수 있는데, 정신적 외상을 초래한 경험, 질병이나 입원처럼 감당하기에 너무 벅찼던 경험일지도 모른다. 매일 다투는 부모나 투병 중인 가족처럼 현재 일어나고 있는 일일 수도 있다.

아니면 전학이나 가족간 불화, 같은 반 친구와의 갈등처럼 일시적인 위협일 수도 있으며, 이 경우에는 방어벽의 징후이자 남을 괴롭히는 분위기의 징후를 아주 드물게 보게 된다. 그렇다면 엠마, 에드워드, 클로이에게는 무슨 일이 있었던 걸까? 이 아이들이 애초에 배려심을 상실한 이유를 교사가 알아야 할까? 그렇지는 않다. 아이들의 뇌가 감당하기 너무 벅찬 일로부터 아이들을 보호해왔고, 계속해서 그럴 것이라는 사실을 아는 것만으로도 충분하다.

때로는 아이들의 세상을 들여다볼 기회가 생길 것이고, 이런 기회가 끝까지 생기지 않을 수도 있을 것이다. 많은 경우 교사는 아이들의 문제 행동만 보게 될 것이다. 이 행동을 통해 위협이 여전히 그 자리에 존재하며, 방심하면 안 된다고 느낄 것이다. 그리고 엠마, 에드워드, 클로이가 배려심을 되찾을 때까지는 주변 아이들도 안전하지 않다고 느낄 것이다.

괴롭히는 아이에게 적용할 수 있는 단기적 방법

세 아이 모두 가장 먼저 타인에 대한 배려심을 되찾아야 한다. 어떻게 해야 이 아이들이 자신에게 필요한 이 감정을 느낄 수 있을 만큼 마음을 열 수 있을까? 어떻게 해야 자신의 주변 세상에 눈을 뜨고 연민을 되찾을 수 있을까? 그리고 어떻게 해야 궁극적으로는 아이들이 자신을 보살펴줄 수 있는 누군가에게 기댈 만큼 안전하다고 느끼며 알파 위치에서 벗어날 수 있을까?

모두의 안전을 최우선으로 하자

괴롭힘은 우리 모두를 불안하게 만든다. 그러므로 가장 먼저 교사는 괴롭히는 아이에게 단호하면서 분명한 행동을 취함으로써 아이의 행동이 '옳지 않다'는 것을 보여줘야 한다. 아이의 행동을 외면하거나 아이를 상대할 때 주저하는 모습을 보여서는 안 된다. 아이들이 교사를 존중하고 지시에 잘 따르게 하려면 아주 확고한 리더십이 필요하다.

다음으로 교사가 엄격한 조치를 취해 괴롭힘을 당한 아이를 비롯해 전체 학생들에게 허용되는 행동과 그렇지 않은 행동을 알려주는 메시지를 전달해야 한다. 누군가가 다른 아이를 괴롭히며 주변 학생들의 학교생활에 안전하지 않은 분위기를 조성하면, 퇴학이나 정학 혹은 다른 대가를 치르게 해서 이러한 행동이 용납되지 않는다는 것을 모든 학생들에게 보여줘야 할 것이다. 학생들은 자신이 안전하지 않거나 괴롭힘을 당할 경우, 교사나 자신이 신뢰하는 어른에게 알리고 상의해야 한다는 것을 반드시 알아야 한다.

괴롭히는 아이가 변화하도록 돕기

괴롭힘을 당한 아이와 다른 학생들을 보호하기 위해 이러한 조치를 취했더라도 처리할 문제가 아직 남아 있다. 괴롭히는 아이가 변화하도록 돕는 일이다. 어떤 사람들은 괴롭히는 아이의 '행동'을 바꾸는 데만 신경을 쓸지도 모르나 교사는 '마음'을 변화시키는 일도 살펴야 한다. 이는 단지 문제 행동을 멈추게 하는 데서 그치지 않고 아이가 진정으로 성장하도록 돕는다는 의미다.

방과 후 반성하는 시간 갖기나 정학 같은 징계 처분으로 아이가 깨우침을 얻을 가능성은 거의 없다. 정학을 받은 아이가 집에 차분히 앉아 자신의 정서적 성장에 대해 생각하며 앞으로는 좀 더 배려심 있고 사려 깊게 행동하겠다고 생각하는 경우 또한 거의 없다. 보통 정반대로 현실을 받아들이지 못한 채, 자신이 부당하게 징계를 받았다고 느낀다.

만약 아이가 배려심을 상실하지 않았다면, 정학이나 기타 징계로 인해 곤란한 상황에 처하면 안 된다는 생각으로, 학교로 돌아가면 올바르게 행동하는 방향으로 동기를 부여할 가능성도 있다. 하지만 대부분은 그렇지 않다. 이러한 학생들은 배려심을 느끼지 못하는 경우가 많으므로 이 경험을 계기로 훨씬 더 냉담해질 가능성이 높다. 학교로 돌아와서는 우두머리 자리를 더 확실히 지키겠다는 단호한 태도를 보이며 교사의 도움이나 지원을 모조리 거부할지도 모른다.

괴롭히는 아이에게 징계를 내리는 일은 문제를 다루는 작은 수단에 지나지 않는다. 교사는 학생이 예전과 똑같거나, 아니면 훨씬 더 냉담하게 변했을 수도 있음을 예상해야 한다. 이런 상황에 대처하기가 쉽지는 않겠지만, 교사에게는 여러 선택권이 있으니 반드시 다양한 시도를 해야 한다. 교사가 시도해볼 수 있는 몇 가지 방법은 다음과 같다.

관계에 다리 놓기 징계를 받은 아이, 특히 정학 처분을 받은 학생과는 관계에 다시 다리를 놓는 일이 아주 중요하다. 어쩌면 집으로 보내진 학생이(아직은 가끔 배려심을 느끼는 경우라서) 앞으로 잘하겠다고 마음먹고 돌아올지도 모른다. 이와 반대로 처벌이나 정학을 여러 번 받아본 학생은 마음에 훨씬 더 단단한 벽을 쌓고 돌아올지도 모른다. 어느 쪽이든, 교사는 돌아온 아이가 변화할 기회를 가질 수 있도록 다시 다리를 놓아줘야 한다.

"상황이 좋지 않았지. 그래도 널 다시 보니 좋다."처럼 따스한 말로 환영의 메시지를 보내는 것이다. 이렇게 다시 다리를 놓으면 아이가 자신을 완전히 나쁘게만 바라보지 않을 수 있어 아이를 가로막고 있는 벽에 아주 미세한 균열 정도는 만들 수 있다. 그렇게 되면 훗날 그 자리로 배려심이 스며들 여지가 생길 수 있다.

세대 간 멘토링 마음이 냉담해진 사람에게는 멘토링이 필요하다. 방어벽을 낮추려면 나이 차이가 크게 나는 사람이 도움이 될 수 있다. 존경할 만큼 권위 있지만 위협적으로 느껴지지 않는 노인을 괴롭히는 아이들과 짝지어주면 효과적이다. 지역 노인센터와 연계할 수 있다면, 학생들이 노인들과 함께 공예, 목공, 원예 같은 활동을 배울 수 있는 기회를 마련할 수도 있다.

전혀 위협적으로 느껴지지 않는 유형의 관계에서 학생들은 자신의 취약한 모습을 보일 수 있을 만큼 안전하다고 느낀다. 또한 학생들이 노인을 멘토로 받아들여 자신의 취약성을 드러낼 수도 있다.

지역사회 학교 모델 학생들이 세대를 아우르는 공동체 속에서 학습하는 방법으로 지역사회 학교 모델을 주목하는 학교가 점점 더 늘어나고 있다. 이러한 학교는 학생들과 지역사회가 함께하는 프로그램을 제공한다. 지역사회 학교 모델이 아이에게 가장 유용한 부분은 일회성 만남이 아니라 시간을 두고 천천히 관계를 쌓을 수 있는 대상을 학생들의 멘토로 맺어주는 것이다.

지역사회 학교에서 아이들에게 유아나 노인을 보살피는 기회를 제공할 수도 있다. 밴쿠버 섬 빅토리아에 있는 제임스 베이 지역사회 학교(James Bay Community School)를 예로 들자면 이 학교는 지역주민센터와 연결되어 있으며,[17] 이 학교의 초등학생은 일주일에 두 번씩 지역주민센터에 있는 노인을 위해 저녁을 준비하고 상을 차린다. 또한 노인을 식탁까지 부축하거나, 식사하는 데 필요한 도움을 주기도 한다. 이러한 경험을 통해 아이들은 배려심과 연민을 느낄 수 있다.

연약한 존재를 보살피는 경험 괴롭히는 아이는 대개 자신과 같은 또래만을 목표로 삼는데, 또래를 배척해야 할 경쟁 상대로 여기기 때문이다. 따라서 아이에게 식물이나 동물을 보살피게 하는 방법이 배려심을 느끼게 하는 데 효과적이다. '다른 사람을 괴롭히는 아이를 연약한 대상과 짝을 맺어주는 게 안전할까?'라고 우려할 수도 있지만 소통 과정을 어른이 감독한다면 엄청난 효과를 볼 수 있다.

예를 들어, 학급에서 애완동물을 키우는 경우 괴롭히는 아이에게 보살피는 역할을 맡겨 아이의 배려심을 끌어낼 수도 있다. 자신의 감정을 드러내기 싫어하는 아이들도 대개 강아지나 고양이처럼 작은 동물에게 이런 감정을 갖는 것에는 민망해 하지 않는다. 이런 이유로 많은 학교에서 애완동물을 기르고 있으며, 아이들이 동물과 함께 놀거나 동물을 보살피는 프로그램을 주기적으로 운영하는 학교도 늘어나고 있다. 이와 유사하게, 공감의 뿌리 프로그램(Roots of Empathy)에서는 1년에 걸쳐 3주에 한 번씩 아이들에게 아기와 엄마를 만나 소통하는 기회를 제공한다.[18] 물론 안전한 방식으로 감독하에 진행되며, 아이들은 아기가 성장하는 모습을 지켜보고 아기의 욕구와 감정에 관해 이야기를 나누게 된다. 이 프로그램을 통해 아이들은 아기가 가진 욕구를 인식하고 보살피는 마음을 느끼게 된다. 게다가 많은 아이들이 자신뿐만 아니라 학급 친구들도 모두 감정을 느낀다는 점에서 아기와 비슷하다고 의식하기 시작한다. 자신도 한때 아기였고, 지금도 여전히 사랑과 보살핌에 대한 욕구를 갖고 있다는 사실을 깨달을 수 있다.

괴롭힘을 당한 아이에게 필요한 것

괴롭힘을 당한 아이는 자신이 무언가를 잘못했다거나, 자신이 좀 더 강했어야 했다고 생각하는 경우가 많다. 괴롭힘을 당한 아이는 자신의 약점이 드러났다는 생각만으로 창피해 하며 이런 경험에 대해 수치심을 느낄 수 있다. 교사가 이런 점을 인지하면 아이의 감정을 잘 헤아릴 수 있다. 또한 아이의 문제나 잘못이 아니라고 확실하게 알려주는 데 큰 도움이 된다. 이 과정에서 아직 배려심을 완전히 갖추지 못해서 다른 사람에게 상처를 주는 사람들도 있다고 말해줄 수 있다. 또한 '괴롭힌 아이'에게 도움이 필요하고, 누군가가 너를 괴롭힌 것은 너의 잘못이 아니라고 거듭 이야기해줄 수도 있다.

또한 선생님에게 솔직하게 알려준 것이 얼마나 용감한 행동인지도 말해줘야 한다. 심지어 어른들도 자신에게 함부로 하는 사람에 맞서 목소리를 내는 것이 쉽지 않다는 것을 알려주면 힘이 될 수 있다. 다른 사람을 괴롭히는 사람은 늘 상대에게 두려움을 심어주려는 행동을 하기 때문에 믿을 수 있는 사람을 찾아가 이런 상황을 알리기 위해서는 엄청난 용기가 필요하다고 이야기해줘야 한다.

더불어 교사는 누구의 말이 아이에게 가장 의미 있는지도 거듭 알려줄 수 있다. 귀 기울여 들어야 할 말과 들을 필요 없는 말을 구분하라고 조언할 수도 있다. 이렇게 한다고 해서 괴롭힘이 멈추는 것은 아니지만(교사가 계속해서 보호하고 감시해야겠지만), 약점을 가지고 놀리거나 심한 말로 괴롭히는 상황이라면 괴롭힘을 당하는 아이가 그로 인한 영향을 덜 받도록 도움을 줄 수 있다.

학생과 마주 앉아 자신에게 정말 큰 영향을 미치는 사람들이 누군지 말해보라고 물어볼 수도 있다. 이때 교사는 나중에 기억하기 쉽도록 종이에 목록을 작성할 수도 있다. "너는 어떤 게 진실이라고 생각해?" "네가 소중히 여기는 사람들은 너를 어떻게 바라볼까?"와 같은 질문을 할 수 있다. 이렇게 한다고 해서 괴롭힘으로 받은 상처가 완전히 사라지는 것은 아니지만, 다른 누군가에게 심한 말을 들었을 때 아이가 이 말을 마음속 깊숙이 새기는 대신 툭 털어낼 수 있도록 도와줄 수는 있다. 자신에게 가장 중요한 사람의 말만 꼭 붙들고 있으라는 조언이 학생들이 느낄 불필요한 고통을 덜어줄지도 모른다.

괴롭힘을 당하는 아이를 안전하게 지키려면, 교사는 아이가 자신을 괴롭힌 학생과 단 둘이 있거나 무언가를 함께 하는 상황에 두어서는 안 된다. 괴롭힘이 교실 밖에서 일어난다면 운동장이나 학교 식당에서 할 수 있는 대처 방법을 아이에게 알려주되(괴롭힘당하는 아이를 창피하게 하지 않거나 피해자의 위치에 놓이지 않도록) 다른 아이들에게는 티를 내지 않는다는 의미다. 아이에게 "너한테 안전한 사람은 누구야?"와 같은 질문을 해서 반드시 그 사람과 함께 다니게 하는 방법을 의미할 수도 있다.

괴롭힘 당하는 아이에게는 점심시간이나 쉬는 시간이 스트레스일 수도 있다. 따라서 교사는 아이에게 안전한 장소가 필요할 때 도움을 줄 만한 활동을 마련해줄 수 있다. 점심시간에 참여하는 클럽 활동이 될 수도 있고, 아이를 안전하게 지켜주면서 아이가 하고 싶어 하고 즐길 만하며 힘든 상황에 부닥치지 않는 활동으로 선생님이나 친구들과 함께하는 특별 프로젝트를 제안할 수도 있다.

괴롭히는 아이는 자유롭게 활보하고 피해자는 뒤로 숨어야 한다는 의미가 아니다. 이것은 괴롭힘을 당한 아이가 안전하다고 느끼고 싶은 욕구를 존중해주는 일이며, 아이가 편안함을 느낄 수 있는 장소를 교사가 책임지고 마련해주는 일이다. 또한 어른인 교사가 시간을 들여 학생들이 학교에서 안전하다고 느끼고, 있는 그대로의 자기 모습에 만족할 수 있도록 도와주는 일이다. 아이들은 언제든지 찾아가서 말할 수 있는 사람이 있고, 도움이 필요할 때면 무엇이든 지원받을 수 있다는 것을 알아야 한다.

주변 학생들에게 필요한 것

주변 학생들 대다수는 괴롭히는 아이와 괴롭힘을 당한 아이를 지켜보는 방관자에 속한다. 우리 중 대부분은 누군가가 다른 이를 창피 주고 놀리는 모습을 보며 공포감을 느끼는 경험을 했을 것이다. 순간적으로 화가 났을지 모르나, 두려움에 압도당해 조용히 지켜보기만 했던 경험도 있을 것이다. 이처럼 두려움이 생기는 것은 아주 인간적인 반응이다. 괴롭히는 사람은 공포심을 심어주려고 하기 때문에 거기에 맞서는 것은 힘들고 어려운 일이다.

그러므로 그 순간에는 아무런 대처를 하지 못했더라도, 시간이 흐른 후에라도 교사를 찾아올 수 있을 만큼 안전한 환경을 만들어줘야 한다. 또한 그 사실을 말해준 것에 대해 다른 학생들과 공유하지 않을 것임을 확실히 알려 아이가 안전하다고 느낄 수 있게 해야 한다. 교사가 전체 학급 앞에서 이 점을 분명하게 다뤄준다면 도움이 될 수 있다. 만약 교사가 괴롭힘에 맞서는 것이 실천하기 쉽지 않다고 말해준다면 방관자에게 더욱 힘이 될 수 있다.

잠시 아이의 입장에서 생각해보면, 이것이 얼마나 힘겨운 일인지 이해하는 데 도움이 될 것이다. 당신이 만약 용기를 내 누군가에 대해 폭로할 경우 친구들을 모두 잃을지도 모른다고 생각해보자. 이것이 바로 방관자 대부분이 사실을 말하지 않는 이유로 내놓는 답변이다. 방관자는 자신이 사실을 알리고 나면, 괴롭히는 아이가 모두를 자신에게 등지게 만들어 홀로 남겨질까봐 두려워한다.

만약 교사가 이렇게 아주 현실적인 두려움을 다뤄줄 수 있다면, 방관자가 용기를 낼 여지가 조금 더 커질 것이다. "괴롭힘에 맞서 목소리를 내는 건 아주 무서운 일이야. 실행에 옮기는 게 정말 힘들 수 있어. 그렇게 할 경우, 친구들을 잃게 될까봐 불안할지도 몰라. 괴롭히는 아이는 너희를 겁주려고 하니까, 무서워하는 게 당연해. 쉽지 않은 일인 거 잘 안단다."라고 학생들에게 분명하게 표현해주면 좋다.

이는 아이들이 우리가 바라는 어른의 모습으로 성장하도록 이끄는 일이기도 하다. 좋은 사람으로 성장한다는 것은 때론 힘든 선택을 한다는 의미일 수 있다. 성장은 하루아침에 일어나는 일이 아니며, 지금부터의 소소한 선택과 사소한 순간들이 쌓여서 이루어진다.

고학년 아이들과 청소년들은 과거에 하지 못했던 일에 대해 죄책감을 느끼는 경우가 많다. 나는 언제나 아이들에게 '죄책감을 다정하게 바라보면 작은 선물이 된다'고 알려준다. 죄책감이 그 자리에 있는 것은 우리를 무너뜨리기 위해서도, 계속 그 자리에 남아 있게 하기 위해서도 아니다. 죄책감은 우리가 올바른 길로 갈 수 있도록 하고 앞으로 나아가게 한다. 하지 않은 일에 연연해봤자 아무 소용없지만, 행동을 시작할 때에는 그런 기분에서 도움을 얻을 수 있다.

방관자가 교사를 찾아와 자신의 용기를 보여주는 일을 어렵지 않게 만들어주자. 자신이 원했던 순간에 비로 말하는 용기를 내지는 못했을지라도, 너무 늦은 때란 없다고 알려주자. 교사에게 찾아와 "제가 더 일찍 말했더라면 좋았을 텐데, 무서웠어요."라고 말한다면, "당연한 거야. 정말 힘든 일이거든."이라고 말해주자.

아이가 자기 내면의 소리에 귀를 기울인 건 아주 훌륭한 일이며, 세상을 더 정의롭고 배려 있는 곳으로 만드는 데 필요한 행동을 했다는 것에 눈뜰 수 있도록 교사가 도울 수 있다. 세상을 바꾸는 힘은 소소한 배려와 용기 있는 행동에서 나오며, 학생들의 행동이 그러한 변화의 일부를 이룬다는 것을 잊지 않게 하자.

"세상을 더 친절하고 정의로운 곳으로 만들기 위해 애쓰는 우리 같은 사람들이 생각보다 엄청나게 많다는 걸 알고 있니? 선생님도 할수 있는 일을 하고 있으니 그중 한 명이야. 보다시피 너희도 그중 한 명이고. 수많은 사람이 각자 매일 소소하게 실천하며 살고 있어. 그런데 이걸 생각해보렴. 매일 전 세계에서 수많은 사람이 괴롭힘과 비열함에 맞선다면, 그건 정말 엄청난 수가 돼! 그러면 엄청난 변화가 생기는 거야! 우리 모두 그 일을 함께 하는 거란다!"

"자아는 곱게 포장되어 완전하고 완벽한 상태로 아이에게 전달되는 것이 아니다.
자아는 언제나 진행형이다."[19]

미국의 작가 매들렌 렝글Madeleine L'Engle

4장

정체성 전환하기

16
학생들의 부정적인 정체성 바꾸기

자신의 가능성에 눈뜨게 하려면

지금까지는 문제 행동의 이면과 대응 방법에 대해 살펴봤다. 문제아로 낙인찍힌 아이들은 자칫 감정적으로 고립될 수 있다. 아이들이 자신을 '공격적인', '남을 괴롭히는', '성가신', '배려심 없는'과 같은 부정적인 단어와 연관 지어 바라보기 때문이다. 아이들이 자신을 바라보는 방식은 그들의 현재 모습은 물론 앞으로의 모습에도 엄청난 영향을 미친다. 따라서 교사는 아이들이 성장하는 데 이로운 방향으로 정체성을 전환해 나갈 수 있도록 다양한 방법으로 그들을 도와야 한다.

아이가 자신을 새롭게 경험하도록 돕기
그렇다면 교사가 어떻게 해야 '나쁜 아이'가 되어버린 아이가 그 역할에서 빠져나오게 할 수 있을까? 내가 자주 받는 질문 중 하나는 "어떻게 해야 아이들이 더 나은 사람이 되도록 영감을 심어줄 수 있을까요?"다.

이 질문에 대해 내가 해줄 수 있는 말은 "영감은 정답이 아닙니다."이다. 나도 훌륭한 강연을 들으며 연사의 말에 깊은 영감을 받은 적이 많다. 강연을 들을 때는 흥분되고 감동이 밀려온다. 새로운 포부로 가슴이 부풀어 오르고, 앞으로는 더 건강한 삶을 살 거라고 결심한다. 그러다가 시계가 저녁 9시를 가리키는 순간, 언제 그랬냐는 듯 소파에 누워 초콜릿을 입에 물고 넷플릭스를 시청한다. 영감은 생각보다 그리 오래가지 못한다. 변화가 그렇게 간단한 일이면 참 좋겠지만, 대개 의지력만으로는 지속적인 변화를 끌어낼 수 없다. 우리가 어디로 가고 싶은지, 어떤 삶을 살고 싶은지 파악하는 데 영감이 도움이 될 수는 있지만, 원하는 결과를 얻으려면 영감만으로는 확실히 부족하다.

많은 학교에서 동기부여 강사를 초청해 학생들을 소집하는 경우를 봐왔다. 그때마다 강연을 듣는 아이들을 관찰하며 반응을 살폈다. 대개 아이들은 강의를 좋아하고, 많은 경우에 놀라워하고 감동하며, 마지막에는 환호를 보낸다. 다양한 분야에서 영감을 주는 강사를 초대해 그들의 이야기를 공유하는 자리를 만드는 건 좋은 일이다. 아니, 아이들의 마음속 전구에 불을 켜주는 '정말 굉장한' 일이다! 하지만 전구만으로는 부족하다. 영감의 순간이 기억 속에서 희미해진 후에도 계속해서 전구가 빛날 수 있도록 작동시켜줄 전력이 필요하다.

수많은 아이가 영감을 받은 상태로 강연장을 나서지만, 결정적으로 그것을 자신과 어떻게 연결 지어야 하는지는 알지 못한다. 아이들이 아직 자신의 역량을 깨닫지 못하거나, 배려심을 느끼지 못하거나, 자신에게 리더십 능력이 있다는 것을 알지 못한다면, 아이들이 재능을 펼치는 데 영감은 실질적으로 도움이 되지 않는다.

우리가 자신을 어떤 사람으로 바라보는가는 생각보다 굉장히 중요하다. 자신을 '나쁜 아이'로 바라보는 아이들은 그러한 역할에서 빠져나오기 위해 엄청난 노력을 해야 한다. 학생들이 '자기 자신을 새로운 방식으로 경험하도록' 교사가 도울 수 있다면, 학생들의 정체성은 좀 더 빠르게 확장될 수 있다. 아이들은 그저 무엇을 하라거나, 어떤 존재가 돼라는 독려를 받기만 하는 것이 아니라, 자신의 멋진 모습을 발견하고 그것이 의미하는 바를 본능적으로 파악할 수 있는 상황 속에서 느끼고 경험해야 한다. 진정한 변화를 일으키려면, 교사는 학생들이 색다른 경험을 하면서 자신을 새로운 시각으로 바라볼 수 있는 기회부터 제공해야 한다.

상황 재구성하기

'상황 재구성하기'는 아이가 어떤 일을 실패했다고 여기거나 당황한 상황에서도 자신의 좋은 면을 바라볼 수 있게 하는 방법이다. 힘든 상황에서 잘되지 않는 일에 집중하는 대신, 아이의 행동 속에서 긍정적인 측면을 찾아 강조하는 것이다. 다음의 예시를 살펴보자.

매튜는 늘 숙제를 깜박한다. 당신은 매일 아이에게 어떤 숙제를 해야 하는지 반복해서 알려준다. 그래도 아이는 계속 까먹는다. 당신은 아이와 함께 앉아 숙제 알림장 적기처럼 기억하는 데 도움이 될 만한 방법에 관해 이야기를 나눈다. 당신은 가방이나 필통에 간단한 메모를 붙이면 어떻겠냐고 제안한다. 그래도 매튜는 계속해서 숙제를 깜박한다.

한 달 정도 지난 어느 날 매튜가 숙제를 깜박했다고 말한다. 아이는 긴장하고 초조해 하는 눈치다. 바로 그 순간 당신은 곧장 잔소리를 시작하고픈 충동을 느끼며 "매튜, 정말이니? 또 그랬다고!"라고 말하고 싶을지도 모른다.

하지만 당신은 곧 지난 몇 주 동안 매튜가 숙제를 꼬박꼬박 했다는 걸 알아차린다. 오늘 매튜가 당신에게 다가와 긴장한 모습을 보인 것도 몇 주 동안 잘해왔기 때문이다. 그래서 당신은 잔소리를 하는 대신, "와, 매튜, 너 정말 뿌듯하겠다. 2주 동안이나 숙제를 안 까먹었잖아. 정말 자랑스러울 만해."라며 상황을 재구성한다. 그 순간 매튜는 얼굴이 환해지며 자랑스럽게 "맞아요! 이제부터는 잘 기억할 거예요!"라고 말한다.

같은 상황에서 매튜는 '내가 또 까먹다니 어떻게 이럴 수 있지?'라고 자책할 수도 있었지만, 교사가 상황을 재구성한 덕분에 자신에 대한 뿌듯함과 책임감을 동시에 느낄 수 있었다. 아이가 긍정적인 자아에 몰입할 수 있게 도운 것이다. 이 방법은 다양한 상황에 적용해볼 수 있다. 아이들이 자신을 공격적이거나 자제력이 없다고 여기는 경우나 여러 가지 문제 상황에 순간적으로 대처할 때도 상황의 재구성은 효과적인 방법이 될 수 있다. 다음 예시를 함께 살펴보자.

1학년인 사빈은 평소 불만이 많고, 다른 학생을 공격하는 아이다. 당신은 아이가 다른 학생을 때리기 전에 주먹을 꼭 쥐고서 몸을 부들부들 떨며 서 있는 모습을 여러 번 목격했다. 따라서 나중에 아이와 이야기를 나눌 때, 당신은 아이를 공격적이며 자제력이 없다고 비난하는 대신, 충동 조절 능력을 갖추기 시작하는 모습에 눈을 뜨도록 재구성해 줄 수 있다.

"사빈, 또 친구를 때렸구나. 어쩜 넌 달라지는 게 없니? 안 때리고 말로 하는 법을 언제 배울래?"라고 말하는 대신 "사빈, 네가 딕샤를 때린 건 분명 잘못한 일이야. 그런데 선생님은 네가 참으려고 애쓰는 모습도 봤어. 그리고 이건 좋은 신호야! 학기 초에 너는 그렇지 않았는데, 좀 전에는 주먹을 꽉 쥐고 때리지 않으려고 애썼고, 게다가 몇 초 동안 참 아냈잖아! 잘하고 있어. 네가 열심히 노력한 것에 자랑스러워 해도 돼. 조만간 완전히 멈출 수 있게 될 거야!"라고 할 수 있다.

대화는 여기서 멈추지 않을 수도 있다. 어느 순간 아이가 대화에 참여 할 수 있을 거란 느낌이 들면, 아이가 불만으로 가득한 순간 취할 만한 다른 행동에 관한 이야기로 넘어갈 수도 있다. 또한 언젠가는 아이가 충동을 잘 조절했던 경험에 관해 이야기를 나누게 될지도 모른다. 그 리고 적절한 때라고 판단되면 사빈이 딕샤와 화해하도록 도울 방법을 찾아볼 수도 있다. 교사가 문제 상황을 재구성해 아이가 잘하고 있는 아주 사소한 것이라도 바라볼 수 있도록 도와준다면, 이런 순간을 통 해 아이는 자신의 역량을 발견하는 토대를 마련할 수 있다.

보상 체계 뒤집어보기
둘째 아이가 고등학생일 때, 아이들의 학교에서 '좋은' 학생과 '나쁜' 학생에 대한 선을 긋는 프로그램을 무수히 많이 시행하는 것을 보며 안타까웠던 기억이 있다. 그중에서도 학생들에게 일주일간 대학 생활을 경험해볼 기회를 주었던 프로그램이 특히 기억에 남는다. 학교별로 품행과 학업 면에서 특출한 학생을 20명 정도 선정해 일주일 동안 대학 생활을 해보는 기회를 주는 프로그램이었다. 여기에 선정된 학생들은 자신이 배우고 싶은 과목을 선택해, 일주일 동안 고등학교 대신 대학교에서 특별 프로그램을 수강할 수 있었다. 즐겁고 행복한 일주일을 보내고 돌아온 학생들은 대체로 자신 앞에 펼쳐진 미래에 대한 새로운 가능성과 기대로 충만한 모습이었다.

내가 혼란스러웠던 점은 이 프로그램의 취지가 '아이들에게 대학 생활에 대한 기대를 심어주는 것'이라면서 왜 성적이 우수하고 모범적인 학생들만 참여 대상으로 선발했는가였다. 우리 아이도 선발됐음에도 불구하고 나는 학교 측에서 엄청난 성장의 기회를 놓치고 있다는 생각에 무척 아쉬웠다. 그때 선발된 학생들은 어차피 대학에 갈 아이들이었다. 아이들도 자신에게 그만한 능력이 있다는 걸 이미 알고 있었다. 학교 측에서는 학교생활을 잘하면 보상을 받는다는 취지로 이런 결정을 했겠지만 이런 프로그램이 필요한 학생들은 정작 따로 있었다.

사실 가장 이상적인 방법은 학교 측에서 학업 성취도가 높고 열정 넘치는 학생들을 기존처럼 선발하되, 선제적이면서 전략적인 취지에서 '아직 꽃피우지 못한 특정 아이들'을 함께 선발하는 것이다. 이를 통해 문제 학생이 자신을 다르게 바라볼 가능성을 심어줄 방법으로 활용할 수도 있다. 이런 프로그램을 잘하는 아이들에게 주는 보상이 아니라 개별 학생이 변화를 일굴 수단으로 바라본다면, 학교에서 참가자를 선정하는 방법이 크게 달라질 것이다.

여기서도 아주 중요한 역할을 하는 것은 '교사가 학생과 맺는 관계'다. 조금 부족한 학생에게 프로그램에 선발됐다는 내용을 이메일로 보내거나, 학생이 잘 모르는 학교 담당자가 결과를 알려준다면, 학생이 참여할 가능성도 줄어들 것이다. 학생들에게 선발 소식을 알려주는 방법도 아이들이 자신을 바라보는 방식에 영향을 줄 수 있다.

따라서 평소 학생과 유대감이 좋고 학생이 존경심을 보이는 교사나 교장이 "아주 괜찮은 체험 프로그램이 있는데, 선생님 생각에는 너에게 큰 도움이 될 것 같아. 네 성적이 아주 좋은 건 아니지만(또는, 네가 올 한 해 힘들었고 교장실도 여러 번 다녀가긴 했지만), 선생님이 보기엔 너에게 가능성이 있고, 네가 아주 좋아할 것 같아. 선생님은 이 과정에 참여할 학교 대표로 너를 추천하고 싶은데."라고 말해준다면, 아이가 이전과는 완전히 다른 시선으로 자신을 바라볼 계기를 마련할 수 있다.

교사는 이처럼 보상 체계를 완전히 뒤집는 방법으로 학생들이 부정적인 역할에서 빠져나오도록 도울 수 있다. 이 방법을 적용하기 위해서는 진행 과정에서의 전적인 신뢰와 더불어 모든 학생에게는 잠재력이 있다는 굳은 믿음이 필요하다. 학교가 조금만 더 포용적인 자세를 보인다면, 이러한 인식 체계의 전환으로 생겨나는 긍정적인 에너지를 통해 큰 변화를 이끌어낼 수 있을 것이다.

관계를 '보상'으로 사용하지는 말자

최근 나는 한 학교에서 '교장실에 가는 것'에 대한 이미지를 바꾸려는 시도로 새로운 제도를 도입하는 작업에 참여했다. 이 학교에서는 아이가 선행을 할 때마다 교사가 황금별을 주고, 별을 많이 받은 아이는 교장 선생님과 함께하는 점심에 초대받는 제도를 마련했다. 학교에서는 이렇게 새로운 방식으로 교장과 관계를 맺는 것을 처벌이 아니라 보상으로 여기게 만드는 일에 기대를 보였다. 나는 선행에 대해 황금별 같은 보상을 주는 것에 찬성하는 편은 아니지만, 이러한 아이디어를 받쳐주는 에너지가 마음에 들었고, 학교에서 시도하는 문화적 전환을 긍정적으로 바라보았다. 하지만 정작 그 실행 방식을 보면서는 고개를 갸우뚱하게 되었다.

학교에서는 관계를 선행에 대한 보상, 즉 학생들이 바르게 행동하게 만드는 유인책으로 활용하고 있었다. 만약 학교에서 이 개념을 확장했다면, 특히 가장 다루기 힘든 학생들에게는 훨씬 더 큰 영향을 미칠 수 있었을 것이다. 문제 행동을 보이는 학생 중 상당수는 교장실로 점심을 먹으러 가기 위해 필요한 별을 모을 만큼 바르게 행동할 능력을 아직 갖추지 못했다. 어떤 아이들에게는 보상을 통해 '착하게' 행동하도록 학습할 만한 능력이 발달 단계상 아직 생겨나지 않았을 수도 있다.

이렇게 좋은 의도로 마련된 프로그램이 이미 품행이 바른 아이들에게만 효과적인 경우가 많다. 학교에서 이러한 프로그램을 만든 목적이자, 교사가 바르게 행동하길 가장 바라는 아이들은 결실을 볼 때까지 끝까지 따라오지 못하는 경우가 많다. 내가 제안하는 것은 '교장 선생님과 함께하는 점심 프로그램'을 학생들과 교장 선생님이 관계를 맺는 훌륭한 방법으로 계속 운영하되, 선행을 위한 보상으로는 활용하지 않는 것이다.

대신 교장 선생님이 다양한 시간대에 다양한 아이들과 점심을 먹는 자리를 마련해 가장 심각한 문제 행동을 보이는 아이들도 빠트리지 않고 포함하는 방법이 있다. 아이들에게 보낼 초대장을 하나하나 세심하게 준비한다면 아이는 자기가 진심으로 초대받았다고 느낄 것이다. "난 나쁜 아이가 아니야. 교장 선생님이 나에게 점심을 함께 먹자고 하셨어!"처럼 아이가 자신을 다른 눈으로 바라보는 계기가 될 수 있다.

아이들의 잠재력을 일깨우는 법

교사는 여러 방법을 이용해 가장 문제 행동을 보이는 학생들에게 새로운 경험을 제공할 수 있으며, 이 방법으로 아주 작더라도 변화가 생겨날 가능성을 만들 수 있다. 이것은 학생들이 이전까지 자신의 모습에서 부정적이거나 부족하다고 인식하는 부분에 미세한 금이라도 긋는 기회가 된다. 평소 주도적인 모습을 거의 보이지 않는 아이에게 아주 잠깐 동안 무언가를 이끌어달라고 요청하는 것 같은 사소한 일조차 도움이 될 수 있다.

　아이는 평소 자신을 이런 식으로 바라본 적이 없기 때문에 교사의 요청에 깜짝 놀랄지도 모른다. 아주 잠깐이라 하더라도 그 순간 아이는 자신이 가진 리더십을 느껴보면서 자신에게 새로운 역할을 수행할 능력이 있다고 여기게 된다. 학생이 리더십 능력을 겉으로 드러내야 교사가 이를 알아보고 지도자 자질이 있다고 여기는 대신, '모든 학생에게 지도해볼 수 있는 경험을 마련해주고, 자신이 가진 역량을 발견하는 수단으로 삼도록 돕는 것'을 교사의 신조로 삼을 수 있다.

　학생들이 자신에게서 발견했으면 하는 모든 역량에 대해 같은 방식을 적용할 수 있다. 이러한 경험을 통해 학생들은 자신이 어떤 사람인지에 대한 인식에서 자유로워지고, 누군가를 보살피거나 지도하는 것이 어떤 느낌인지 경험해볼 수 있다. 이 짧은 순간에 학생의 내면에서는 온갖 종류의 새로운 가능성이 생겨난다. 학생 각자의 타고난 선함과 능력이 다르다는 믿음도 중요하지만, 학생이 스스로 알아낼 수 있도록 기회를 제공해주는 것 역시 중요하다.

아이의 잠재력을 이미 알고 있는 것처럼 대하기

내 첫째 아들인 토마스는 이제 성인이다. 토마스는(내가 그 아이의 엄마라는 사실을 잠시 제쳐두고 생각해도) 무척 친절하고, 의욕적이며, 열정적인 청년이다. 이 글을 쓰고 있는 현재는 유럽에서 학습 과학을 세부 전공으로 하며 심리학 석사 과정의 막바지에 접어들었다. 토마스는 마음이 넓고 온화하며 아이들을 아주 좋아하는 청년이다.

이제 22년 전으로 거슬러 올라가서, 네 살 토마스에 관해 이야기해보겠다. 눈이 내린 어느 날 나와 토마스, 여동생은 동네를 산책하고 있었다. 우리는 어느 집 옆을 지나고 있었는데, 집 앞 잔디에는 방금 만든 것 같은 예쁜 눈사람이 행복한 표정을 하고 있었다. 그런데 토마스가 갑자기 그쪽으로 걸어가더니 눈사람의 머리를 거칠게 밀어 넘어뜨렸다. 집 안에 있던 아이 엄마가 문을 열고 나와 나에게 "당신 애는 왜 저래요? 우리 가족이 오전 내내 만든 눈사람이라고요. 우리 아이들이 속상해 하잖아요!"라고 소리쳤다.

내 눈에는 금세 눈물이 가득 고였다. 그 당시 토마스는 공격성으로 가득 차 있었고, 나로서는 아이의 그런 모습을 인정하기가 무척 힘들었다. 그 무렵 아이들의 아빠와 헤어졌고, 우리는 새로운 지역으로 이사를 했다. 그 경험으로 아이의 세상은 완전히 뒤집혔다. 아이에게는 좌절감이 넘쳐흘렀고 그것을 밖으로 여실히 드러내고 있었다. 나 역시도 상당한 슬픔, 고통, 개인적인 좌절을 겪고 있었다.

나는 아이를 침착하고 다정하게 대하려고 안간힘을 썼다. 하지만 늘 뭔가를 놓치고 있는 느낌이었다. 나는 불안했다. 내 아이가 나쁜 아이가 되려나? 십 대가 돼서 불량한 패거리와 어울리면 어쩌지? 너무나 두려운 마음에 나는 이 행동을 바로잡아서 토마스가 그런 나쁜 길로 가지 않도록 확실히 가르치겠다고 결심했다. 그때부터 나는 툭하면 아이에게 예의 바르게 행동하라고 말하기 시작했고, 아이가 나쁜 행동을 보이기도 전에 아이에게 주의를 주었다. 하지만 이 방법은 당연히 효과가 없었다.

내가 뭔가를 놓치고 있다는 것은 알았지만, 그게 뭔지는 정확히 알지 못했다. 나는 토마스를 혼내지 않았다. 매몰차게 대하지도 않았다. 그저 예의 바르게 행동하고 공격적인 태도를 보이지 말라는 말만 반복했을 뿐이었다. 그러다 문득, 어쩌면 아이가 점점 더 다루기 힘들어지는 게 내 탓은 아닐까 하는 생각을 하기 시작했다.

나는 밤마다 아이들을 재운 후 어찌해야 할지 모르는 답답한 마음을 일기에 쏟아냈다. 일기를 쓰다 자주 눈물을 쏟기도 했다. 매일 밤 나는 마음속 두려움을 적어 내려가며 내 양육 방식과 아이들에 대한 바람을 곱씹어 생각했다. 그때 쓴 일기를 지금도 가지고 있는데, 이 책을 집필하면서 그 당시 내 고투를 돌아보았다. 일기를 다시 읽는 일은 힘들었지만, 내가 서서히 눈과 마음을 열었던 과정을 보니 지금의 나에게도 큰 도움이 되었다. 아래는 그 당시 내가 작성한 일기의 한 부분이다.

요즘 토마스는 무한한 사랑을 갈구하다가도, 잔뜩 날이 선 모습으로 까다롭게 굴어 도무지 종잡을 수가 없다. 아이가 공격적으로 표출하는 요구사항과 씨름하느라 버겁지만, 아이가 버릇없이 내뱉는 '말'은 무시하고 그 뒤에 숨어 있는 '목소리'를 들어야겠다는 생각이 든다. 내 눈앞에 보이는 것을 뛰어넘어야 한다. 아이에게 안정감을 줘야 한다. 지금 아이가 드러내는 공격성은 불안에서 비롯된 것 같다. 아이를 더욱 존중해주자. 사랑을 표현하자. 버릇없는 모습의 이면을 바라보자. 어른의 시선으로 보지 말자. 훈계하지 말자. 강하면서도 다정한 엄마가 되자. 마음속 사랑을 온전히 표현하는 엄마가 되자.

어느 날 저녁 일기를 쓰다가 문득 토마스가 나쁜 행동을 '하기도 전에' 계속해서 아이에게 예의 바르게 행동하라고 주의를 줬다는 사실을 깨달았다. 나는 아이가 당연히 나쁜 행동을 할 것으로 예상했으며, 내가 아이를 그런 식으로 바라보고 있다고 온몸으로 말하고 있었음을 깨달았다. 엄마인 내가 아이에게 스스로를 부정적으로 바라보라고 가르치고 있었던 셈이다. 깨달음의 과정은 고통스러웠다. 마음이 찢어지게 아팠다.

그날 밤 나는 더는 '두려운 마음으로 아이를 양육하지 않겠다'고 굳게 다짐했다. 그때부터 나는 토마스가 굉장한 아이라고 상상했고, 아이가 그런 모습을 보이지 않을수록 더욱더 그렇게 상상하려 애썼다. 나는 내가 상상할 수 있는 최고로 멋지고 선한 청년을 마음속에 그리며 내가 토마스를 양육하면서 곧 보게 될 모습이라고 생각하기로 했다. 아이가 실수하거나 문제 행동을 보일 때, 나는 그 행동을 짚어주되 걱정하거나 절망하지 않으려 했다.

그렇게 나는 완전히 새로운 자세로 양육을 시작했다. 토마스가 잘 못하거나 공격적인 행동을 하면, 기겁하거나 걱정하는 대신 우리가 함께 헤쳐나갈 잠깐의 힘든 순간으로 여기자고 했다. 나는 마음을 편히 먹고 아이가 자신의 좌절을 표출할 수 있게 했고, 아이는 자신이 어떤 모습을 보여도 내가 예전처럼 반응하지 않는 모습을 보며 놀란 눈치였다.

변화는 놀라웠다. '온화한' 토마스가 다시 돌아왔다. 아이는 바로 반응을 보였다. 아이는 단지 자신이 알고 있던 가족관계에 변화가 생기면서 힘든 시기를 보냈을 뿐이었다. 상실을 경험하면서 좌절감을 표출했고, 그저 자신의 감정에 적응하지 못했던 것뿐이었다.

내가 아이를 나쁜 역할 속에 가둬놓은 방식을 마주하는 일은 힘들었다. 나는 아이가 어떤 사람이고, 어떤 사람이 될 수 있는지 폭넓은 관점에서 바라보는 대신, 내 눈앞에 보이는 모습으로 아이에 대한 시야를 한정 지었다. 내가 사고의 틀을 바꾸지 못했더라면 어떤 일이 벌어졌을지 생각하는 것만으로도 아찔하다. 아이의 공격성을 키우는 데 내가 어떤 영향을 미쳤는지 살피는 과정에서 얻은 깨달음 덕분에 학교에서 학생들을 바라보고 대하는 방식도 달라지기 시작했다. 나는 내가 가르치는 아이들에게도 이러한 배움을 적용할 수 있다는 것을 깨달았다.

그때부터 나는 우리 반 아이들이 대단한 존재라고 상상했다. 무슨 수라도 써야 했기에, 나를 가장 힘들게 하는 학생을 미래의 총리라고, 노벨평화상 수상자라고 상상했다. 나는 최고의 문제 학생들도 결국에는 자신의 선량함을 느낄 수 있도록 아이들의 마음속에 있는 낱알만한 흔적이라도 찾아내려 했다. 나는 아이들에게 '새로운 눈'이 되어줘야 했다. 아이가 내 앞에서 보이는 무례하거나 방어적인 모습을 뛰어넘어 그 이면까지 내다봐야 했다. 나는 아이들 한 명 한 명에게 '자신이 이미 가지고 있는 멋진 모습을 온전히 믿으라고, 선생님이 아직 보지 못했을 뿐'이라고 가르쳤다.

교육자가 학생들을 온 마음을 담아 가르칠 수 있으려면 학생들이 보여줄 수 있는 최상의 모습을 상상해야 한다. 모든 믿음을 끌어모아 꼭 붙들고 있어야 한다. 이러한 접근법은 교사의 지도 방식을 바꾸고, 문제 행동과 나쁜 역할에 일시적으로 갇혀 있는 아이들을 대하는 태도에 변화를 불러올 것이다. 아이들을 변하게 하려면, 교사는 지금 내 눈에 보이는 것보다 더 많은 것들이 아이들의 내면에 존재한다고 굳게 믿어야 한다.

토마스는 내 아들이기에 나는 공격적으로 변하기 전 토마스의 모습을 잘 알고 있었다. 하지만 교사들은 대체로 학생의 다른 모습까지는 알거나 보지 못한다. 다만 아이가 항상 이런 식으로만 행동하지는 않았을 거라 짐작할 수 있을 뿐이다. 뼛속까지 나쁜 아이는 없다. 아이는 발달 단계를 거치는 과정에서 '나쁜 아이 역할'에 갇히게 된 것인지도 모른다. 어쩌면 아이는 정신없고 치열한 주변 환경으로 극도로 예민하고 벅찬 모습을 보이는지도 모른다. 아니면 생활 환경이 아주 열악해서 아이가 잘 적응하지 못하고 자신의 회복탄력성을 찾지 못한 것인지도 모른다.

교사는 모든 사람은 선량하다는 믿음, 모든 사람은 성장하고 변화할 수 있다는 믿음을 가져야 한다. 하지만 이러한 믿음을 붙잡고 있는 일이 항상 수월하지는 않다. 실은 아주 힘들 때가 많다. 나도 절대로 완벽히 해내는 것은 아니지만, 나는 언제나 이 믿음에 의지하기 위해 노력한다. 이게 바로 내가 추구하는 가치이며, 학생들이 자신이 가진 재능을 보지 못할 때나 나조차도 학생들이 가진 재능을 찾느라 힘겨울 때는 더욱 그렇다. 그러다 보니 나는 내가 가진 모든 창의적인 능력을 총동원해서 아이들의 내면에 무엇이 있으며, 무엇이 아직 드러나지 않았는지를 바라보려고 노력한다.

그래서 나는 아직 자신의 멋진 모습을 보여주지 않은 학생을 상대할 때 학생이 찬란하게 꽃피운 모습을 미리 바라보려고 노력한다. 물론 순탄하지 않은 여정도 있었고 많은 경우에는 꽤 오랜 시간이 걸렸지만, 내가 목격한 변화는 가히 놀라웠다. 이전에는 내 앞에서 불안정하거나, 예의 없거나, 소심하거나, 화를 잘 내거나, 자기 자신이 재미없거나 못되거나 멍청하다고 여기는 모든 아이에게서 엄청난 아름다움, 강인함, 열정, 배려, 능력을 볼 수 있었다.

그중 일부 학생이 보여준 변화는 숨이 멎을 정도로 놀라웠으며 마음에 깊은 울림을 주었다. 또한 이 과정을 통해 교육자가 얼마나 특별하고 중요하며 누군가의 인생에 얼마나 큰 영향을 미칠 수 있는지를 새삼 깨닫게 되었다. 아직 열매를 보여주지 못한 학생들이 결국 열매를 맺지 못할 거라 생각하는 대신, 꽃을 늦게 피우는 씨앗인지도 모른다는 믿음을 가져야 한다.

뾰족한 가시가 돋친 수많은 아이에게는 이제까지의 문제 행동 뒤에 있는 진짜 모습을 바라봐준 사람이 없었을 뿐이다. 그런 아이가 진정으로 자신의 모든 가능성을 발견할 수 있기를 바란다면, 교사는 아이의 역량을 바라보고 믿어주는 방법으로 아이의 삶에 아주 중요한 역할을 할 수 있다. 이것은 교사가 교육자로서 아이에게 그리고 자기 자신에게 선사할 수 있는 최고의 선물이다.

한 기자가 사람들에게 "현재의 당신이 있기까지 도움을 준 사람은 누구입니까?"라고 묻는 장면을 상상해보자. 부모님, 이모, 삼촌, 조부모님 등의 대답에 '선생님'이란 대답도 함께 나온다면 어떤가. "저를 정말 특별하게 대해준 선생님이 계셨어요. 그분의 따뜻한 시선 덕분에 저에 대한 믿음을 가질 수 있었어요."라는 대답이 이어진다면, 이 얼마나 대단한 일인가. 세상에 이보다 멋진 직업은 또 없을 것이다.

17
학급의 부정적인 정체성 바꾸기

모든 교사는 어떤 학급이 '나쁜' 학급인지 잘 알고 있다. 문제는 학생들도 자기 반이 나쁜 학급인 것을 알고 있다는 데 있다. 교사가 개별 학생과 맺는 관계는 아주 중요하다. 하지만 개별 학생과 맺는 관계만큼이나 집단과 맺는 관계 또한 중요하다. 학급은 공동체나 부족처럼 하나의 단위이기에, 자체적으로 정체성을 발전시키며 개성을 가질 수 있다.

최근 나는 K-8 학교(만 5~14세가 다니는 초등학교와 중학교를 통합한 학교-옮긴이)에서 리더십과 인성 교육을 담당하는 마리아라는 교사를 상담했다. 마리아는 학급별로 매주 한 번, 한 시간씩 전 학급을 지도했다. 한번은 상담 중에 마리아가 자신이 지도하는 어느 6학년 학급에 관해 물어왔다. 마리아는 이 학급이 유난히 힘들다고 털어놓았다. 아이들은 버릇없고, 오만하며, 활동에 참여시키는 일이 고역이었다. 마리아는 도대체 어떻게 해야 아이들이 버릇없이 굴지 않게 하면서 자신이 준비한 그룹 활동을 '시도'라도 해볼 수 있는지 물었다.

문제 학급의 수업을 이어가던 어느 날 마리아는 답답한 마음에 "너희는 좋은 기회를 놓치고 있는 거야. 잠깐만 들어보면, 아주 재밌을 텐데! 선생님이 정말 재밌는 활동을 가져왔거든. 너희가 한번만 해보면 분명 좋아하게 될 거야!"라고 말했다고 털어놓았다. 그녀의 말에 어떤 문제 상황이 펼쳐질지 눈앞에 선명히 그려졌는데, 마리아가 학생들의 욕구를 읽고 주도권을 잡는 대신 학생들에게 주도권을 넘겨버렸기 때문이다.

하지만 내가 진짜 심각하다고 여긴 것은 마리아가 그런 말을 하게 된 배경이었는데, 학생 한 명이 "아, 저희는 신경 쓰지 마세요. 선생님 때문이 아니니까. 선생님들 전부 저희를 싫어해요. 전교에서 최악의 반 이거든요."라고 말한 것이다. 전구에 반짝 불이 들어오는 순간이었다. 이 학급은 정체성 문제를 겪고 있었던 것이다.

그 말에 마리아는 "음, 그럼 선생님들한테 틀렸다는 걸 보여줘. 이제부터 수업에 집중하면, 아무도 너희를 그렇게 바라보지 않을 거야. 너희의 선택에 달렸어. 얼마든지 다르게 행동할 수 있어."라고 답해줬다고 했다. 본질적으로, 마리아가 6학년 학생들에게 해준 말이 틀린 건 아니다. 아이들이 지금까지처럼 행동하는 것을 멈추면, 사람들이 그들을 다르게 바라보기 시작할 테니까.

하지만 안타깝게도 이런 방법은 잘 통하지 않는 편이다. 개별 학생이나 전체 학급을 대상으로 예의 바르게 행동하도록 독려하는 일이 그저 기적처럼 일어나는 일이라면 얼마나 좋겠는가. 아이들이 달라지겠다고 마음먹을 수만 있어도 참 좋을 텐데 말이다. 하지만 부정적인 정체성이 일단 형성되고 나서 이런 변화가 갑자기 일어나는 경우를 나는 교수 경력을 통틀어 단 한 번도 보지 못했다.

이 학급은 분명 수많은 교사에게 집중하라는 소리를 무수히 많이 들었을 것이며, 시키는 대로 따라오기만 하라는 말도 들어왔을 것이다. 다루기 힘들다는 말도 정말 많이 들었을 것이다. 그리고 십중팔구 "너희는 왜 7학년보다 못하니? 걔넨 집중을 잘하니까 재밌는 활동도 많이 하잖아."와 같은 말을 들었을 것이다. 더 바람직한 태도를 보이는 다른 개인이나 집단과 비교하는 방법으로 행동의 변화를 유도하는 것은 교사들이 흔히 쓰는 전략이다.

그러면 학생들이 '이럴 수가, 7학년이 우리보다 나아 보이면 곤란한데. 좀 더 분발해야겠다.'라고 생각하게 되는 것이 이 전략의 배경을 이루는 이론이다. 하지만 이 방법 역시 대개 효과가 없다. 다른 학급과 비교하는 것은 형제자매간을 비교하는 일과 비슷한데, 어떤 상황이 펼쳐지는지는 우리 모두 잘 알고 있지 않은가. "네 형이 하는 걸 좀 보고 배울래?"와 같은 말은 절대 아이가 예의 바르게 행동하고 싶게 만들지 않는다. 그보다는 당신이 보지 않을 때 형을 한 대 때리고 싶게 만들 뿐이다.

나는 마리아에게 이 학급이 자신들을 바라보는 방식을 바꿔주는 것이 좋겠다고 제안했다. 교사가 이미 상당 기간 학급을 지도해왔고, 학급 아이들 스스로 자신들을 다루기 힘든 대상으로 인지하고 있다면 상당히 힘든 일이 될 수 있다. 교사가 학급을 처음 만나는 순간부터 학생들을 다르게 바라본다는 것을 즉시 표현한다면 정체성을 전환하도록 돕는 일이 훨씬 더 수월하겠지만, 오랜 기간 학생들을 봐왔다면 조금 더 힘들긴 하다. 그렇다고 해서 완전히 불가능한 일은 아니다. 다만

할 일이 좀 더 많을 뿐이다.

나는 이 학급에 관해 이야기를 나누며 마리아가 학생들을 도울 수 있을 만한 방법을 물색했다. 선생님들이 모두 자기 반을 싫어한다고 말하는 학생에게 어떤 반응을 보일 수 있을까? 아주 다양한 방법이 있지만, 우선 학생들이 자신의 학급을 바라보는 방식부터 바꿔야겠다고 생각했다.

"음, 그 사람들은 너희에 대해 선생님만큼은 모르는 것 같은데. 선생님은 너희가 그렇다고 생각하지 않거든."

"그래? 음, 선생님은 그렇게 보지 않아. 그거야 너희가 활동적인 편이라서 어쩌다 한 번씩 떠들썩할 수는 있는데, 선생님은 그 점이 참 좋아. 에너지와 열정이 많은 거니까!"

만약 교사가 학급을 처음 맡은 상황에서 위와 같이 말한다면 별 어려움이 없겠지만 이미 학급과 힘겨운 시간을 보내고 있고 아이들도 모든 걸 인지하고 있는 상황에서 갑자기 평소와 다른 방식으로 반응한다면 진실하지 않다고 비칠 수도 있다. 학생들이 스스로 '나쁜' 학급으로 인식하고 있다는 것을 교사가 알고 있고, 학생들도 교사가 자신들을 그렇게 바라본다고 믿고 있어, 교사와 학급 간에 이미 부정적인 관계가 이뤄진 상태라면 교사가 무엇을 할 수 있을까?

학급의 부정적인 정체성이 굳어졌고 '교사도 그 일부가 된 상황'이라면 변화를 일으키기 위해 걸음마 단계부터 시작해야 할 것이다. 하지만 아이들이 스스로 '나쁜' 학급이라는 고정된 인식을 가질 수 있는 것처럼 스스로 '좋은' 학급으로 인식할 가능성도 얼마든지 있다. 포기만 하지 않는다면, 학급의 긍정적인 정체성을 조성하기 위해 지도자로서 교사가 할 수 있는 일은 생각보다 많다. 그 방법을 몇 가지 소개한다.

긍정적인 '너희 문장' 사용하기

긍정적인 '너희 문장' 사용하기는 수업 중간 중간 학급에 대한 소소하지만 기분 좋은 대화를 이어가는 방법으로, 교사가 학급을 긍정적인 집단으로 바라본다는 인식을 지속적으로 심어주는 것이다. 교사가 학급에 대해 느낀 좋은 점을 학급과 공유하면 좋은데, 이런 순간은 가능하면 자주 만들수록 좋다.

> "세상에, 너희는 정말 호기심이 넘치는구나!"
> "늘 활기찬 이 반이 너무 좋아!"
> "너희는 항상 의욕이 넘쳐서, 선생님은 이 반이 너무 좋아!"

일부 심각한 문제 학급의 경우에는 학급에서 진정으로 배려심이나 호기심 있는 모습을 발견하기 힘들지도 모른다. 이런 경우 긍정적인 '너희'를 만들어주는 또 다른 방법으로, 학생들이 좋아할 만한 것이나 관심 있어 할 만한 것을 예로 들어 교사가 학생들을 떠올렸던 경험을 이야기해주는 것이다.

"선생님이 주말에 미술 전시회를 보러 갔는데, 그걸 보니까 너희 생각이 나서 너무 얘기해주고 싶었어. 너희가 봤다면 정말 좋아했을 거야!"

"선생님이 얼마 전에 라디오에서 어떤 노래를 들었는데, 듣다 보니 너희가 지금 공연하고 있는 연극이 떠오르더라. 한번 들어보겠니?"

"선생님은 너희 반 수업이 좋아. 하루 중 가장 기다려지는 시간이야."

교사가 긍정적인 '너희 문장'을 사용하면 학급이 집단으로서 긍정적인 정체성을 형성하기 시작한다. 그러면서 교사와 관계를 맺기 시작한다. 개별 학생으로서뿐만 아니라 학급으로서 자신들을 좋아한다고 여기면 교사가 각 학생과 개별적으로 맺은 유대감에 더해 학급 전체와 맺은 따스한 관계도 추가되는 것이다.

학급과 소중한 순간을 공유하기

책상 위에 온갖 독특한 안경을 올려놓았던 교사인 디어드라의 이야기를 다시 떠올려보자. 디어드라가 아침마다 어떻게 자신의 안경 바구니를 이용해 아이들을 모았는지 소개한 바 있다. 디어드라는 그 외에도 각 학급을 대상으로 학생들이 교사에게 특별한 존재라고 느끼게 만드는 일을 했는데, 그것은 바로 자신과 학급이 공유하는 순간을 만든 것이다. 디어드라는 자신이 우스꽝스러운 안경을 쓰는 이유를 동료 교사를 비롯해 어느 누구에게도 알려주지 않았는데, 그 이유를 디어드라의 반 학생들만 알고 있었다. 비밀이라고 한 것도 아니고 아이들에게 말하지 말라고 부탁한 적도 없는데, 아이들은 자연스럽게 그들끼리만 그것을 공유했다.

가정마다 가족 구성원간에만 통하는 농담이 있듯 학급에도 가족 같은 분위기가 만들어질 수 있다. 교사가 학급 안에서만 통하는 어떤 순간을 만들어주면, 학급 문화에 대한 긍정적인 인식이 생겨난다. 즐거움, 슬픔, 경험을 함께 나누는 순간이 우리를 집단으로 묶어주는 역할을 하기 때문이다. 이렇게 함께 나누는 순간을 주기적으로 경험하면, 특별한 공동체가 형성된다. 선생님의 수업을 듣는 교실 속 학생에서 공동체의 구성원으로 이동하는 것이다. 이렇게 하면 학생들이 학급을 하나의 통합된 단위로 느낄 수 있다.

초등학생을 가르치는 경우, 이는 상대적으로 수월한 일이 될 수도 있는데, 교사와 아이들이 함께 보내는 시간이 비교적 길기 때문이다. 교사가 온종일 학생들과 함께 있다 보면 공동체형 문화가 더 자연스럽게 조성될 수도 있다. 하지만 상당수 고등학교 교사들도 이러한 응집력을 훌륭하게 끌어내곤 한다. 교사가 단결심을 길러주면 학생들이 집단을 좋아하게 되고, 그 학급만의 개성이 생겨난다. 학생들이 먼저 집단으로서의 선량함을 느끼면 곧 자기 자신도 그 모습으로 동일시하기 시작한다.

어떤 학급은 학생들에게 응집력이 없으며, 긍정적이거나 부정적이라는 인식도 없는 중립적인 분위기에서 새 학기를 시작할지도 모른다. 이러한 집단은 처음부터 공동체 의식과 긍정적인 정체성을 심어주기에 더할 나위 없이 좋은 경우이다. 학급이 수년간 함께하면서 이미 긍정적인 자의식을 확립한 경우도 있는데, 이 경우에는 교사가 학생들과 더불어 공동체의 일원이 되어야 한다. 그러려면 집단이 가진 에너지를 활용하고 학생들을 집단으로 모으는 방법을 찾는 것이 중요하다. 반대로 오랜 기간 부정적인 집단의식을 갖게 된 학급도 있다. 이러한 학급을 바꾸는 데는 시간이 어느 정도 걸리겠지만, 불가능한 일은 절대 아니란 점을 기억하자.

'너희'를 '우리'로 바꾸기

학급에 긍정적인 집단 정체성이 생기고 교사와도 좋은 관계를 맺으면, '우리'라는 정체성이 생겨날 바탕이 마련된 셈이다. 이제는 학급이 '학생들로만 구성된' 정체성에서 벗어나 교사까지 포함하는 '우리 공동체'로 바뀔 때다. 이제 교사도 학급의 정체성을 이루는 일원이 되어 '우리 문장'을 나눌 수 있게 된다.

> "우리가 그런 식으로 사람들을 외면하지 않을 학급이라서 너무 좋아."
> "교장 선생님께서 우리에게 봄맞이 대청소 봉사활동을 할 수 있는지 물어보셨어. 선생님이 '그럼요, 저희가 할게요! 저희야 언제나 환영이죠.'라고 말씀드렸지."
> "음, 우리라면 절대 그렇게 안 할 텐데. 그건 우리답지 않잖아."

학급이 교사를 '우리'의 일부로 바라보지 않는다면 이러한 유형의 발언에는 아무런 힘이 실리지 않는다. '우리' 발언이 영향력을 발휘하려면, 학생들이 교사와 충분한 유대를 맺고, 교사를 집단 정체성을 이루는 일원으로 느껴야 한다. 학생들이 다 함께 이루는 무언가의 일부에 교사를 포함해서 바라보게 되면, 공동체가 모습을 드러내기 시작하면서 성장, 응집력, 새로운 정체성을 경험할 기회가 훨씬 더 많아진다. 교사가 정체성을 구성하는 일원으로 편입되면, 교사를 향한 저항은 줄어들고 학생과의 유대감은 높일 수 있다.

교사는 '너희' 발언으로 학급을 집단으로 대하면서도 동시에 '우리'의 순간도 들여올 수 있다. 교사가 교실에 '우리'라는 개념을 들였다고 해서 '우리 문장'만 사용하게 되는 것은 아니다. '너희' 상황이 적합한 순간도 여전히 많을 것이다. 예를 들어 전체 학급을 대상으로 고맙게 여기는 부분을 알려주고 싶을 때는 "세상에, 너희 덕분에 배꼽 잡고 웃을 일도 생기네!"라고 말할 수 있다.

교사가 집단에 대해서 특히 좋아하는 부분을 분명하게 표현해주는 일은 변함없이 중요하다. 교사는 자신의 직감에 의지해 필요에 따라 표현을 조금씩 바꿔가며, 어떨 때는 '너희'를 이용해 긍정적인 집단 정체성을 조성하고, 어떨 때는 '우리'를 사용해 건강한 공동체의식을 길러줄 수 있다. 이때 주의할 점은 '너희' 발언은 항상 긍정적인 예시로만 사용해야 한다는 것이다. 학급을 대상으로 다뤄야 할 힘겹거나 힘든 상황이 있을 때 '너희' 발언을 사용하면 부정적인 행동에 관련되지 않은 학생들은 자신들도 한 덩어리로 묶여 같은 취급을 받는 상황이 불공평하다고 느낄 수 있기 때문이다.

충돌이 예상되면 급선회하기

학생들이 자신에게 가능성이나 역량이 없다고 여길 만한 경험에 노출되지 않을수록 학급 전체가 긍정적인 정체성을 형성하는 데 도움이 된다. 스스로 역량 있고 선량하다고 생각하지 않는 학급에서는 부정적인 상황이 벌어지기 전에 신속한 방향 전환을 하는 것도 중요하다. 이런 상황을 언제나 보장할 수는 없지만, 교사가 충돌을 예상하고 미리 막아줄 수 있는 상황도 분명히 있다.

만약 학급에 돌발 상황이 발생하고 이를 제대로 처리하지 못해 갈등이 싹트거나 와해되려는 조짐이 보이면, 교사가 재빨리 방향을 전환하면 좋다. 이때는 "애들아, 너희는 지금 잘못된 방향으로 가고 있어. 여기서 멈추지 않으면 큰 문제가 생길 거야."처럼 경고나 협박을 하는 대신 "아니 글쎄, 선생님이 방금 시계를 봤는데, 이제 들어갈 시간인 거 있지!"처럼 교사가 주도권을 쥐고 방향을 전환하거나 "맞다! 선생님이 마저 읽고 싶었던 이야기가 방금 생각났어. 지금이 절호의 기회야."처럼 수업 방향을 재빨리 바꿔줄 다른 화제를 꺼낼 수도 있다.

징계할 때도 집단이 가진 선의 활용하기

교사가 더는 충돌을 막지 못하거나, 막는 것이 옳지도 적절하지도 않다고 느낄 때가 있다. 그렇다면 학급이 집단의 선의에 닿을 수 있도록 도와줄 때다. 아이가 잘못했을 때 자신의 선의에 닿게 해 변화를 끌어낼 수 있는 것처럼 전체 학급을 대상으로도 이러한 접근 방식을 취할 수 있다. 학급이 단체로 버릇없이 굴거나 감당할 수 있는 수준을 벗어나면, 학급을 다시 선의에 닿도록 지원해야 한다. 교사가 학생들을 얼마나 선량하게 바라보는지 떠올릴 수 있게 하는 것이다. 개별적인 경우에서와 마찬가지로 아이들 내면의 나침반이 옳은 방향으로 향하도록 재설정하는 기회를 만들어주는 것이다.

반 아이들을 데리고 현장학습을 가는 상황을 상상해보자. 당신은 최대한 순조롭게 학급을 이끌기 위해 필요한 모든 것을 철저히 준비했다. 출발하기 전에 학급과 대화를 충분히 나누며, 아이들이 미리 알 수 있도록 하루 일정도 상세히 알려주었다. 예상할 수 있는 모든 상황을 확실히 챙겼다고 생각했지만, 막상 당일이 되자 상황은 기대한 것처럼 순조롭게 진행되지 않았다. 박물관에서 아이들은 당신이 바랐던 수준보다 훨씬 더 심하게 소란을 피웠고, 돌아오는 버스 안은 귀가 먹먹해질 정도로 시끄러웠다.

학교로 돌아오면, 온갖 종류의 좌절감이 당신을 덮칠지도 모른다. 당신은 오늘 학생들이 얼마나 예의 없었는지 말해주고, 앞으로 현장학습을 가는 일은 없을 거라고 선전포고라도 하고 싶을 것이다. 이제 너희들을 믿지 않는다고도 말하고 싶을 것이다. 당신에게 이런 감정이 생기는 것은 지극히 당연하다. 학생들이 기대에 부응하지 못했을 때 좌절감이 드는 것도 당연하다. 하지만 좌절하기엔 아직 이르다. 학생들이 다음 현장학습에서 예의 바르게 행동할 확률을 높이는 방법이 있다.

당신은 학생들이 잘못한 일을 일일이 지적하며 몰아세우는 대신, 먼저 크게 심호흡을 해야 할 것이다.(교직은 이렇게나 엄청난 원숙함이 필요한 일이다!) 학생들이 교실에서 다시 당신에게 주의를 집중하며 차분해 질 때까지 기다려주면 도움이 된다. 학생들이 주의가 산만하거나 버스 안이나 복도에 있을 때가 아니라 평소처럼 안정된 상태, 즉 모으기가 이뤄진 상태에서 당신과 유대를 맺고 있다는 느낌이 들면 바로 그때 이야기를 꺼내는 것이 좋다.

당장 잘못된 행동을 지적하지 않고 기다리는 일은 굉장히 힘들 수도 있지만, 학생들이 교사의 말을 들을 만한 여유가 있을 때 말을 꺼내면, 교사의 말을 수용할 가능성도 훨씬 커진다. 아이들의 잘못을 지적하고 싶은 충동을 이기지 못하고 곧바로 말해버리면 당장 교사의 기분은 풀릴지 몰라도, 학생들을 변화시키기는 힘들다. 대체로 학생들이 모아지고 교사에게 유대를 느낄 때까지 기다렸다 문제를 다뤄주는 편이 훨씬 도움이 된다. 어쨌든 교사가 원하는 것은 결국 학생들의 긍정적인 변화란 점을 늘 기억해야 한다.

물론 잘못된 행동을 절대 즉시 다루면 안 된다는 의미는 아니다. 때에 따라 그 편이 효과적이고 필요한 순간도 있다. 하지만 학생들과 실제적인 대화를 나누면서 무엇이 문제인지 이해시키려면, 교사는 반드시 대화에 필요한 유대를 염두에 둬야 한다. 충분히 유대와 여유가 생겼다고 느껴지면, 이야기를 꺼내는 것이 가장 효과적이다. 또한 아이들의 문제 행동 중 몇 가지를 되짚어보는 방식으로 학생들에게 잘못된 행동을 명확하게 인식시킬 수 있는데, 이때도 주의할 점이 있다.

모든 아이가 잘못된 행동을 하지는 않았을 것이기에 전체를 싸잡아 비난하면 안 된다는 점이다. 이때는 '너희 문장'을 사용하면 안 된다. 너희 문장은 긍정적인 집단 정체성을 형성할 목적으로 전체 학급에 대한 긍정적인 면을 다뤄줄 때만 사용해야 한다. 집단을 상대할 때는 바르게 행동하는 학생들이 자신이 하지 않은 일 때문에 비난받는다고 느끼지 않도록 주의해야 한다. "오늘 일부 학생들이 선생님의 기대를 저버리는 행동을 하는 걸 봤어."라고 표현하는 것이 가장 좋다.

"일부 학생들이 너무 소란스럽고 시끄러웠어."라고 표현하면, 문제 행동을 한 학생들은 교사가 자신을 주목하고 있다고 인지할 수 있고, 그렇지 않은 학생들은 문제 행동을 한 아이들과 같은 부류로 취급받지 않는다고 느낀다.

그리고 바로 이때 학생들을 선의에 닿게 할 수도 있다. "너희가 얼마나 훌륭한 아이들인지 잘 알아. 오랜만에 새로운 곳에 오니 너무 신나서 일부 학생들의 열정이 과했던 것 같아."처럼 말해줄 수도 있다. 그러면서 감정적으로 학생의 편에 서서 "정말 신날 때는 조용히 해야 하는 걸 잊어버릴 수도 있어. 너흰 정말 열정이 넘치는 반이야. 선생님도 그 모습이 정말 좋아. 그런데 오늘 행동은 좀 지나쳤어. 다음에 밖으로 나갈 때는 우리 모두 정해진 기준을 따르는 걸 까먹지 않을 방법을 마련해야 할 거야."

유대를 맺은 상태에서 나누는 이러한 대화는 학급이 다시 선의에 닿게 하고 다음에는 더 나은 모습을 보이고 싶게 하는 데 좋은 영향을 미칠 수 있다. 학생들이 그저 교사에게 혼날까봐 나은 모습을 보이려는 것이 아니라 더 나은 사람이 되겠다는 자신의 '갈망'에 닿도록 도와주기 때문이다. 학생들이 그저 혼날까봐 예의 바르게 행동하는 모습을 보인다면, 학생들 곁에는 언제나 바르게 행동하게 만들어줄 교사가 있어야 한다. 반면, 학생들이 자기 내면에 있는 선한 갈망을 발견한다면,

교사의 영향력이 더는 필요하지 않을 것이다. 또한 교사가 같은 공간에 없더라도 행동이 달라지지 않을 것이다. 협박하거나 뇌물을 주는 교사를 대신해 내면의 나침반이 학생들을 옳은 방향으로 이끌기 때문이다.

"인간에게 주어진 평생의 과업은 사람들이 각자 얼마나 진귀하고 소중한
존재이며, 각자의 내면에는 다른 누구에게도 없고 앞으로도 없을 고유한 무언가가
항상 자리하고 있다는 것을 깨닫도록 도와주는 것이다. 바로 그 고유함을
발견하도록 서로 독려하고 그것을 표현할 수 있도록 방법을 알려줘야 한다."[20]

미국의 방송인이자 목회자 프레드 로저스Fred Rogers

5장

성장으로 이끌기

18
정서적 안전

이 책의 도입부에서 '성장형 교실'이 어떤 모습일지 살펴본 바 있다. 매일 아침 가고 싶고, 교사들이 의욕에 넘쳐 지도할 것 같은 그런 이상적인 교실의 모습도 그려봤다. 다만 도입부에서 한 가지 다루지 않은 것은 성장형 교실, 이상적인 교실에서 어떤 문제가 발생할 수 있는가이다. 누군가는 이런 교실을 떠올리며, 사소한 문제 하나 없이 언제나 순항하는 모습을 상상했을지도 모른다. 하지만 이런 교실에도 여전히 문제가 존재하는데, 그 이유는 다음과 같다.

　내 상상 속 이상적인 교실은 철저하게 인간적인 곳이다. 많은 사람이 어울려 지내는 곳이다 보니, 늘 작은 것에서부터 큰 것까지 문제가 일어난다. 때로는 교실에서 벌어진 상황이 힘겹고 해결하기 버거울 때도 있겠지만, 우리들 각자의 불완전한 모습은 학교 밖 세상을 여실히 보여주는 증거이기도 하다. 이러한 순간은 서로에 대한 이해의 폭을 넓히고 세상을 조명할 기회를 제공한다. 또한 우리에게 공감 능력과 더불어 살아가는 데 꼭 필요한 회복탄력성을 안겨줄 것이다. 하지만 교실에서 그 어떤 문제도 존재하지 않는다면, 문제를 해결해나가는 과정에서 선물처럼 주어지는 성장의 기회를 누릴 수 없다.

이상적인 성장형 교실에도 문제 행동을 보이는 아이들이 있으며, 힘겨운 상황이 모두 사라지지 않을 수도 있다. 이것은 당신이 일을 제대로 못하고 있다는 의미가 아니다. 인간은 감정적 존재이기에 함께 일하다 보면 늘 문제가 발생할 수 있다고 각오해야 한다. 하지만 이러한 문제 상황이 성장형 교실이라는 맥락 안에서 발생하면, 학급 문화가 파괴되거나 구성원이 지쳐 쓰러지지는 않을 것이며, 이렇게 고투하는 과정을 거치면서 교사와 학생 모두 한층 성장하게 될 것이다.

이러한 환경에서 가르치는 일은 교사의 가슴을 벅차게 하고 의욕을 북돋워줄 것이다. 학생은 학습에, 당신은 교수에 열의를 보이게 될 것이다. 학생들은 당신에게 성취감과 활력을 불어넣어줄 것이다. 우리의 소명은 학생 모두의 마음속에 불씨를 심어주고 영감을 불어넣어주며 학습을 돕고 가능성에 눈뜨게 하고 서로의 인간성을 바라볼 수 있도록 돕는 것이다.

교실에 무질서, 불안, 이해할 수 없는 행동이 가득할 때는 성장형 학습 공동체를 구축하는 방법을 찾는 일이 불가능하게만 여겨질지도 모른다. 어쩌면 이제까지는 모두에게 곤란하지 않을, 그럭저럭 괜찮은 수준을 유지할 방법만 궁리해왔는지도 모른다. 이 정도면 됐다 싶은 정도로만 버텨왔을지도 모른다. '오늘 하루, 이번 주, 올 한 해를 어떻게 무사히 넘길 수 있을까?'라고 생각해왔는지도 모른다.

하지만 이제 초석이 마련되었으니, 당신의 학급을 성장형 교실로 만드는 일도 실현 가능하다. 당신은 학생들과 어떤 관계를 맺어야 하는지 알았고, 당신의 리더십이 반드시 필요하다는 것도 알았다. 교사와 학생 간의 유대가 있어야만 변화가 일어날 수 있다는 것도 알았다. 이제는 아이들의 문제 행동 뒤에 가려진 감정적 원인을 간파하고, 부정적인 역할에 갇힌 아이들에게 도움을 줄 수도 있다. 학생들이 당신을 자신의 지도자로 바라본다면, 당신은 이미 성장형 교실이 자라날 기반을 마련한 셈이다. 학생들이 당신과 유대를 맺고 있기 때문에 당신은 학급을 단합시키는 활동을 시도할 수도 있다.

학생들은 교실에서 정서적으로 안전하다고 느낄수록 위험을 감수하고 당신의 지도를 따르려 할 것이다. 당신은 성장형 학습 공동체를 구축하는 데 필요한 모든 것을 갖췄다. 거창하게 들릴지도 모르나 바로 이것이 더 나은 세상을 만들어가는 여정에서 당신이 개인적으로 기여할 수 있는 부분이 될 것이다. 또한 바로 이것이 교사가 반드시 해야 할 일이다. 교사는 변화를 일으키는 사람이다. 당신이 아이들 각자가 자신의 재능을 바라보고 아이들이 서로의 재능을 바라보는 방향으로 이끌어갈수록 아이는 그러한 모습을 실제로 갖추게 될 것이다.

이 책을 통해 우리는 학생과 관계를 맺는 일이 필수적이라는 사실을 알게 됐다. 여기에는 교사가 안내자, 지도자로서의 역할을 한다는 의미가 포함된다는 것도 알았다. 관계에는 아이들을 보살핀다는 의미가 포함된다는 것을 알았고, 학생의 감정적 욕구를 들어주는 과정에서 학생의 행동에, 궁극적으로는 학생의 정서적 건강 및 행복에 변화를 일으킬 수 있다는 것도 깨달았다.

지금부터는 학생과의 관계를 바탕으로 교사가 어떤 일을 할 수 있는지 알아볼 것이다. 학생들이 교사에게 애착을 느낀다면 이러한 관계를 이용해 학생들을 단결시키고 건강한 방법으로 뭉치게 할 수 있다. 교사가 각각의 학생과 개별적으로 맺은 관계는 학생이 교사를 따를 수 있을 만큼 정서적으로 안전하다고 느끼게 하는 초석이 된다.

이러한 관계는 학생이 자신을 다른 각도에서 바라보고 자신의 역량에 닿도록 지원하는 토대가 된다. 각각의 아이가 교사와 관계를 맺을 때, 아이들이 서로 유대를 맺을 가능성도 커진다. 학생들은 교사가 제외된 상태에서가 아니라 교사를 '통해서' 서로 유대를 맺을 것이다. 이러한 유대는 교사와의 연대를 중심에 둔 성장형 학습 공동체를 구축하는 데 큰 도움이 된다.

정서적 안전은 기본이다

'성장형 교실'을 얻으려면 가장 먼저 무엇을 해야 할까? 성장형 교실을 위한 가장 기본적인 조건은 '정서적 안전'을 확립하는 것이다. 이는 교사가 학급을 이끌며 환경을 조성한다는 의미다. 또한 학생들이 교사가 자신들을 보살피며 보호하기 위해 존재한다고 느낀다는 의미다. 교사의 리더십은 변화를 위한 초석이 될 것이다. 이러한 초석 없이는 다른 도구가 뿌리내릴 토대가 생겨나지 않는다. 교사가 학생들과 맺은 관계를 통해 일궈내는 '정서적 안전'이야말로 성장형 교실 구축을 얻기 위한 가장 기본적인 조건이다.

정서적 안전을 마련하는 것은 아이들이 불안해 하지 않는 환경을 만들어 나간다는 의미이다. 아이들의 내면이 평온한 상태라는 의미이기도 하다. 아이들은 불안한 상태에서는 외부로부터 어떤 것도 수용하지 못한다. 아이들은 안전하다고 느낄 때 경계심이 낮아지기 때문에 내면에 개방성이 싹틀 여지가 생긴다. 호기심이 많아지고, 질문을 하고, 위험을 감수하며, 실수하는 것도 편안하게 느낄 수 있다. 특히 실패에 대한 두려움이 낮아지면, 새로운 것을 시도하고 목표를 더 높이 잡는 데 익숙해지면서 자기 안의 가능성을 펼쳐 보이기 시작한다. 아이들이 충분히 안전하다고 느낄 때 학습도 꽃피울 수 있다.

정서적 안전은 개개인이 느끼는 안전감 이상의 것을 우리에게 제공해줄 수 있다. 정서적 안전은 우리가 염원하는 소속감과 연대감을 누릴 수 있는 환경을 마련해준다. 이처럼 넓은 의미에서 보면, 안전감은 아이들이 마음을 열고 호기심을 가질 뿐만 아니라 만족감도 느낀다는 것을 의미한다. 이러한 충만함은 아이들이 자신의 있는 모습 그대로 환영받는다고 느끼게 한다. 자기 모습대로 환영받는다고 느끼면 아이들은 더는 서로의 '차이'를 두려워하지 않게 된다. 아이들은 안전이라는 울타리 속에서 자신과 타인 모두를 바라볼 수 있게 된다. 지금부터는 정서적으로 안전한 교실을 만드는 과정에서 교사와 학생들의 관계가 어떤 역할을 하는지 알아보도록 하자.

관계로 초대하기

관계로 초대한다는 것은 교사가 학생들을 적극적으로 교사와의 관계로 불러들인다는 의미다. 이는 교사가 정기적으로 학생들을 모은다는 의미이며, 이 과정을 통해 학생들은 교사가 자신과 학급에 관심을 두고 있다는 사실을 알 수 있다. 또한 이는 교사의 따스함이 행실 바른 학생들만을 위한 것이 아니라 모든 학생들, 심지어 교사를 힘들게 하는 학생들을 위해서도 존재한다는 것을 기억한다는 의미다.

관계로 초대한다는 것은 학생들이 말썽을 피울 때도 교사가 변함없이 그들에게 관심을 두고 있다는 것을 알게 한다는 의미다. 이것은 학교에서 발생할 수 있는 징계나 문제 상황에 교사가 다리를 놓아야한다는 의미이기도 하다. 이러한 '다리 놓기'를 통해 학생들은 관계가 논쟁보다 더 중요하다는 것을 알 수 있다. 또한 다리 놓기는 어렵고 힘든 상황 속에서도 관계라는 작은 불씨를 꺼트리지 않게 해준다.

관계로 초대한다는 것은 교사가 학생들에게 눈과 귀를 열고 있다는 것을, 학생의 기분과 입장이 교사에게 중요하다는 것을 알린다는 의미이기도 하다. 이는 학생이 자신의 견해나 경험을 설명하려 하거나, 기분을 표현할 때 교사가 늘 학생의 편에 선다는 의미다. 또한 학생들의 문제 상황에 대해 훈계하는 대신 공감할 수 있다는 의미이기도 하다.

학생들을 돌봐주는 지도자 되기

학생들을 돌봐주는 지도자가 된다는 것은 교사가 학생들에게 필요한 것을 예의주시하는 것, 즉 학생들의 욕구를 읽고 그것을 마련해주는 데 앞장선다는 의미다. 교사는 아이들이 불평한다고 해서 계획을 변경하거나 압박감을 느끼지 않으며 교사가 판단하기에 학생의 발달과 성장을 지원하는 최선의 방향으로 아이들에게 필요한 것을 마련해주는 일에 주도적인 모습을 보여야 한다.

아울러 돌봐주는 지도자가 된다는 것은 교사가 감당할 수 없거나,

대처하지 못하는 상태를 학생들이 절대 알지 못하게 하는 것이다. 종종 교사들이 아이들에게 불안함을 토로하는 경우를 목격할 때가 있다. "널 어째야 할지 모르겠다!" "넌 정말 감당 안 되는 애야." "선생님은 너희들 때문에 너무 힘들어."와 같은 말은 아이들의 불안을 증가시킬 뿐이다. 교사는 자신에게 아이들을 보살필 능력이 충분하다는 것을 드러내 아이들이 안전하다고 느낄 수 있게 해야 한다.

교사는 불안한 기분이 들 때면 학생이 아니라, 주변의 다른 어른들과 이 감정을 공유해야 한다. 교사가 학생 지도 능력에 대해 불안함을 드러내면 학생들은 자신들을 보살피는 교사의 능력에 대한 신뢰를 잃어 더 심각한 문제 행동을 초래할 수 있다. 학생들을 돌봐주는 지도자로서 교사는 교실이라는 공간을 온전히 장악해야 한다.

또한 학급이 기댈 수 있는 분위기와 체계를 만들어야 한다. 이는 학생들이 교사와 나누는 한결같은 따스한 소통에 의지하고, 매일 하루가 이렇게 펼쳐질지 교사가 만들어주는 체제에 의존한다는 의미다. 이러한 일관성은 학생들이 언제, 무슨 일이 일어날지 예상할 수 있게 해준다. 교사가 학급을 장악할 수 있을 때 학생들이 기댈 수 있는 체계를 제공할 수 있으며, 학생들은 교사가 어떻게 행동할지, 자신들의 일과가 어떻게 펼쳐질지 짐작할 수 있다.

학생들을 교사와의 관계로 적극적으로 초대하고 따스함을 가지고 지도하면, 정서적 안전을 위한 초석을 마련하게 될 것이다. 이제 정서적 안전을 교실 안에 들여놓는 실질적인 방법 몇 가지를 알아보자.

차이와 실수를 인정하는 학습 분위기 만들기

교실은 인간다울 자유를 누리는 장소여야 한다. 이 말은 학생들의 차이와 실수를 인정한다는 의미이기도 하다. 정서적 안전을 지원하는 한 가지 방법은 학습 과정 중에 나타나는 차이와 실수를 인정하는 분위기를 만들어가는 것이다. 나는 이런 학습 분위기를 '탐구 모드'라 부른다. 탐구 모드에서는 실수가 나쁘지 않은 정도가 아니라, 오히려 환영받는다. 탐구 모드는 실수에 대한 두려움을 없애주고, 아이들이 위험을 감수하고 창의적인 모습을 보이는 것을 편안하게 받아들일 수 있게 한다. 이 모드에서는 학생들이 정답을 알고 있을 때뿐만 아니라 함께 생각을 나누거나 질문하고 싶을 때도 손을 들 수 있다.

탐구 모드를 활용하는 연령대가 따로 있지는 않으며 특정 과목으로 국한할 필요도 없다. 탐구 모드는 수학, 과학, 예술 등 과목에 상관없이, 학습자가 5세든 85세든 상관없이 발견에 대한 개방성을 수용하는 학습방식으로 활용할 수 있다. 탐구 모드에서는 절대 결과물을 내놓을 수 없다는 것이 아니라 단지 방법에 어느 정도의 자유를 부여할 수 있다는 의미다. 정해진 목표를 향해 열심히 노력하는 것이 나쁘다는 말도 아니다. 우리가 어떤 일을 완료하고 목표를 성취하려면, 목표에 집중할 수 있어야 한다. 하지만 이따금 교사가 학습의 일부를 탐구 모드로 실행한다면, 교실에 정서적 안전이 생겨날 여지가 더욱 커진다. 이렇게 하면, 일부 학생들은 정말로 마음 편히 질문하거나, 더 깊이 학습하거나, 무언가가 이해되지 않는다고 인정할 수 있을 만큼 자신의 취약함을 드러낼 수 있다. 이러한 공간 속에서 학생들은 내면의 새로운 역량을 발견하고, 학습에 대한 호기심과 의욕을 키울 수 있다. 탐구 모드의 이점은 학생들이 실제로 더 높은 목표를 세울 수 있도록 불안을 낮춰줄 환경을 제공한다는 것이다.

나는 오늘 실수를 몇 번이나 할 수 있을까

수년 전 나는 학교에서 보조금을 지원받아 현대무용의 아이콘인 마기 길리스Margie Gillis를 초빙해 학생들과 함께하는 시간을 마련했다. 마기는 '총독 공연 예술상 재단'에서 수여하는 캐나다 평생 공로상(캐나다 예술가에게 주어지는 가장 명예로운 상-옮긴이)을 받았고, 제미니상Gemini(캐나다에서 한 해 동안 방송된 TV 프로그램을 대상으로 수여하는 상-옮긴이) 영화 부문 최우수 예술가상을 수상했으며, 캐나다 훈장(캐나다에서 공로가 큰 민간인에게 수여되는 최고위의 훈장-옮긴이) 수훈자이고, 그 밖에도 모두 열거할 수 없을 정도로 수많은 상을 받았다.

학생들 대다수는 그녀를 직접 만난다는 사실에 열광하면서도 긴장감을 감추지 못했는데, 그 이유는 마기에게 자신의 춤 실력을 평가받게 될까봐 불안했기 때문이다. 우리 중에는 정식으로 춤을 배웠거나, 전형적인 무용가 스타일의 체형을 가진 사람이 아무도 없었다. 하지만 아이들이 내면의 이야기와 예술적 표현을 끌어낼 수 있도록 돕는다는 면에서 마기가 나와 같은 관점을 가지고 있으리라 생각했기에 아이들이 우려하는 점들이 큰 문제가 되지 않을 거라 생각했다.

학생들은 사회 정의와 지역사회 문제를 주제로 탐구 활동을 하고 있었다. 다음 프로젝트로 '용서'라는 주제를 선택했기에 춤과 연극을 매개로 탐구 활동을 진행할 예정이었다. 학생들의 아이디어를 살아 숨

쉽게 하는 방법을 알려주기 위해 이틀간 마기와 함께 워크숍을 실시했다. 나는 마기와 아이들을 맺어주는 역할을 했고, 마기는 시작하기 전 학생들을 모으는 역할을 훌륭히 수행했다. 하지만 내 눈에는 학생들이 여전히 긴장을 풀지 못한 채 자신의 아이디어가 '충분히 괜찮을지' 걱정하며 머뭇거리는 모습이 보였다. 마기도 그 부분을 간파하고는 "내가 어떻게 새로운 걸 만들어내는지 알려줄까? 나는 매일 아침 눈을 뜨면 '나는 오늘 실수를 몇 번이나 할 수 있을까?'라고 나 자신에게 질문한단다."라고 말했다.

그 말에 우리는 모두 웃음을 터뜨렸다. 마기의 말은 학생들의 마음을 자극하고 긴장을 풀어주었으며 실수에 대한 느낌을 바꿔놓기 시작했다. 뭔가가 뜻대로 되지 않거나, 말도 안 되는 것처럼 보일 때나, 넘어지는 사람이 있을 때마다 우리는 함께 손뼉을 치며 환호했고 누군가는 "실수 하나 추가. 이제 87번밖에 안 남았어! 분발하자!"라고 소리쳤다. 이러한 접근 방식은 학생들의 마음속 빗장을 완전히 풀어주었고, 우리는 덕분에 이제껏 누구도 상상하지 못한 수준의 훌륭한 결과물을 만들어낼 수 있었다. 그리고 우리가 만들어낸 최종 결과물만큼이나 의미 있었던 것은 작품을 만들기까지의 과정이 엄청나게 즐거워서 그 자체로 내재적 보상의 역할을 충분히 했다는 사실이다.

그때만 해도 마기가 뛰어난 무용가인 동시에 아이들의 창의력을 키우는 방법을 잘 알고 있는 노련한 교육자이기도 하므로, 아이들을 리드하는 방법의 하나로 그런 말을 했을 거라 여겼다. 하지만 그해 말 나는 새로운 통찰을 얻을 수 있었다. 내가 학회 참석차 몬트리올에 머무는 동안 마기는 집이 비어 있다며 나에게 자신의 집을 내줬다. 그녀의 집 안을 둘러보던 중 손 글씨로 적어 침대 옆 벽면에 테이프로 붙여 놓은 종이가 눈길을 사로잡았는데, 거기에는 '나는 오늘 실수를 몇 번이나 할 수 있을까?'라고 적혀 있었다.

마기 자신이 신조로 삼는 지혜를 우리에게 나눠준 것이었다. 이 경험은 나에게도 큰 영향을 미쳤고, 내가 실수하지 않는 것에 너무 신경 쓰느라 개인적인 배움과 삶에서 얼마나 많은 부분을 놓치고 있는지 되돌아보게 되었다. 실수하는 것, 잘하지 못하는 것을 두려워하지 않는다면, 지금보다 얼마나 많은 일을 시도해볼 수 있을까 생각하다가 내가 학생들을 위해 무엇을 해줄 수 있을지에 대해서도 생각했다. 어떻게 해야 학생들을 이렇게 엄청난 자유로움과 가능성에 눈뜨게 할 수 있을까?

그날 이후 나는 완전히 새로운 에너지로 충만한 채 교실에 돌아왔고, 학생들에게 실수할 여지를 만들어주기 위해 노력했다. 나는 모든 학급에서 이러한 방식으로 실수를 바라보게 하기 시작했다. 아이들에게 실수해도 괜찮다고, 걱정하지 말라고 말하는 대신 실수를 열렬히 환영했다. 실수하는 것의 가치를 재구성했더니 큰 변화가 따라왔다. 실수해도 괜찮다며 걱정하지 말라고 말하는 것은 "네가 뭔가를 잘못했지만, 큰일은 아니니까 걱정하지 마. 용서해줄게."라고 말하는 것과 다름없다. 반면, 실수를 '환영하는 것'은 실수를 긍정적인 학습 경험으로 받아들이는 것을 의미한다.

이런 식으로 실수를 재구성하면서 교실의 에너지는 완전히 바뀌었다. 학생들은 자신이 지은 시가 형편없거나, 글짓기 결과물이 원했던 대로 나오지 않았을 때도 자신이 새로운 것을 계속 시도하고 있다는 사실에 더 주목했다. 내 수업 시간에는 학생들이 새로운 것을 시도해서 완전히 망쳤을 때 서로 축하 인사를 나눴는데, 우리 모두 그것이 어떤 의미인지 알게 됐기 때문이다. 그것은 바로 아이들 모두가 '그럭저럭 괜찮은' 수준이 아니라 '놀라운' 수준을 목표로 노력했다는 의미였다. 이 얼마나 기분 좋은 해방감을 주는 경험인가! 단순히 실수를 용서하는 수준을 넘어 두 팔 벌려 환영할 때 일어나는 놀라운 변화는 아무리 자랑해도 모자랄 정도이다.

자유롭게 실험해보기

피터 레이놀즈Peter Reynolds의 책《느끼는 대로》도 탐구 모드가 주는 선물에 관해 이야기한다.[21]《느끼는 대로》는 대상을 보이는 대로 똑같이 그리지 못했다고 비난받는 어린 소년에 관한 이야기를 담은 책이다. 소년은 자신의 그림에 좌절하여 그림을 구겨버린다. 그런데 나중에 자신이 구겨서 던져버린 그림이 여동생 방의 벽면을 가득 채우고 있는 것을 발견하고는 깜짝 놀란다.

여동생은 자신이 오빠가 그린 그림을 얼마나 좋아하는지, 오빠의 그림이 얼마나 멋진지 말해준다. 여동생은 소년의 보트 그림은 '보트 느낌'이 나고, 꽃병 그림은 '꽃병 느낌'이 난다고 이야기한다. 소년은 그때부터 자신의 그림을 새롭게 바라보기 시작했고, 그때까지 자신을 괴롭혔던 좌절감으로부터 자유로워졌다. 온몸에 새로운 에너지가 충만해지면서 이 어린 소년은 멋진 그림을 끊임없이 쏟아내기 시작한다. 이렇게 소년은 '느낌 가득한' 예술가가 된다.

피터 레이놀즈는 '완벽해지려고 애쓰지 않음'에서 오는 자유로움이 어떻게 불안감을 낮추고 '진정한 모습이 드러날 가능성'을 만들어 주는지 아름답게 그려낸다. 교사가 완벽함에 집착하지 않으면, 학생들에게서 훨씬 더 많은 것이 쏟아져 나올 여지를 만들어줄 수 있다. 자유롭게 시도하고 실험해보는 과정에서 교실 내 불안이 낮아지는 데다, 이러한 유형의 '느낌 가득한' 사고를 하게 되면 개방형 학습의 가능성과 발견의 여지 또한 커진다.

이러한 학습 양식은 주변의 기대에 부합하지 못할까봐 염려하는 지극히 인간적인 두려움에 대한 해결책을 제공해준다. 탐구 모드는 '우리가 낸 아이디어가 바보 같으면 어쩌지? 실패하면 어쩌지?'라는 두려움을 없애줘(아니면 적어도 약하게 만들어줘) 학생들이 온갖 주제에 대해 자유롭게 상상하며 아이디어와 가능성을 마음껏 펼치는 자기 내면의 공간으로 발을 내딛게 한다. 물론 학생들을 정해진 목표, 시험, 진로에 전념시키는 것이 적합한 시기도 여전히 존재할 것이다. 하지만 학생들이 실제로 더 많이 배울 수 있도록 학습 과정의 일부를 탐구 모드로 실행할 수 있는 시간과 공간을 확보하는 것이 중요하다.

정확한 답이나 결과물을 찾아야 하는 과제의 경우, 탐구 모드가 어떻게 도움이 될지 의아해 할지도 모른다. 하지만 신기하게도 탐구 모드는 실제로 많은 아이가 궁극적으로 정답에 이르도록 돕는 역할을 한다. 잠깐이라도 탐구 모드를 실행할 여유가 된다면, 학습을 탐구하는 과정에서 안전하고 편안한 분위기가 조성되므로 "잘 모르겠어요."라든가 "이렇게 해도 될까요?" 또는 "어떻게 되는 거예요?"라고 솔직하게 말하는 아이들이 많아질 것이다.

학생들에게 자유롭게 살펴보고 탐구할 수 있는 기회가 생기면, 수학, 과학을 비롯해 어떤 과목이라도 결국 더 많은 것을 배우게 된다. 간단히 말해서 '정답'을 얻으려면, 아이들은 이해되지 않는다고 교사에게 표현할 정도로 안전하다고 느낄 수 있어야 한다. 탐구 모드의 비중이 높은 수업에서는 확실히 학생들이 더 많이 질문하고, 더 적극적으로 참여한다.

어린아이들의 경우는 어떨까

어린아이들은 완벽함과 결과물에 집착하는 학습 문화에 비교적 덜 길들여진 상태이므로 탐구 모드에서 더 자연스럽게 정서적 안전감을 느끼는 경우가 많다. 어린아이들은 지금까지와는 다른 관점에서 사물을 바라보는 것에 좀 더 자유롭고, 다른 과정이나 미지의 결과물을 수용하는 데 훨씬 개방적이다. 어떤 것이 완벽한지 아닌지에 얽매이지 않는 편이다. 아이들은 결과물이 어떤 모습이어야 하는지 덜 의식하고, 일이 어떤 식으로 처리되어야 하는지에 대한 사회적 가치를 아직 습득하지 않았다. 하지만 학년이 올라가면서 자신의 아이디어나 학업에 대한 안전감이 점차 줄어드는 경우가 많기 때문에 아이들이 자신의 감정을 억누르게 될 가능성도 커진다.

어린아이들에게 탐구 모드를 설명하는 일은 청소년과는 다른 방식으로 이루어져야 하는데, 어린 학생들의 경우 '나는 오늘 실수를 몇 번이나 할 수 있을까?' 하는 좌우명을 문자 그대로 받아들여 일부러 더 실수하려고 애쓸지도 모르기 때문이다. 어린아이들에게는 실수가 학습 과정에서 일어나는 지극히 정상적인 과정이라고 표현하면 좋다.

교사는 결과를 얻는 한 가지 분명한 경로를 제시하지 않는 '개방형 교수법'으로 어린아이들을 가르칠 수 있다. 그리고 '옳다고' 볼 수 없는 답변에도 긍정적으로 반응하는 방식으로도 직접 본보기를 보여줄 수 있다. 교사는 수업에서 아이들이 편안하게 자신의 아이디어를 공유하고 기여할 수 있다고 느낄 수 있는 공간을 최대한 많이 만들어줄 수 있다.

교실에서 탐구 모드를 시행하는 방법

교실을 인간미 넘치는 공간으로 만들어가기 위해 교사는 실수를 두려워하는 학생들의 마음을 헤아려주면서, 다음과 같은 말을 건넬 수 있다.
　"너희들이 그렇게 느끼는 건 정상이야. 선생님도 실수하면 창피할 때가 있어. 그건 인간적인 거야. 우리는 로봇이 아니잖아. 인간이 실수를 하지 않는 건 애초에 불가능한 일이야. 이 교실은 인간적인 거라면 뭐든 두 팔 벌려 환영이야!"
　또한 교사는 다음의 여러 방법을 이용해 탐구 모드를 더욱 효과적으로 실행해볼 수 있다.

차이를 환영하기
교사가 학생 각각의 차이를 환영하는 인상을 풍긴다면, 인간적인 교실을 만드는 데 도움이 된다. 학생들은 대개 교실에서 수많은 차이가 존재한다는 것을 이미 알고 있다. 따라서 교사가 차이에 대해 말하지 않는 것은 좋은 방법이 아니다. 대신 교사가 정면 승부를 펼친다면, 차이가 존재할 여지를 좀 더 확장할 수 있다. 아이들에게 세상을 서로 다르게 바라보는 것이 얼마나 흥미로운지 알려주면서 그것이야말로 우리가 사는 세상을 멋진 곳으로 만드는 비결이라고 강조할 수 있다. 따라서 아이가 손을 들고 뭔가 다르다고 느껴지거나 특이한 이야기를 할 때, 우리 모두 각자 자신만의 생각과 세상을 바라보는 방식을 갖는 것이 얼마나 중요한지 교사가 분명히 설명해주는 방식으로 반응을 보이면 좋다.

이런 식으로 차이를 포용하면 표현과 학습의 자유가 생겨날 여지가 훨씬 더 커진다. 그리고 이러한 자유 속에서 학생들은 세상을 보고 경험하며 배우는 방법이 생각보다 다양하다는 것을 발견할 수 있다. 학생들이 교사를 우러러보고 존중한다는 전제하에 교사가 강요하거나 설교하려 들지 않는다면, 학생들이 교사의 지도에 따르며 교사가 공유하는 가치를 받아들일 가능성도 커진다.

학생들이 교사에게 애착이 없고 교사의 지혜를 존중하지 않는다면, 교사는 세상을 살아가는 방법에 관한 통찰을 제공하거나 가치를 주입할 아무런 힘을 갖지 못하기 때문에 학생들이 교사를 존중하고 자신들의 지도자로 바라보는 것은 대단히 중요하다. 학생들이 교사를 지도자로 바라보지 않는데 교사가 차이를 환영한다면, 학생들은 "그래서 뭘 어쩌라고요."와 같은 반응을 보일 가능성이 클 것이다. 하지만 학생들과 충분히 유대를 맺고 학생들로부터 존중받고 있을 때, 교사는 영향력을 가진 조언을 제공할 수 있는 멘토 역할을 누리게 된다.

교사 자신을 예로 들기

교사가 자신을 예시로 잘 활용하면 아이들의 방어 태세를 조금이나마 느슨하게 만들 수 있다. 예를 들어, 글씨를 잘 읽지 못하는 아이를 다른 아이가 비난하는 경우를 생각해보자. 무시하는 말을 한 아이는 자기들 또래면 대부분 글을 읽을 수 있으니 이 아이도 글을 읽을 수 있어야 한다고 생각한 것뿐이다.

나는 이런 상황에 심각하게 대응하지 않는 편이다. 오히려 이런 순간을 '서로의 차이를 환영해주는 기회'로 활용한다. 나는 이럴 때면 길을 자주 잃고 헤매는 나의 단점을 슬쩍 끼워 넣곤 한다. "맞아, 우리는 각자 다르고, 모두 다른 방식으로 배우고, 다른 재능을 가졌단다. 선생님은 길치라 맨날 길을 헤매고 알렉스는 아직 글을 잘 못 읽어. 우리 모두 마찬가지야. 누구에게나 좀 더 힘든 일이 있고, 좀 더 쉬운 일도 있어. 그래서 우리가 사는 세상은 더 흥미로운 거야."라고 이야기한다.

이런 순간에는 '글을 잘 못 읽는 아이'를 무시한 아이가 창피해 하지 않도록 최대한 무심하고 담백하게 표현하려고 노력하는데, 아이에게 변화할 가능성을 열어주려면 아이가 방어 태세를 취하지 않도록 주의를 기울여야 하기 때문이다. 이처럼 교사 자신의 예를 잘 활용하면 학생들이 잔소리라고만 여길 훈계를 늘어놓지 않으면서도 차이의 중요성이나 선입견을 품지 않는 것의 중요성을 잘 전달할 수 있다.

본보기를 보여주기

학생들이 서로의 차이를 받아들이는 데 교사가 본보기를 보여주는 것이 얼마나 큰 도움이 되는지 나의 경험을 예시로 들려줄 수 있다. 내가 가르친 학생 중 라이베리아에서 캐나다로 이주한 다오수라는 고등학생이 있었다. 다오수는 수줍음이 많고 조용한 성격이었으며, 캐나다에 온 지 얼마 되지 않아 새로운 관습, 음식, 문화에 한창 적응하는 중이었다.

다오수가 전학을 오고 얼마 지나지 않아 우리 교실에서는 모든 학생이 각자 음식을 싸와 함께 나눠 먹는 포틀럭 점심시간을 갖기로 했다. 나는 포틀럭 점심시간을 자주 활용하는데, 함께 즐겁게 식사를 하는 행위가 인간이 유대를 맺는 가장 자연스러운 방법 중 하나이기 때문이다. 우리 반 아이들 모두 이 점심시간을 고대하고 있었다. 우리는 학생들이 만든 목록으로 음악도 틀고, 다 함께 모여서 평소 점심때 먹는 것보다 훨씬 더 맛있는 음식을 즐길 예정이었다.

다오수는 유난히 들뜬 모습을 보였다. 몇몇 학생들은 뭔가를 가져올 만큼 경제적으로 여유가 없다는 것을 알고 있었기에 반드시 음식을 가져오지 않아도 되고 그래도 누구나 참여할 수 있다고 공지를 했다. 음식을 준비할 여유가 없는 학생은 방과 후에 따로 얘기하거나 나에게 이메일로 알려달라는 말도 덧붙였다. 이러한 상황에 대비해 학생이 원한다면 쿠키를 굽거나 조금이나마 뭔가를 가져올 수 있도록 지원할 자금을 따로 마련해두기도 했다.

다오수가 부모로부터 경제적 지원을 거의 받지 못한다는 것을 알고 있었기에 나는 그 아이가 어떻게 할 생각인지 궁금했다. 하지만 다오수한테서는 아무 연락이 없었다. 아이가 너무 수줍어서 나에게 손을 내밀지 못하는 건가 싶어 걱정스럽기도 했다. 나는 아이와 좋은 관계를 맺고 있었기에, 부담 없이 아이에게 다가가 어떤 식으로든 도움이 필요하지 않은지 물었다. 아이는 나를 안아주며 "아니에요, 제 돈으로 마련해서 이번 주말에 제가 직접 요리할 거예요!"라고 말했다.

드디어 포틀럭 파티 날이 왔고, 다오수는 눈이 그대로 붙어 있는 생선 머리가 가득 담긴 커다란 쟁반을 들고 들어왔다. 아이는 환한 미소를 짓고 있었다. 다오수는 자신이 직접 버스를 타고 시장에 가서 생선 머리를 샀으며, 이 음식이 자신의 모국에서 왜 특별한지 설명하기 시작했다. 생선의 눈이 몸에 특히 좋으며, 우리 모두에게 대접하려고 이 특별한 음식을 전날 온종일 만들었다는 이야기도 들려줬다. 나는 아이가 너무 자랑스러웠고 자기 삶의 일부를 우리에게 공유해줬다는 것에 영광스러운 마음도 들었다.

또한 이 일을 놀림이나 창피함을 주는 경험이 아니라 공동체의식과 유대를 쌓는 경험이 되게 하려면, 내가 바로 개입해 집단 앞에서 나의 반응을 본보기로 보여줘야 한다고 느꼈다. 교실에는 나 말고도 교사 한 분이 더 있었는데, 그분은 채식주의자였다. 그분은 내 쪽으로 몸을 기울이더니 "제가 채식주의자긴 한데, 이건 하나 먹을 거예요. 오늘만큼은 채식 생활을 잠시 보류해야겠어요."라고 속삭였다.

그래서 나는 다른 학생들이 들을 수 있는 소리로 다오수에게 "와, 이거 만드느라고 애 많이 썼겠구나, 다오수. 요리하는 데 시간이 정말 오래 걸렸겠다. 아마 여기 있는 대부분의 사람들에게는 처음 보는 음식일 것 같아. 이 음식을 먹어보면서 네 삶의 일부를 엿보는 경험을 할 수 있다는 게 너무 신나는걸!"

다른 학생들이 생선 머리로 가득한 쟁반을 경계하며 쳐다보는 모습이 보였다. 솔직히 말하면, 나도 생선 머리를 먹어보는 일이 쉽지는 않았지만, 다행히도 무사히 해냈다. 다른 선생님도 먹는 쪽을 선택했고, 학생들도 서너 명 정도 생선 머리를 먹었다.

만약 내가 아무 말도 하지 않았거나, 우리가 그것을 먹어보는 행동을 본보기로 보여주지 않았다면, 잘해야 아무도 음식을 먹어보지 않는 정도였을 것이고, 최악의 경우에는 일부 학생들이 기겁하고 비명을 지르거나, 음식이 이상하고 징그럽다고 말하는 상황이 펼쳐졌을 것이다. 하지만 다행히도 그런 일은 일어나지 않았다. 아이들이 음식을 먹어보지는 않았지만, 그 누구도 음식에 대해 무례한 말을 하지는 않았다.

그래도 나는 나중에 다오수를 따로 불러 대화를 나눴는데, 쟁반에 남아 있던 생선 머리가 너무 많아 아이가 상심했을까 마음이 쓰였기 때문이다. 우리에게 아주 새롭고 이국적인 음식이다 보니 어떤 사람들은 시도하기 힘들 수 있다고 설명해줬다. 또한 내가 이런 선물을 받을 수 있어 얼마나 영광스러운지, 시간과 정성을 쏟아준 것이 얼마나 고마운지 마음을 전했다.

설령 생선 머리를 먹은 학생이 한 명도 없었다고 해도 내가 전체 학급을 대상으로 이 경험이 다오수에게 어떤 의미가 될지 분명하게 말해준다면, 집단 내에서 어느 정도 개방성과 유대감이 형성될 것이다. 다오수에게는 어느 정도의 정서적 안전감을, 다른 아이들에게는 학급에서 있는 그대로의 모습을 보여줘도 놀림을 당하지 않는다는 확신을 심어줄 것이다. 그리고 음식을 먹어보고 고마움을 표현한 사람이 나한 사람이었더라도, 다오수가 안전하다고 느끼고 자신의 모습을 있는 그대로 환영받는다고 느끼기에는 충분했을 것이다. 학생들과 관계를 맺는 교육자로서 교사가 보이는 반응에는 상당한 무게감이 실리기 때문이다. 내가 이야기를 하는 동안 다오수는 경청했고 감사를 표했다.

아이는 나를 안아주며 앞으로도 우리가 경험하면서 익숙해질 수 있도록 새로운 음식을 또 가져오겠다고 말했다.

교사가 자연스럽게 긍정적인 본보기를 보여줄 수 있다면, 학습 방식, 능력, 종교, 입맛, 사고방식 등 무엇이 됐든, 학생들이 '서로의 차이가 주는 선물'에 눈뜨게 할 수 있을 것이다. 다른 사람에게 편견을 갖지 말라거나, 타인을 무시하지 말라는 것을 학생들에게 말로 가르쳐야 한다고 생각하는 경우가 많지만 이러한 교실 속 체험이야말로 포용성과 다양성을 직접 보여주는 것이다. 이런 생생한 경험을 통해 교실은 자연스럽게 포용력 있고 정서적으로 안전한 상태에서 학습하고 성장할 수 있는 공간이 될 수 있다.

정서적 안전을 마련해주면 어떤 일이 일어날까

보호받는다고 느낀다

교사가 학생에게 안전감을 마련해주면, 교사는 학생의 보호막이자 도피처가 될 수 있다. '다른 애들이 전부 나를 멍청하다고 생각해도 선생님은 아닌 걸 아셔.' 혹은 '다른 애들이 전부 나한테 못됐다고 해도, 선생님은 진짜 내 모습을 알고 계셔.'처럼 또래가 하는 말보다 교사의 생각이 더 큰 비중을 차지할 수 있다. 교사가 학생들과 맺는 관계는 타인에게서 상처받지 않도록 학생들을 지켜주는 최후의 보호막 역할을 한다.

이는 다른 아이들이 놀림을 멈추지 않는다고 해도, 세상 모든 사람이 자신의 좋은 모습을 바라봐주지 않더라도 교사와 맺은 관계 속에서 끝까지 보호받는다는 의미다. 학생들이 교사를 우러러보고 존중하며 교사에게 애착을 가지면, 학생들은 교실 밖 세상을 항해할 때도 교사가 자신에게 보여준 긍정적 시선을 나침반 삼아 앞으로 나아갈 수 있다. 교사의 믿음과 보호는 학생들의 불안을 낮춰주고 자신에 대한 긍정적인 정체성을 잃지 않게 돕는다.

하지만 이 세상에는 우리가 통제할 수 없는 것들이 너무나 많다. 아이들이 상처받는 일은 계속될 것이다. 하지만 아이가 안전한 관계 속에서 보호받고 있다면 상처는 그저 따끔한 정도에서 그칠 뿐 '치명적이지 않은 상태'로 끝날 수 있을 것이다.

자기 안의 가능성을 펼치게 된다

교사가 차이를 포용하고 실수를 환영하는 교실을 만들어 나가면, 학생들이 편하게 서로 교류하고, 질문하며, 자신의 진짜 모습을 보일 수 있는 정서적 환경도 뒤따라온다. 교사가 학생들의 부족한 모습을 당연하게 여길 수 있을 때, 인간적인 것의 의미를 헤아려줄 때 깊이 있는 학습과 놀라운 발견이 일어나는 교실이 완성된다. 학생들은 자유롭게 질문하고, 마음 편히 실수하고, 거침없이 도전할 수 있다. 그리고 자신이 속한 문화에서 바람직하다고 제시하는 모습을 따라가는 것이 아니라 자신의 모습을 있는 그대로 드러낼 수 있게 된다.

학생들은 자기 앞에 정해진 길을 그저 따라가는 것이 아니라 정해진 틀에서 벗어나 상상하고 창조하며 주도할 수 있는 학습자가 되어야 한다. 하루가 다르게 변화하는 세상에서는 언제든 길을 밝혀줄 창의적인 사상가가 필요하다. 탐구 모드는 정서적 안전이 있는 문화를 장려

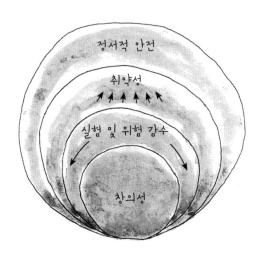

하며, 정서적 안전 속에서만 진정한 창의성이 움틀 수 있다.

바깥세상을 마음껏 누릴 수 있다

정서적 안전감은 아이들이 자신의 모습이 있는 그대로 환영받는다고 느낀다는 의미다. 교사에게 있는 그대로 환영받는다고 느끼면, 아이들은 차이를 두려워하지 않게 된다. 안전한 울타리 속에서 아이들은 자신과 타인을 함께 바라볼 수 있다. 우리는 두려움이 아니라 서로에 대한 호기심을 바탕으로, 각계각층의 온갖 배경을 가진 사람들을 한데 묶는 공동체를 구축해야 한다.

교사가 학생들에게 제공하는 정서적 안전에는 학생들의 '개인적인 성장'을 지원하는 힘과 더불어 학급 문화, 학교 문화, 지역사회, 우리가 사는 세상을 변화시킬 힘이 있다. 건강한 공동체라는 테두리 안에서 서로 협력하며 공통된 인간성을 느끼고 경험할 수 있기 때문이다.

19
건강한 공동체를 향해

교사는 아이들에게 서로 공감하고, 포용하며, 배려하는 학습 공동체를 선물할 수 있다. 지금까지는 교실에 정서적 안전을 마련하기 위한 기반을 다졌다. 개별 아이들이 성장하기 위해 올바른 환경이 필요한 것처럼 건강한 공동체의 경우에도 마찬가지다. 이번에는 학급 및 학교라는 무리를 파벌이 아닌 공동체로 변화시키는 방법에 관해 살펴보려 한다.

우선, 공동체가 파벌과 어떻게 다른지부터 알아보자. 공동체는 서로 연대하는 문화 속에서 자신을 있는 그대로 드러낼 수 있는 곳이다. 반대로 파벌은 함께하기 위해 남들과 똑같아져야 하는 곳이다. 나는 젊었을 때 라르슈L'Arche에서 생활한 경험 덕분에 아주 자연스럽게 이러한 차이를 깨닫게 됐다. 라르슈는 지적 장애인을 돕는 국제단체로, 직원들이 장애가 있는 사람들을 '도우러' 방문하는 곳이 아니라는 점에서 여타 수용 시설과는 차이가 있다. 이곳에 모인 사람들은 공동체 생활을 하며 각자 자신이 가진 재능과 강점으로 전체에 도움이 되는 일을 한다.

라르슈에서는 '소속 정신'을 구현하기 위해 노력한다. 라르슈를 설립한 장 바니에Jean Vanier는 "근본적인 발견의 중심에는 소속감이 있어야 합니다. 우리는 모두 공통된 인간성, 즉 인류에 속해 있습니다. 우리가 특정한 혈통이나 문화에 뿌리를 두고 있을 수는 있어도, 우리가 이 땅에 온 것은 타인에게 마음을 열고 타인을 섬기며 그들이 우리와 인류 전체에 가져다주는 선물을 받기 위함입니다."라고 말했다.[22]

나는 바니에의 비전에 마음이 움직여 이런 성격의 공동체에서 살고 싶다는 바람으로 라르슈에 지원했다. 전국에서 딱 한 곳에 빈자리가 있었는데, 그 자리에 들어가려고 이사까지 했다. 나는 새로운 삶을 경험한다는 흥분감에 젖어 있었다. 나를 포함해 총 일곱 명이 그곳에서 함께 생활했고, 그중 다섯 명은 지적장애가 있어 목욕, 요리, 쇼핑 같은 일상생활에 도움이 필요했다.

공동체 생활은 예상했던 것보다 훨씬 힘들었다. 내 안의 불안, 좌절감에 더해 인내심 부족을 수없이 마주했다. 하지만 내가 기대했던 것보다 훨씬 더 아름다운 경험이기도 했다. 이곳에서 생활한 덕분에 나는 '의존'을 다른 방식으로 바라보고 이해할 수 있었다. 타인에게 온전히 의지하기 위해서는 엄청난 수준의 정서적 안전감이 필요하며, 그것이 얼마나 자신의 취약함을 드러내는 일인지, 그러기 위해서는 얼마나 큰 용기가 있어야 하는지도 알게 됐다.

이 경험 덕분에 나는 나 자신을 중심으로 생각하는 것에서 벗어나 타인의 입장과 상황을 헤아리고 타인에게 진심으로 마음의 문을 여는 것이 어떤 느낌인지 알게 됐다. 소속감의 중요성과 함께 누구나 어딘가에 소속되어 있어야 한다는 필요성도 더욱 완전하게 이해할 수 있었다. 더불어 사람들에게 진정한 소속감을 주는 공간이 우연히 생겨나지 않는다는 것도 알게 되었다. 서로의 차이를 소중히 여기고 타인의 개성을 포용하는 공동체를 키우는 데는 의식적인 노력이 굉장히 많이 필요하다.

나는 우리 어머니가 낳은 딸 일곱 명과 아들 두 명 중 아홉째 자녀다. 내 형제자매 중 한 명은 자폐증을 앓고 있다. 또한 부모님이 위탁 양육하여 어린 시절 대부분을 함께 보낸 형제자매가 세 명 더 있었는데, 그중 한 명인 내 수양 남동생 제이슨은 다운증후군 환자였다. 제이슨은 세 살 때 우리 가족이 되고 서른네 살에 세상을 떠날 때까지 우리와 함께 살았다. 그리고 나에게는 퍼스트 네이션First Nations(캐나다 원주민 집단을 지칭하는 말-옮긴이) 공동체에서 온 수양 자매가 두 명 있었는데, 둘 다 내 유년 시절에서 빼놓을 수 없는 존재다.

이러한 성장 배경과 라르슈 공동체에서의 경험 덕분에, 안전감과 다양성이 갖춰진 체계에서 생겨날 수 있는 엄청난 풍요로움에 대한 인식이 내 안에서 피어오를 수 있었다. 정신적 외상을 겪었거나, 능력, 믿음, 문화가 서로 다른 사람들을 서로 어우러지게 하는 일이 크게 힘들지 않다는 말을 하려는 것은 아니다. 사실 내가 보기에 가장 힘든 일은 이러한 상황에서 안전감을 마련하는 데 필요한 것을 발견하는 일이었다.

타인은 자신과 다르게 느낄 수 있고 그래도 괜찮다고 여길 수 있을 만큼 개방적인 공동체를 만드는 데는 의도적인 노력이 반드시 필요하다. 개방적인 공동체는 구성원 누구나 자유롭게 도전하고 실수해도 큰 타격을 받지 않는 공간, 자기 모습을 있는 그대로 드러내면서 그 속에서 가능성을 발견하는 공간, 타인이 가진 재능을 알아보는 공간, 누군가와 같아지려고 애쓰지 않아도 모두가 소속되어 있다고 느낄 수 있는 공간이다.

　건강한 공동체는 안전감이 갖춰진 상황에서 사람들이 각자 자기다울 수 있을 때 완성된다. 따라서 건강한 학습 공동체에서는 학생들에게 서로 친구가 되라고 강요하지 않는다. 학생들이 특정한 관심사에 이끌리며 자연스럽게 우정이 생겨난다. 건강한 학습 공동체에서는 학생들이 친구가 아니더라도 서로 존중하고 배려한다. 나와 다르다고 놀리거나, 배척하는 경우는 자연스럽게 줄어들며 다른 관점과 생활방식을 수용할 여지가 늘어난다. 학급이 건강한 공동체가 되는 방향으로 나아갈 때, 교사는 배려심과 포용성이 자연스럽게 뿌리 내리는 토대를 마련할 수 있다.

정서적 안전은 교사로부터 비롯된다

다양한 사람들을 한 공간에 모아놓는다고 해서 포용성이 저절로 생겨나지는 않는다. 포용성은 다양한 사람들이 각자 자신의 진정한 모습을 드러낼 수 있고, 그렇게 하는 데 필요한 지지를 얻을 수 있는 공간이 마련될 때 생겨난다. 사람들이 실제로 자기 모습을 드러낼 수 있을 정도로 안전하다고 느껴야 하기 때문에, 포용성은 정서적 안전이 있는 곳에서만 생겨날 수 있다. 나의 부족함 때문에 괴롭힘을 당하거나 놀림 받지 않을 정도로 안전하다고 느껴야 하고, 남과 다르다고 따돌림당하지 않을 정도로 안전하다고 느껴야 한다.

성장형 교실은 정서적 안전감을 주는 공간이기에 포용성이 이론이 아닌 살아 있는 경험 속에서 가장 순수한 형태로 모습을 드러낼 수 있다. 성장형 학습 공동체를 개발하는 일은 내 연구 목표에서 가장 기본을 이루는 부분이었다. 나는 연구를 수행하면서 이러한 과정을 지원하는 다양한 방법을 발견했다. 내가 깊이 깨닫게 된 것은 교사가 학생과 맺는 관계가 성장형 학습 공동체를 키우는 데 중요한 역할을 하는 것뿐만이 아니라, '필수적'이라는 점이었다.

　　교사의 리더십을 통해 학생들은 안전하다는 느낌을 갖게 될 수 있다. 교사는 학급과 맺은 관계를 통해 학생들을 단결시킬 수도 있다. 교사가 집단의 나침반이 되어 학생들을 하나로 뭉치는 접착제 역할을 할 수도 있다. 교실에서의 안전감은 교사가 가르치는 내용이나 새로 도입하는 규칙에서 비롯되지 않는다. 간단히 말해 안전감의 근간을 이루는 것은 교사 자신이며, 교사가 학생들에게 어떤 존재인가에 있다.

　　책의 도입부에도 이야기한 것처럼 특별한 존재가 되거나 완벽한 교사가 되라는 말이 아니다. 실제로는 정반대다. 모든 인간이 느끼는 욕구의 뿌리를 잊지 말라는 말이다. 요즘처럼 바쁜 세상에서 우리가 자주 놓치게 되는 것, '유대감'을 기억하라는 말이다.

　　학생들에게는 카리스마 넘치는 초인적인 선생님이 아니라, 그저 인간적인 선생님이라는 존재가 필요하다. 학생들이 자신의 불완전한 모습에 안전하다고 느낄 수 있으려면, 자신을 지도하고 보살피는 선생님에게도 마찬가지로 불완전하기에 더 아름답고 인간적인 모습이 있음을 알아야 한다. 학생들은 자신이 있는 모습 그대로 환영받는다는 것과 자신이 학급에 소속되어 있다는 것을 느껴야 한다.

아이들을 어떻게 바라봐야 하는가

과거, 특히 중세시대에는 아이를 성인의 축소판으로 보는 것이 일반적이었다. 프랑스의 역사학자인 필립 아리에스Philippe Aries는 이 부분에 주목해 중세 회화와 조각을 분석했는데, 중세 미술 작품에 이러한 사고방식이 아주 잘 드러난다. 아이들, 심지어 갓 태어난 아기들도 작은 성인으로 보는 경우가 많았는데, 아이들을 작은 성인으로 취급하는 것은 사회생활에서도 마찬가지였다고 아리에스는 지적했다.

아이들은 6~7세가 되면 보통 다른 마을로 보내져 견습공으로 일했다. 아이들은 교역을 배웠고 어른과 함께 일했다. 아이들은 어른처럼 옷을 입고 어른이 하는 놀이를 했을 뿐만 아니라 어른이 가는 축제에도 함께 갔다. 수백 년 동안 과학자들은 형태가 완성된 아주 작은 인간이 수정 단계에서 정자나 난자에 착상된다고 믿었다. 1694년으로 거슬러 올라가 정자 속 완벽한 형체를 갖춘 인간을 그린 그림에서 이러한 사고방식을 엿볼 수 있다.

이 시대 이후로 분명 많은 것이 달라졌다. 이제는 아동과 성인의 뇌가 확실히 다르다는 것을 누구나 알고 있다. 우리는 '성인의 축소판'이라는 관점을 돌아보며 당시 사람들이 너무 단순하다고 생각할지도 모른다. 하지만 아이들이 어떤 장소에서든 성인처럼 얌전히 앉아 있어야 한다거나 성인처럼 생각할 수 있어야 한다고 여긴다면, 우리도 중세와 같은 사고방식을 가진 것일지 모른다. 우리가 아이들에게 "장난감을 조심해서 다뤘어야지. 그거 사주려고 내가 얼마나 힘들게 일했는지 알잖아."와 같은 식으로 말하는 것도 이런 사고방식이 튀어나온 경우다.

이제는 대부분의 사람이 아이들에게 유의미한 학습이 이뤄지려면 아이들이 놀고, 만지고, 냄새 맡는 등 보다 감각적으로 학습에 참여해야 한다는 것을 이해한다. 또한 수많은 교육 모델에서 아이가 성인보다 몸을 더 많이 움직여야 한다는 필요성을 인정해 그에 맞는 교육과정을 적용하고 있다. 하지만 아이의 도덕성 발달이나 사고방식의 측면에서는 여전히 중세식 사고방식이 꽤 강하게 자리 잡고 있는 것 같다. 나는 10여 년 전 한 학교에서 일하면서 내 안에 있던 이러한 사고방식을 깊이 깨닫는 경험을 했다. 그 덕분에 나는 아이들을 인도하고 아이들이 타인에 대한 존중심을 갖게 하는 데 교사의 역할이 더욱 중요하다는 것을 마음 깊이 새길 수 있었다.

누구에게나 사연이 있다

십 대 아이들을 대상으로 내가 개발한 사회 교육 프로그램을 진행한 적이 있었다. 우리는 스토리텔링, 신체 동작, 연극으로 사회 문제를 표현했다. 이때 함께했던 학생 중에는 캐나다로 이주한 지 얼마 안 된 로즈도 있었다. 3년 동안 로즈와 함께하면서 우리는 아주 많이 가까워졌다. 로즈는 수업에서 다른 학생들이 만든 이야기와 작품을 보며 깊은 감명을 받아 자신의 이야기를 무용극으로 보여주기로 마음먹었다. 로즈는 난민으로서 겪은 일들을 주제로 작품을 만들었다.

로즈는 자신이 3살 때 이란에서 어떻게 살았는지 우리에게 보여줬다. 그녀의 부모는 발코니에서 싸우고 있었다. 그녀의 아버지는 약물 중독자였는데 통제 불능 상태에서 그녀의 어머니에게 폭력을 행사하고 있었다. 그녀는 어머니에게 달려가 껴안으며 보호하려고 했는데, 그 순간 아버지가 로즈를 3층 높이의 발코니 밖으로 던져버렸다. 그 사건으로 뇌 손상과 지체장애를 비롯해 온갖 신체 문제를 얻었다고 했다. 그런데도 이란에서는 아버지에게 양육권이 있었기 때문에, 그녀의 어머니는 로즈를 데리고 터키로 도망쳤고, 그곳에 있는 난민 수용소에서 8년간 생활하다가 캐나다로 오게 됐다.

이때 프로그램에 함께 참여했던 학생들은 아주 특별했는데, 이 학생들은 로즈가 자신의 오뚝이 같은 인생 이야기를 다른 사람들에게 공유하는 데 엄청난 힘이 되어줬다. 모두의 응원에 힘입어 로즈는 자신의 이야기를 되살리는 과정에 돌입했다. 우리는 로즈의 이야기를 녹음한 후, 거기에 음악을 입혔다. 그런 다음 학생들은 이야기의 각 장면을 율동으로 재창조했다. 로즈는 작품의 제목을 '누구에게나 사연이 있다'라고 정했다. 이 작품은 이제껏 내가 본 학생 작품 중에서 가장 힘겨우면서 감동적이었다. 로즈는 자신이 캐나다에 도착하는 장면에서 이야기를 마치기로 했고, 학생들이 로즈를 밑에서 받쳐 든 채 무대를 천천히 활보해 로즈가 훨훨 나는 장면으로 마무리했다.

아이들이 '더 잘 알 수 있게' 도와야 한다
이 시기에 로즈는 학교에서 많은 아이들이 자신을 매정하게 대한다고 우리에게 털어놨다. 로즈는 심하게 절뚝거리며 걸었고 이목구비가 고르지 않았다. 수술을 이미 열세 번이나 받았지만, 여전히 수술이 남아있는 상황이었다. 아이들이 자신의 외모와 걸음걸이를 가지고 자주 놀린다고도 했다.

우리는 여러 학교를 다니며 진행하는 사회정의 순회공연에 로즈가 만든 작품을 넣기로 했다. 청중으로 참석한 학생들은 진실하고 가공되지 않은 이야기에 감동한 기색이 역력했다. 한번은 공연이 끝나고 나서 그녀를 쌀쌀맞게 대했던 학생들이 로즈에게 몰려와, "우리가 몰랐어. 네가 얼마나 힘들게 살았는지 알았더라면 너한테 잘해줬을 거야."라고 말했다. 학생들은 공연을 보고 난 후 로즈에게 친절하게 대했고, 다가와 안아주기도 했다. 심지어 로즈를 잘 모르고, 전에 만나본 적 없는 아이들도 공연을 보고 나서 로즈에게로 모여들어 따뜻한 관심을 표현했다.

나는 이러한 상황을 보면서 기분이 좋아지기보다 오히려 화가 났다. 내 머릿속에는 '아이들이 로즈에게 친절하기 위해 꼭 그녀의 사연을 알았어야 할 필요는 없잖아.'라는 생각이 스쳤다. 아이들을 친절하게 만들기 위해 로즈가 자신의 이야기를 공유해야 할 필요는 없다. 우리는 모두 상실과 고통을 겪어봤으며, 서로에게 친절해지려고 상대방의 고투를 알아야 할 필요는 없다. 그리고 바로 이런 생각이 내가 갇혀 있었던 중세시대식 사고였다.

나는 아이들이 성인과 동일한 지혜를 가지고 있을 거라 생각한 것이다. 성인은 살면서 경험을 통해 누구나 고통과 상실을 겪는다는 것을 알게 된다. 성인은 인간 경험의 폭을 더 깊이 이해할 수 있다. 나는 식료품점에서 줄 서 있는 누군가와 이야기를 나누거나, 주유소 직원과 대화하거나, 평소 자주 가는 장소에서 사람들을 만날 때, 상대도 나처럼 즐거움, 고통, 상실을 고루 겪어봤다는 것을 짐작할 수 있다. 상대적으로 다른 사람보다 더 많은 경험을 한 사람도 있겠지만, 누구나 각자 자기만의 문제를 경험해봤을 것이라고 짐작할 수 있다.

사람들이 겪어온 일들이 항상 겉으로 드러나는 것은 아닌 데다, 누군가를 존중하기 위해 그 사람의 인생사를 모두 알아야 할 필요는 없다. 하지만 아이들의 경우, 이러한 이해에 도달하려면 교사의 지도가 필요하다. 하지만 대부분의 교사는 이렇게 지도하는 대신 '네가 더 잘 알았어야 했다'고 말할 뿐이다. 교사는 아이들이 서로를 대하는 방법을 이미 알고 있어야 할 뿐만 아니라 서로의 기분이나 경험도 당연히 이해해야 한다고 여긴다.

나는 로즈와의 경험을 돌아보며 학생들을 도울 방법을 보다 완전하게 이해하기 위해 글로 남기기 시작했다. 그 과정에서 수년 전 무대에 올렸던 '나는(I Am)'이라는 작품을 떠올렸다. 제시 하겟Jessie Huggett이라는 다운증후군을 앓는 고등학생이 만든 작품이었다. 제시도 로즈와 마찬가지로 자신의 목소리를 입힌 작품을 만들었다.

그녀는 사람들이 자신을 '다운증후군을 앓는 소녀'라는 일차원적인 시선으로 바라보는 것에 대한 기분을 이야기했다. 제시는 자신이 학교에서 더는 괴롭힘을 당하지 않게 되었지만, 아무도 자신에게 말을 걸지도, 아는 척을 하지도 않는 상황을 학교 순회공연에서 보여줬다. 제시는 주로 혼자 밥을 먹으며 소외당한다고 말했다.

공연이 끝나면 우리는 항상 학생들의 질문을 받고 답변하는 시간을 가졌다. 한번은 어떤 학생이 손을 들더니 "네가 소외감을 느낄 수 있는지 몰랐어. 다운증후군이 있는 사람들이 친구를 사귀고 싶어 하거나 나처럼 감정을 느끼는 줄 몰랐어."라고 말했다. 그 자리에 있던 교사들은 당황한 기색이 역력했고, 급기야 학생 옆에 있던 교사는 학생의 말을 막으려 했다.

하지만 이건 아주 솔직한 감상평이었다. 이 학생은 다운증후군이 있는 사람들이 그렇지 않은 사람들과 동일한 기분을 느끼는지 정말로 몰랐던 것이다. 어쩌면 나 역시도 다운증후군을 앓고 있는 남동생이 아니었다면 그 아이처럼 생각했을지도 모를 일이다. 누구에게나 사랑받고 싶은 욕구, 다른 사람과 유대를 맺고 싶어 하는 욕구가 있다는 생각에 닿지 못하는 아이들이 너무나 많다는 사실을 이 경험을 통해 알 수 있었다.

교사의 역할이 가장 중요하다

유대감이 뿌리내리려면 꽤 오랜 시간이 필요하다. 어쩌면 오늘날 우리가 살아가는 세상이 유례가 없을 만큼 감정적으로 단절되었기 때문일 수도 있고, 어쩌면 아이들의 삶에서 지도자가 되어줄 어른이 사라졌기 때문일 수도 있다. 혹은 타인과 감정적으로 교류할 수 있는 시간과 장소가 줄어들었기 때문인지도 모른다.

어른들은 아이가 나이를 먹어가고 경험을 쌓아가며 자연스럽게 사회적 가치, 덕목, 인성을 배워갈 거라 여긴다. 아이들이 각자의 경험을 쌓아가는 것도 중요하지만, 아이들이 더 자연스럽게 이러한 덕목을 배워갈 수 있도록 하려면 교사의 역할이 무엇보다 중요하다. 교사는 아이들이 스스로 방법을 터득하게 될 거라 짐작해서는 안 된다. 학생들을 이끌어가는 지도자로서 학생들이 인간적 유대가 갖는 힘을 발견하도록 돕는 방법을 찾아야 한다. 이 아이들이 자라 성인이 되어 서로의 차이를 맞닥뜨렸을 때 회피하거나 혐오하는 대신, 서로를 경이로운 존재로 만들어 주는 공통점과 차이점을 소중하게 바라보는 사람이 되길 원한다면 말이다.

만약 아이들이 교사가 바라는 방식으로 상호 유대를 맺지 못하고 있다는 사실을 알게 된다면, 교실에 공동체의식이 아니라 파벌이 가득한 것을 보게 된다면 교사는 어떻게 해야 할까? 아이들이 '보편적인 인간성'을 느끼는 경험을 우리 사회가 제공해주지 못한다면, 교실에서 할 수 있는 방법은 교사가 의도적으로 아이들에게 이러한 경험을 가져다주는 것이다. 다음 장에서는 여러 가지 형태의 예술이 학교를 비롯해 다수의 위기에 처한 기관에 어떻게 도입되고 있는지를 살펴볼 것이다. 수천 년 동안 전해진 예술의 가치를 다시 되짚어보는 과정을 통해 우리는 심도 있으며 지속 가능한 변화를 일으키게 될 것이다.

20
예술의 힘

예술은 감정의 놀이터다

태곳적부터 인간은 어른 아이 할 거 없이 동굴 벽에 그림을 그리고, 모닥불 주변에 모여 춤을 추며, 이야기를 나누고, 노래를 부르며, 흙으로 조각을 빚는 등 다양한 예술 활동을 해왔다. 인간은 놀라우리만큼 감정적인 존재다. 인간에게는 자신을 드러내고 표현하려는 강한 욕구가 있다. 이러한 표현을 통해 인간은 자신을 더 깊이 이해하고 타인의 감정까지 들여다볼 수 있다.

'예술'은 교사가 학생들을 단합시키기 위해 사용할 수 있는 가장 특별한 도구이다. 예술은 능력, 종교, 문화, 배경을 뛰어넘어 학생들이 서로의 진짜 모습을 바라볼 수 있는 경험을 선사한다. 이러한 경험은 진정한 유대를 담아내는 그릇이 된다. 최근 들어 예술이 공동체의 정서적 건강과 행복에 엄청난 영향을 미칠 수 있다는 인식이 새롭게 주목받고 있다. 예술을 '부가적인 것'으로 바라보던 시선에서 예술에 우리를 서로 연결해주는 특별한 힘이 있다고 보는 시선으로 확장된 것이다.

수천 년 동안 우리가 문화적으로 누려온 것들을 돌이켜보면, 우리의 삶 구석구석에 자리 잡은 의식과 관습이 그저 우연이 아니었음을 깨닫게 된다. 예술에는 개인과 공동체의 정서적 건강을 유지하는 데 필요한 지혜가 담겨 있다. 아마도 이러한 이유로 각국의 전통문화에 노래하고, 이야기를 나누며, 함께 춤을 추는 의식이 있었을 것이다. 예술에는 감정을 배출하게 하는 힘, 사람들을 뭉치게 하는 힘이 있다.

최근 들어 많은 학교에서 학생들과 예술 활동을 함께할 때 얻을 수 있는 이점에 주목하고 있다. 나 역시도 이러한 활동에 참여한 학생들이 달라지는 모습을 직접 목격해왔다. 이러한 변화는 학생들이 꾸준하게 정서적 안전감 속에서 예술을 경험할 때 생겨난다. 아이들은 예술 활동에 혼자 참여하지 않는다. 멘토 역할을 하며 아이들이 성장하는 안전한 공간을 제공해줄 수 있는 어른이 활동을 주도하며 아이들을 이끌어야 한다. 어른들이 아이들에게 배울 내용을 그냥 '가르쳐주는' 것이 아니라, 아이들과 '함께 경험'해야 한다. 무언가를 단체로 경험하는 것과 설명으로 듣는 것 사이에는 엄청난 차이가 있기 때문이다.

대체로 우리 사회는 과거를 잘 돌아보지 않으려 한다. 명확하게 설명하기 힘든 과거의 문화적 지혜를 들춰보는 것보다는 새로운 제도를 개발하는 편이 훨씬 더 진보적으로 느껴지기 때문이다. 오늘날 우리는 변화를 위한 프로그램과 교수법을 마련하는 일에 많은 관심을 쏟고 있지만, 본질적으로 덜 성가시고, 덜 모호하며, 규범적인 성격을 띠는 빠른 해결책을 찾으려 한다. 하지만 이것은 건강한 공동체가 오랜 세월에 걸쳐 발달시킨 방법이 아니다. 만약 교사가 변화가 일어나는 원리에 대한 기존의 생각을 버릴 수 있다면, 우리를 단결시킬 문화적 지혜를 교실 속으로 다시 들여올 수 있을 것이다. 그렇다면 실제로는 이러한 경험을 어떻게 활용해야 할까?

학생들이 앞서 소개한 '탐구 모드'로 예술을 경험하면, 자연스럽게 공동체의 변화를 끌어낼 수 있다. 예술은 우리를 복잡한 생각으로부터 건져내 마음 밑바닥까지 닿을 수 있게 한다. 예술에는 우리의 마음을 움직이고, 유연하게 만들어주며, 옳고 그름의 영역에서 빠져나와 경이로움의 영역으로 들어가게 하는 힘이 있다. 이런 경험은 우리의 뿌리부터 완전히 바꿔놓을 수 있으며, 성장형 교실을 구축하는 데 중요한 부분을 차지한다. 우리가 탐구 모드로 예술 활동에 참여할 때 감각이 고조되고, 생각이 열리며, 마음이 유연해지고, 온전히 살아 숨 쉬는 기분을 느낄 수 있기 때문이다. 예술을 함께 경험하면, 서로에게 활기를 불어넣을 수 있다.

교사는 안전한 교실이 선사하는 따스한 분위기 속에서 고전, 스토리텔링, 미술, 춤, 연극, 음악, 합창을 활용해 학생들이 인간적인 것의 의미를 체험하도록 도울 수 있다. 변화는 아는 것이 아니라 느끼는 데서 비롯된다. 예를 들어 세상에 굶주리는 사람들이 있다는 것을 머리로 안다고 해서 반드시 어떤 행동으로 이어진다는 뜻은 아니다. 무언가 '느껴야' 마음이 움직인다. 형태를 막론하고 모든 예술은 인간을 생각이 아닌 감정의 영역으로 데려다 놓으며, 예술은 함께 경험할 때 서로를 바라보게 만드는 힘을 발휘한다.

아이들의 삶에서 놀이가 사라지면 어떤 문제가 생기는지 책의 도입부에서 살펴본 바 있다. 그렇다면 왜 내가 학생들에게 더 많은 '놀이'가 아닌 '예술 활동'을 도입하라고 제안하는지 궁금해 할지도 모르겠다. 내가 예술 활동을 장려하는 이유는 예술 활동이 탐구 모드에서 이루어지면, 놀이의 특성을 그대로 보여주기 때문이다. 예술은 놀이처럼 '날숨'에 해당하는 배출구를 제공하며, 내면에 가라앉은 것을 밖으로 끌어낼 수 있도록 한다.

　게다가 같은 일도 예술이라는 형태로 경험하면 감각을 고조시키고 감정을 자극하며 마음을 더 쉽게 움직일 수 있다. 이런 이유로, 예술은 '감정의 놀이터'가 된다. 그리고 이런 이유로, 예술은 아이들과 청소년을 위한 건강한 배출의 장이자 상호 유대를 맺는 더할 나위 없이 완벽한 수단이 될 수 있다. 지금부터는 예술 활동을 실제 수업에서 활용하는 방법에 대해 살펴보자.

감정 놀이터로 '이야기' 활용하기

이야기는 사람들의 마음을 유연하게 만들어주는 역할을 한다. 춤, 미술, 음악, 합창과 마찬가지로 이야기도 인류의 시작부터 함께 존재해왔다. 이야기는 다양한 방식으로 우리 문화에 기여하는데, 그중 하나는 슬픔, 기쁨, 상실, 고통, 희망 등 온갖 종류의 감정으로의 여행을 통해 타인의 입장을 경험하고, 온전히 인간적인 것의 의미를 이해할 수 있다는 점이다. 우리는 등장인물의 입장이 어떨지 상상해보는 과정을 통해 등장인물에 애착을 가지기도 하고 등장인물이 느끼는 감정에 동화

되기도 한다.

어린아이들이 엄마가 읽어주는 동화를 듣다가 이야기 중간에 끼어들어 "소년이 너무 슬퍼해요. 엄마를 그리워해요. 소년을 도와줘야 해요." "사람들이 이 아이를 놀리면 안 돼요. 그건 못된 행동이에요."라고 표현하는 것처럼 말이다.

독서를 즐기며 다른 사람들의 이야기에 온전히 빠져드는 경험은 정서적으로나 학업적으로나 굉장히 도움이 된다. 하지만 누군가가 이야기를 들려주는 것은 별개의 경험이기에 스스로 읽을 때 얻을 수 없는 다른 선물을 얻을 수 있다. 그중 하나는 별다른 노력을 기울이지 않아도 이야기 속으로 완전히 빠져들 수 있다는 점이다. 아이는 편안한 상태에서 어른이 이끄는 여행에 자신을 맡길 수 있다. 나는 학급에서 정기적으로 책 읽어주는 시간을 가지는데, 이를 통해 아이들이 조금씩 변화하는 모습을 목격할 수 있었다. 교사가 들려주는 이야기가 너무 흥미로워서 아이들이 다음 '책 읽기 시간'이 돌아오기를 학수고대한다면 더 빨리, 더 큰 변화를 끌어낼 수 있을 것이다.

이야기를 듣는 것은 감각 경험이기도 하다. 아이들은 이야기를 들려주는 사람의 음성, 억양, 목소리 크기, 여러 등장인물을 넘나들 때의 목소리 변화를 고스란히 느끼고, 이 과정을 통해 이야기를 들려주는 사람의 감정까지 함께 느낀다. 이야기라는 멋진 방패막을 앞에 뒀기 때문에 교사는 개인적인 약점이나 취약한 모습을 바로 드러내지 않아도 된다. 따라서 감정을 보여주는 것이 교사의 힘을 약화하지 않으며, 학생들이 풍부한 감정을 대신 경험해볼 기회로 활용할 수 있다.

이야기 듣기를 통해 아이들은 각자 자신만의 방식으로 장면을 상상할 수 있다. 혼자 책을 읽는 것과 달리 전체 학급이 교사의 이야기에 주목하면 모두가 같은 경험을 나누는 셈이다. 또한 이러한 경험 속에서도 아이들은 각자 자신만의 개별적인 경험을 한다. 학급 전체가 다같이 공감하거나 슬퍼하면서도, 그와 별개로 자신만의 상상을 펼칠 수 있다는 것은 참으로 멋진 일이다.

이야기를 위한 분위기 조성하기

나는 이야기를 시작할 때면 창가의 커튼을 닫고 비눗방울을 불어 분위기를 조성한다. 이렇게 하면 일상과 동떨어진 신비로운 공간에 와 있는 것처럼 느껴진다. 조명을 어둡게 하거나 교사가 있는 공간 쪽에만 전등을 켜는 것부터 모두가 편안하게 앉을 수 있게 책상 배열을 바꾸거나, 아이들이 누울 수 있도록 매트를 깔거나, 야외로 나가거나, 형형색색의 줄 전구를 다는 것까지 어떤 방법이든 시도해볼 수 있다.

나는 학생들의 나이와 그날 들려줄 이야기의 특성을 바탕으로, 매번 분위기를 새롭게 전환하곤 한다. 또한 학생들이 가만히 앉아서 듣는 것을 힘들어 한다고 느끼면, 종이와 펜을 나눠주고 이야기를 들으면서 조용히 낙서할 수 있게 한다. 이 방법을 쓰면 어떻게든 몸을 움직여야 하는 학생들을 좀 더 효과적으로 붙들어둘 수 있다.

영화를 활용하기

영화는 등장인물이 많고 사건이 풍부한 이야기를 경험하는 좋은 방법이다. 영화는 고학년 학급이거나, 이야기를 듣는 것이 유치하다고 생각해 잘 들으려 하지 않는 학생들이 있는 학급에 좋은 대안이 될 수 있다. 또한 책 읽어주기처럼 조용한 활동에 잘 집중하지 못하는 아이에게는 영화를 이용하는 편이 훨씬 더 수월할 수 있다. 아이들은 대부분 영화라는 매체에 익숙하며, 영화는 청각적으로나 시각적으로도 자극을 주기 때문에 대개 더 손쉽게 아이의 관심을 끌 수 있다.

책 읽어주기와 비교해 영화의 단점은 아이들이 자기만의 방식으로 상상의 나래를 펼치지 못하는 것이다. 게다가 이 경우, 여행을 이끄는 주체도 교사가 아니다. 교사가 책 읽어주기를 통해 아이들을 환상적인 여행으로 이끌 때 아이는 자신과 관계를 맺은 대상의 안내를 받으며 편안한 느낌에 눈뜨게 된다. 교사가 이야기를 들려주는 방법이 가장 좋지만, 상황에 따라 영화를 시청하거나 아니면 두 가지 방법을 함께 활용할 수도 있다.

감정 놀이터로 '연극' 활용하기

연극은 인류의 시작부터 행해져왔으며, 오늘날까지도 건재하게 이어져오고 있다. 아이들과 함께 하는 연극이 꼭 완전한 한 편의 정극이나 공연용 작품일 필요는 없다. 간단하게는 '대사도 없는 단편극'을 연기하는 경험도 아이들이 격식에 얽매이지 않고 함께 참여하는 연극 활동으로 좋다. 연극이라는 수단을 통해 우리는 아이들의 마음속으로 들어가는 놀라운 경험을 할 수 있다. 아이들은 이야기 속 주인공이 되어 자신만의 방식으로 이야기에 생명을 불어넣는다.

교사가 이야기를 들려주는 것과 마찬가지로, 연극 또한 학생들에게 위협적인 느낌을 주지 않는다. 아이들이 연기하는 것일 뿐 실제가 아니기 때문이다. 하지만 경험이 주는 이점은 학생들의 몸과 마음에 고스란히 남는다. 연기를 통해 학생들은 다른 사람이 되는 경험을 할 수 있다. 연기를 하는 순간만큼은 이전에는 불가능하다고 느꼈던 방식으로 자신을 표현할 수 있게 된다.

타인의 이야기와 삶을 구체적으로 표현하는 경험은 학생을 조금씩 긍정적인 변화로 이끈다. 누군가를 보살피는 역할이나 슬픔에 빠진 역할을 연기하면서 무의식 중에 마음에 배려심이 일렁이는 변화를 겪을 수 있다. 이러한 변화가 자발적으로 생겨나는 이유는 아이가 연극 속 상황이 실제가 아니란 것을 알고 수용적인 자세를 취하기 때문이다.

짤막한 이야기와 발상으로 재현하기

나는 아이들에게 짤막한 이야기를 읽어주며 아이들이 문장 단위로 연기하게 하는 방법을 자주 활용하곤 한다. 5세 아이들부터 19세 대학생들에게까지 이 방법을 자주 사용해왔다. 8~10세 아이들 중 상당수는 다양한 그리스 신화를 재현하는 것을 좋아했는데, 한결같이 판도라의 상자 이야기를 가장 좋아했다. 이런 식의 경험은 대사와 연기를 연습해야 하는 한 편의 연극을 무대에 올리는 일보다 시도하기가 편하고, 부담스럽지도 않아 아이들과 교사 모두 스트레스를 덜 느낀다. 이야기를 재현할 때 교사는 그저 큰 소리로 이야기를 읽어주기만 하면 된다.

보통 처음 한 번은 아이들이 조용히 집중해서 듣고, 두 번째로 들려줄 때는 대사가 나오는 부분을 아이들이 동시에 읽을 수 있는 기회를 줘 이야기에 생명을 불어넣는다. 이 방법을 통해 아이들은 여러 등장인물을 넘나들며 자기만의 방식으로 모든 역할을 경험해볼 수 있다. 모두 함께 대사를 읽기 때문에 부끄럽게 느낄 필요도 없다. 교사가 아이에게 각각의 역할을 정해주고 연기를 하는 방법도 좋다. 두 가지 모두 간단하고 재밌는 방법이며, 아이들은 대사를 기억해야 한다는 걱정 없이 교사의 목소리를 마음 편히 따라갈 수 있다. 연습도, 관객도 필요 없다. 오직 경험만 있을 뿐이다.

고학년 학생들의 경우, 학생들이 열광하는 랩 가사를 수업에 활용하는 방법도 재미있다. 또 언젠가는 유엔 아동 인권 선언문을 아이들의 눈높이에 맞춰 각색해 나눠주고, 여러 모둠으로 나눠 각자의 파트를 연기하게 한 적도 있었다.

교사는 연극을 시작하기 전에 겉으로 보이는 모습이 중요하지 않다는 것과 함께하는 과정 자체에 의미가 있다는 것을 이야기해주면 좋다. 학생들이 바로 눈앞에서 이야기를 직접 보고 표현해보는 것은 완벽하게 만들어 가다듬고 필터를 거쳐 경험하는 것과는 상당한 차이가 있다. 옆에서 늘 함께하는 실제 사람들과 함께 이야기 속으로 걸어 들어가는 것이기 때문이다.

감정 놀이터로 '합창' 활용하기

'함께 노래하기'에는 엄청나게 강력한 힘이 있다. 나란히 모여 다른 사람들의 목소리에 자신의 목소리를 더하는 활동을 하는 동안 소름이 돋거나, 눈물이 고이거나, 기쁨, 희망, 활기가 내면에 흐르는 경험을 한

적이 있을 것이다.

교사가 목소리가 '좋다' 혹은 '나쁘다'라는 식으로 평가하지 않는다면, 결과물에 대한 스트레스가 사라져 마음을 열고 즐길 여지가 늘어난다. 오직 함께 모여서 큰소리로 노래 부르는 것에만 중점을 둔다면, 이 활동은 자신의 주변 사람들이 함께 만들어내는 소리의 울림에 둘러싸여 벅찬 감정을 느낄 수 있는 좋은 기회가 될 수 있다.

모여서 노래하는 것의 힘

합창은 학교에서 비교적 쉽게 도입할 수 있는 활동이다.[23] 공연이 아니라 단체 활동을 경험하는 것이 목적이라면, 학급 활동으로 혹은 전교생을 대상으로 하는 주간 활동으로 시행해 볼 수 있다. 모든 아이가 노래를 같이 부르지는 않더라도, 주변에서 들려오는 목소리만으로도 기쁨과 감동을 느끼게 된다.

합창은 합창단의 형태로 실시할 수도 있지만, 이보다 덜 형식적이고 즉흥적인 환경에서도 시도할 수 있다. 교사가 단체로 노래 부르는 경험을 마련하는 과정에서 과거와 현재, 슬픔과 희망, 활기와 우울을 표현하는 다양한 노래를 잘 활용한다면, 아이들이 좀 더 풍부한 감정을 느끼고 마음을 유연하게 하며 타인과의 유대를 경험할 수 있는 여지를 넓힐 수 있을 것이다.

감정 놀이터로 '무용 및 동작' 활용하기

나는 수많은 교사와 함께 일하며 다양한 종류의 예술 활동을 시행해왔다. 그 과정에서 거의 모든 교사가 무용과 동작을 활용하는 것에 거부감을 느낀다는 것을 알게 되었다. 교사들은 자신의 신체를 적극적으로 활용해야 한다는 점을 두려워했다. 교사들이 자신 없어 하고 겁내는 마음도 충분히 이해하지만 우리에게 취약한 느낌을 주는 바로 그 점 덕분에 이 예술 형태는 그 어떤 활동보다 효과적으로 작용한다.

교사 대부분은 신체 동작이 주는 이점을 잘 알지 못하는 데다, 이런 활동을 앞장서서 유도해야 한다는 생각만으로 긴장하고 만다. 하지만 교사가 무용에 대해 갖고 있던 생각을 잠시 내려놓을 수 있다면, 이러한 경험을 주도하는 자신의 능력과 이 경험을 통해 얻을 수 있는 효과에 깜짝 놀라게 될 것이다.

단체 무용이 수천 년 동안 존재해왔고 오늘날까지도 건재해 번창하는 데는 그만한 이유가 있다. 무용은 감정이 주도하는 활동이다. 음악에 몸을 맡길 수 있을 정도로 정서적으로 안전한 장소만 있다면, 우리는 지금까지와는 완전히 다른 감정을 느낄 수 있다. 희열부터 슬픔에 이르기까지 그 자체만으로도 온갖 감정을 느끼게 하는 힘을 가진 음악을 경험하며 생각을 내려놓을 수 있다. 그에 더해 감정을 구체적으로 표현하는 활동이 동시에 이루어지면, 일종의 몰입 상태에 빠지게 된다. 몰입 상태에서는 원초적이고, 취약하며, 연약한 감정의 바닥까지 온전히 닿을 수 있다.

게다가 무용은 언어를 초월하기에 언어 능력이 없거나 부족한 사람들까지도 유대를 맺게 하고, 말로 표현할 수 있는 사람들만큼이나 강하게 '말할 수 있게' 한다. 이 방법은 학생들간에 언어 장벽이 있는 학교에서 유대감을 길러줄 때 아주 유용하다. 아이들이 같은 언어를 쓰지 않는 경우나 말을 못 하는 경우, 다문화 집단, 이주민, 지적장애로 언어표현이 힘든 학생들의 경우에 함께 참여하며 유대감을 쌓을 수 있는 소중한 기회로 활용할 수 있다. 학생들에게 무용을 경험할 수 있는 안전한 장소를 만들어줄 수 있다면, 그 안에서 생겨나는 유연한 분위기는 배려심과 유대감이 자라나는 비옥한 토양이 될 것이다.

텔레비전에서 흔히 접하는 유형의 춤으로는 이러한 종류의 개방성이 생겨나지 않는다. 날씬한 몸매나 리듬감을 요구하는 섹시한 댄스와는 다르게 무용에는 수많은 형태가 있으며, 각각의 형태는 억눌린 에너지를 배출하는 것이든, 마음을 움직이는 것이든, 이야기를 전하는 것이든 인간 욕구의 다양한 측면에 도움을 줄 수 있다. 마음을 유연하게 만들어주는 무용은 여결, 몰입, 감각을 기반으로 한 경험에 가깝다. 이 경험은 성과 지향적이지 않으면서 신체적 능력이나 지적 능력에 상관없이 모든 사람에게 도움이 된다.

권위 있는 교육자와 연구자들도 이런 활동을 장려한다. 호평받는 작가이자 교육 전문가인 켄 로빈슨 경Sir Ken Robinson은 2018년에 기고한 '학교에서 무용이 수학만큼 중요한 이유'라는 제목의 글에서 '무용을 깊이 이해하면 지능이나 성취라는 표준화된 개념에 반기를 들게 되며, 나이와 배경을 불문하고 모든 사람이 몸을 움직이는 경험을 통해 획기적인 변화를 맞게 된다'라고 주장한다.[24] 또한 로빈슨 경은 정규 교육과정에서 배우는 다른 주요 과목(언어, 수학, 과학, 인문학)만큼 무용도 '똑같이' 중요하다고 언급한다.

《세계의 무용 교육(Dance Education around the World)》을 쓴 샬럿 스벤들러 닐슨Charlotte Svendler Nielsen과 스테파니 버리지Stephanie Burridge는 무용의 가치를 주제로 핀란드, 남아프리카공화국, 가나, 타이완, 뉴질랜드, 미국에 이르기까지 전 세계 여러 나라의 최신 연구 결과를 한데 모아 정리했다.[25] 학교에서 무용 교육의 비중이 낮은 것은 전통적인 학업 중심 교육의 비중이 높은 데서 일부 기인한다. 스벤들러 닐슨과 버리지가 수집한 연구 결과 또한 무용을 더 깊이 이해하면 지능이나 성취라는 표준화된 개념에 반기를 들게 된다는 점과 나이와 배경을 불문하고 모든 사람이 몸을 움직이는 경험을 통해 어떻게 획기적인 변화를 맞게 되는지를 보여준다. 그들은 연구를 통해 '무용은 힘겨운 일상에 즐거움과 안정감을 되찾아주고,[26] 폭력과 괴롭힘으로 물든 학교에 긴장을 낮춰줄 수 있다.'는 메시지를 명확하게 전달한다.

단순한 동작 활용하기

무용이나 동작 활동을 통해 온전한 몰입을 경험하려면 부끄러움이나 수치심이 없어야 한다. 따라서 학생들과는 부끄러움을 느낄 가능성이 낮은 아주 간단한 활동부터 시작해보는 것이 좋다.

'무용'이라는 단어를 처음부터 사용하면 학생들에게 부담을 줄 수 있으며, 앞서 언급한 온갖 이유로 고학년일수록 반발이 심할 수 있다. 따라서 학생들에게는 동작 활동을 단순하게 '활동'이라고 인식시켜주는 것이 좋다. 무용 전문가를 초빙하는 대신, 교사가 직접 교실에서 포용적 동작과 무용 활동을 시행하는 것이 대개 아주 효과적일 수 있다.[27] 교사야말로 학생들을 가장 잘 알고 학생들과 밀접한 관계를 맺고 있기에 이러한 경험을 하는 데 필요한 정서적 안전을 더 쉽게 마련해 줄 수 있기 때문이다.

내가 목격한 바로는 교사들도 처음에는 긴장한 모습을 보이지만, 용기를 갖고 활동을 유도해보려고 노력하면서 마음이 가장 단단하게 굳어버린 학생들에게서 나타나는 변화에 그리고 이런 활동을 주도할 수 있는 자신의 모습에 놀라는 경우가 많았다. 춤과 관련된 경험이 전혀 없는 교사들이 이러한 예술 형태를 활용해 가장 다루기 힘든 학생들의 마음을 누그러뜨리고 배려심을 키워준 경우를 수없이 목격했다. 또한 많은 교사가 무용이 이런 느낌을 줄 수 있는지 몰랐다고 입을 모아 말했다.

단단하게 굳은 마음조차 녹이는 예술의 마법

지금쯤 이런 궁금증이 생길지도 모른다. "그런데 교사를 가장 힘들게 하는 학생들은 어떤가요? 남을 괴롭히는 아이들은요? 모든 활동에 무관심한 학생들은요? 무용, 연극, 합창이 그 애들도 변화시켜줄까요?"

무용이 '남을 괴롭히는 아이'를 변화시킬까? 그렇다. 무용이 가장 냉담한 학생들에게 최고의 방법이 될지도 모른다. 심지어 위험인물로 간주되거나 중대 범죄를 저질러 수감된 사람들에게도 이 방법이 도움이 된다. 경비가 가장 삼엄한 교도소에서조차도 무용, 음악, 합창 프로그램은 재소자 개개인의 회복탄력성에 변화를 줄 뿐만 아니라 서로 다른 배경에 상관없이 재소자들을 하나로 뭉치게 한다. 놀랍게도 예술 프로그램은 재소자들을 단결시키고 교도소 문화를 바꾸는 역할을 한다.

뉴욕에서 경비가 가장 삼엄한 싱싱Sing Sing 교도소에서 23년간 수감 생활을 한 케냐타는 음악 프로그램에 대해 '자신이 이제껏 경험한 것 중 가장 혁신적'이라고 평가한다. 자신은 음악 프로그램이 처음 생겼을 때부터 참여했으며 함께한 구성원들 덕분에 타인에게 마음의 문을 열게 되었다고 말한다. 케냐타는 2014년 12월, 교도소에서 '예술로 유대를(Connecting Through Art)'이라는 제목으로 테드엑스TEDx 강연을 했다.[28] 그는 강연에서 "제 외로움의 무게가 조금 가벼워집니다. 저라는 사람에 대해 이해받는 느낌을 받거든요. 당신의 외로움도 조금 가벼워지죠. 제가 당신을 조금이나마 이해해주니까요. 그리고 저에게는 바로 그 점이 결정적으로 작용했습니다."라고 말한다.

예술이 가진 힘을 정서적 성장을 위한 도구로 바라보는 인식이 늘어나면서 재소자에게 정서적 건강을 마련해주는 방법으로 예술 프로그램을 도입하는 교도소가 점점 더 많아지고 있다. 그 결과는 가히 놀라운 수준이다. 싱싱 교도소에서는 무용, 합창, 음악, 연극 프로그램을 운영한다. 좀 더 가깝게는 내가 사는 곳 근처에도 '윌리엄 헤드 인스티튜션William Head Institution'이라는 효과적인 프로그램을 운영하는 지역 교도소가 있지만 내가 싱싱 교도소를 예로 든 이유는 경비가 가장 삼엄한 교도소의 사례를 통해 가장 다루기 힘든 사람들조차 바뀔 수 있다는 것을 보여주고 싶었기 때문이다.

싱싱 교도소에는 '예술로 갱생을(Rehabilitation through the Arts)'이라는 프로그램이 있다. 이 프로그램은 1996년에 싱싱 교도소의 재소자를 교화하려는 목적으로 시작되어, 이제 미국 전역의 교도소 5곳으로 확대되었다. 전문 연극 감독인 케이트 파워스Kate Powers가 작성한 내용에 따르면, 일반적인 재범률은 68퍼센트인 데 반해, 교도소 내 예술 및 교육 프로그램에 참여했던 재소자 중 출소 후 재수감되는 비율은 10퍼센트 정도밖에 되지 않는다고 한다.[29]

이 분야에 대한 연구가 활발해지면서 교수, 연구원, 의사, 심리학자, 교육자, 범죄학자까지 모두 한마음으로 예술이 가진 변혁의 힘을 언급하고 있다. 실비 프리곤Sylvie Frigon의 최신 저서 《무용, 구속, 회복력 있는 신체(Dance, Confinement and Resilient Bodies)》에서는 춤을 이용해 범죄 행위를 교정하고 취약계층을 지원하는 전 세계의 기관 7곳에서 하는 일을 집중적으로 살펴본다.[30] 이 책에는 내가 여학생들을 대상으로 개발한 체험 예술 교육과 사회정의 탐구 활동을 결합한 동작 프로그램이 수록되어 있다. 더불어 싱싱 교도소의 사례와 연구 내용을 비롯해 전 세계 5개 기관에서 무용과 동작을 통해 정서적 건강과 회복 탄력성을 키운 활동 사례도 담겨 있다. 이러한 예술 프로그램이 가장 험난한 공간에서 마음이 단단하게 굳어버린 범죄자에게 효과를 발휘할 수 있다면, 학교에서 가장 다루기 힘든 학생들에게도 당연히 통할 수 있을 거라 확신한다.

21
깨어날 시간

우리는 무엇이 아이들의 삶에서 사라졌고, 무엇이 아이들을 불안하고 공격적이며 무심하게 만들었는지 살펴보면서 이 여정을 시작했다. 달라진 환경과 그로 인해 아이들의 행동에 생긴 변화도 살펴봤다. 교사가 아이들과 가까워지고 지도자로서 주도적인 위치에 있으려면 관계 맺기와 애착이 무엇보다 중요하다는 사실 또한 알게 됐다. 아이들의 대표적인 문제 행동을 하나씩 짚어보면서 행동의 배경이 되는 정서적 토대에 대해서도 자세히 살펴봤다. 그 다음으로는 부정적 정체성에 갇힌 학생들을 도울 수 있는 전략을 짚어봤다. 마지막으로는 건강한 공동체가 성장하는 데 필요한 환경을 고찰하고 다양한 예술 활동이 아이들의 삶을 어떻게 변화시킬 수 있는지도 살펴봤다.

이번 장에서는 이 모든 요소가 하나로 어우러지면 어떤 모습이 나타날 수 있는지 알아보자. 이제까지 여러 기관과 교육 모델에서 어떻게 이 모든 요소를 성공적으로 한데 모았는지 살펴볼 것이다. 더불어 교사가 개별적으로 실천할 경우 어떤 상황이 펼쳐질 수 있는지 살펴보면서, 당신도 자신의 학습 공동체에 변화를 일으킬 수 있다는 자신감을 얻을 수 있을 것이다.

빅 메디슨 스튜디오 이야기

내가 가르치는 십 대 학생들을 데리고 니피싱 퍼스트 네이션Nipissing First Nation(캐나다 온타리오 북부에 있는 니피싱 호의 해안가를 터전으로 생활하는 여러 원주민의 공동체로, 대표적인 부족으로는 오다와족Odawa, 오지브웨족Ojibwe 등이 있다.-옮긴이)에서 관할하는 '빅 메디슨 스튜디오Big Medicine Studio'를 방문하는 기회를 여러 번 얻었다. 우리는 그곳에 상주하는 '안미타지Aanmitaagzi'라는 예술 단체와 3~4일간 함께 보내기 위해 니피싱 호 인근의 숲으로 수학여행을 갔다. 안미타지는 오지브웨족의 언어로, '그(녀)가 말한다'라는 뜻이다.

　나는 그곳에 갈 때마다 발견과 유대를 끌어내는 데 얼마나 다양한 학습 모델이 사용될 수 있는지를 새삼 깨닫는다. 이 단체에서는 공동체를 구축하는 수많은 건강한 요소들을 모두 하나로 모아놓아 그곳에 있는 것만으로도 인생이 바뀌는 경험을 할 수 있다. 이곳에서 교육은 나이나 대상에 따른 구분 없이 관계를 기반으로 이루어진다. 참가자들은 스튜디오 안팎에서 활동하고, 자연 속에서 그리고 자연과 더불어 창작 활동을 펼친다. 함께 요리하고, 함께 청소하며, 함께 놀이하는데, 이것은 '학생들을 위해서' 따로 마련된 활동이 아니다.

이곳에서 학생들은 교사가 인솔하고 기다려주는 방식으로 배우지 않는다. 이곳에서는 여러 세대가 어우러져 지내며, 교사, 연장자, 안미타지 운영진의 가족, 학생들이 모든 활동에 함께 참여한다. 우리가 안미타지로 겨울 수학여행을 떠난 해에는 폭설이 내렸다. 수학여행에 참여한 학생들 중에는 도시를 한 번도 벗어나본 적 없는 아이도 있었다.

학생들이 긴장한 모습이 역력했기에 우리는 서로 최대한 용기를 북돋워주고 안심시키려 노력했다. 우리는 방한복과 장갑을 챙겼고, 니피싱 퍼스트 네이션까지 함께 차를 타고 갔다. 내가 운전하는 승합차는 십 대들의 활기 넘치는 에너지로 가득했다. 여느 십 대 아이들이 모였을 때와 다름없이 우리는 음악을 들으며 수다를 떨었다. 차로 4시간이 걸리는 여정에서 절반 정도 지났을 무렵 아이들은 모두 잠에 빠졌고 그 상태로 목적지에 도착했다.

잠에서 덜 깬 학생들이 빅 메디슨 스튜디오로 걸어가 문을 열자 안미타지의 운영진인 시드 밥Sid Bobb과 페니 쿠치Penny Couchie, 그들의 자녀들, 부족공동체의 원로들, 예술가들까지 우리를 환영하려고 입구에 줄지어 서 있는 모습이 눈에 들어왔다. 그들은 따뜻한 포옹으로 우리를 맞아주었는데, 그들에게는 우리를 처음 만난 것이 아무런 문제가 되지 않으며 그저 따스한 환영의 인사를 보내는 것이 가장 중요한 듯 보였다. 그들이 너무도 편안한 분위기로 우리에게 먼저 다가와준 덕분에 학생들도 금세 웃으며 인사를 나눴다.

우리는 곧장 함께 식사하는 자리로 안내받았다. 어른들과 원로들은 따로 앉지 않고 학생들 사이에 앉아 대화를 나눴고, 그들은 학생들의 생활에 진심으로 관심을 보이며 관계를 맺어 나갔다. 나흘에 걸쳐 우리는 연극, 미술, 춤, 음악, 이야기를 경험하는 시간을 가졌다. 원로들의 이야기를 들었고 우리의 이야기도 들려줬다. 우리가 둥글게 모여 앉아서 혹은 함께 식사를 준비하면서 나눴던 이야기는 춤이 되고, 그림이 되고, 연극이 되었다. 그런데 그중에서도 나에게 유독 특별한 기억으로 남은 경험이 있다.

당시 우리는 그 지역의 신화를 주제로 한 워크숍에 참여했다. 이 워크숍은 여러 모둠으로 나뉘어, 모둠별로 신화의 특정 부분을 맡아 재연하는 방식으로 진행되었다. 우리는 그날 저녁 밤하늘 아래 꽁꽁 얼어붙은 호숫가에서 이야기를 공유할 예정이었다.

우리는 온종일 워크숍을 준비했다. 숲속에서 나뭇가지를 주워와 끈으로 묶어 임시 무대를 만들었다. 어떤 모습으로 만들지 미리 계획하지는 않았지만, 만들다 보니 무언가 형태가 갖춰지기 시작했다. 우리는 반짝이는 빛을 만들겠다고 파이용 은박 접시에 물을 채운 후 그 속에 잔가지와 솔방울을 넣었다. 그 상태로 오후 동안 얼렸다가 저녁에 꺼내보니, 둥근 스테인드글라스처럼 보였다. 그 아랫부분을 작은 양초로 받친 후 나뭇가지 무대 주변의 얼어붙은 호수 위로 흩뿌려 놓았다.

날이 어두워지자 우리는 완전 무장을 하고 다 같이 호숫가로 걸어갔다. 눈앞에 마법 같은 장면이 펼쳐졌다. 우리 모두 자연에 대한 경외심으로 얼어붙은 채 그 자리에 서 있었다. 학생들은 커다란 눈을 껌벅이며 넋을 놓고 호숫가를 바라보고 있었다. 주변은 쥐 죽은 듯 고요했다. 셀 수 없이 많은 별이 밤하늘을 수놓고 있었다. 우리는 끝없이 펼쳐진 설원과 다이아몬드가 수놓인 하늘처럼 보이는 호숫가 위에 한참을 넋 놓고 서 있다가, 마침내 연극과 동작을 이용해 각자의 이야기를 선보이기 시작했다.

　나이, 종교, 문화, 배경, 역량이 제각각인 사람들이 하나로 모였다. 모둠마다 학생과 교사가 섞여 있었다. 우리는 신화에서 맡은 부분을 함께 연기했다. 미리 암기하거나 연습한 건 없었다. 그저 각자 맡은 부분의 내용을 대략 파악하고 있는 정도였다. 우리 모둠은 음악을 사용하지 않았지만, 어떤 모둠에서는 드럼을 사용했고, 돌 두 개를 리드미컬하게 맞부딪쳐 내는 소리로 배경음을 만든 모둠도 있었다. 어떤 모둠은 무언극을 펼쳤는데, 이때는 바람 소리와 눈 밟을 때 나는 뽀드득 소리 말고는 아무 소리도 들리지 않았다. 청중도, 박수 소리도 없었다. 이 공연은 오직 우리 자신을 위한 일이었다. 우리는 밤의 고요함 속에서 예술이라는 수단을 이용해 함께 공연했다. 우리는 서로에게 귀 기울였고, 자연에 귀 기울였다.

　그날 이후 우리 반은 완전히 달라졌다. 우리는 말로는 표현하기 힘든 방식으로 서로 유대를 맺고 있었다. 별이 쏟아지는 어둠 속 고요한 눈밭에 함께 모여 있던 그 순간, 우리는 모두 서로 연결되어 있음을 느낄 수 있었다.

　교사들이 학생들에게 도움이 되는 여러 가지 방법을 물색할 때, 이처럼 훌륭하게 운영되는 다른 모델이나 프로그램으로 눈을 돌려보는 것도 도움이 될 수 있다. 지금껏 해오던 것과 방법을 달리하면 결과가 어떻게 달라질 수 있는지 알아보기 위해 잠깐이라도 다른 교육 모델을 고찰해보는 것은 가치 있는 경험이 될 수 있다. 우리가 학교나 교육위원회를 바꿀 수는 없어도, 다른 교육 모델의 장점을 반영하고 일부 개념을 적용해 소규모 단위에서 교사가 자체적으로 변화를 불러일으키는 일은 가능할 수도 있기 때문이다. 다음으로는 핀란드의 학교 교육제도에 대해 살펴보려 한다. 아동교육에 관한 핀란드의 접근 방식은 다른 서양의 교육 모델과는 확연한 차이를 보인다.

핀란드가 주는 교훈

핀란드에서는 예술을 아주 중요한 과목으로 여긴다.[31] 핀란드의 교육제도에서는 예술이 개인의 성장과 행복에 필수적이라고 인식한다. 핀란드의 학교에서 예술은 학생이 자신과 다른 친구들의 경험을 이해하는 방법 또는 학생이 자의식을 갖도록 도와주는 방법으로 활용된다.

　　캐나다에도 표현 및 유대를 위한 수단으로 예술 교육의 필요성을 언급하는 교육과정이 있다. 하지만 상당수 교육과정에서 문서상 이 내용을 명확히 언급하고 있더라도, 아직 생활 속으로 깊숙이 스며든 상황은 아니다. 예산이 빠듯해지면 보통 예술 프로그램이 삭감 대상 1순위에 오르는데, 정부에서 예술 프로그램을 필수적인 것이 아니라 부가적인 것으로 바라보기 때문이다. 정부의 이러한 태도는 학생의 삶에서 예술이 발휘하는 진가를 아직 제대로 알아보지 못하고 있을 수많은 학생, 부모, 교사에게로 흘러 들어간다. 예술 과목 교사들은 대부분 자신들이 수학이나 과학 교사만큼 진지하게 대우받지 못한다고 이야기한다.

　　이와 달리 핀란드에서는 교사, 학생, 부모가 예술의 가치를 다수의 서양 문화권 사람들과는 다르게 인식하는 편이다.[32] 예술을 부가 과목으로 여기지 않는 정도가 아니라 거의 숭배하는 수준으로 중요하게 여기다 보니, 학생과 학교의 지지와 참여 수준이 완전히 다르다. 핀란드의 학교에서 예술 교육에 이처럼 큰 가치를 부여하는 것이 이해되는 이유를 핀란드의 핵심 교육이념에서 찾을 수 있다.[33] 핀란드는 학생의 행복을 증진하는 교육 환경이야말로 좋은 교육을 이루는 가장 중요한 요소라고 본다.

핀란드 학교에서만 볼 수 있는 학생의 행복 증진을 위한 활동 중 대표적인 것은 45분 수업이 끝날 때마다 15분간 의무적으로 야외에서 노는 시간을 갖는 것이다.[34] 놀이는 대개 선생님이 주도한다. 15분의 야외 활동 시간을 교사가 주도하는 놀이와 즉흥적인 자유 놀이 시간 중 무엇으로 활용할지는 교사가 결정한다. 핀란드에서는 학생과 교사 간의 관계에 강한 비중을 두고 있기에 교사가 놀이를 주도하지 않을 때도 대개 놀이에 함께 참여한다.

그리고 어린아이들의 경우 그 범위가 훨씬 더 확대된다. 핀란드에서는 어린아이에게 놀이 시간을 충분히 줘야 한다는 믿음이 교사와 학부모 사이에 널리 퍼져 있다. 그러다 보니 핀란드 아이들은 대부분 8세가 되어서야 1학년으로 입학하며, 그전까지는 하루 중 대부분을 놀면서 보낸다. 아이들은 1학년이 된 후에도 충분한 놀이 기회를 얻는다.[35]

예술, 놀이, 야외 활동에 상당한 시간을 할애하는 방법으로 핀란드는 읽기 및 수학능력시험에서 우수한 국제 학업 성취도를 보이며 '하드 스킬hard skills(특정한 업무를 실제로 수행하는 데 필요한 기술적 지식-옮긴이)'을 입증한다. 이에 더해 교사와 학생 간 협업과 유연한 교육과정을 통해 '소프트 스킬soft skills(대인관계와 관련된 능력으로 개인의 기질-옮긴이)'이 훌륭히 학습된 모습을 보여주며, 핀란드는 양쪽 영역 모두에서 최

고의 교육을 제공하는 세계 최고의 국가로 인정받았다.[36]

우리가 핀란드처럼 학생들에게 표현 기회를 좀 더 마련해준다면 교실 분위기는 어떻게 달라질까? 우리가 예술 교육을 가치 있게 여기고 개별적으로 학생들과 예술 활동에 참여한다면 어떨까? 날숨을 위한 공간이 좀 더 늘어나고 일과 중 야외에서 에너지를 배출할 수 있게 된다면 학생들은 어떻게 달라질까? 학생들과 함께 협업하고 즐겁게 유대를 맺는 시간이 더 많아진다면 어떤 변화가 생겨날까?

핀란드의 교육 제도에서 내가 감탄해 마지않는 부분이 아주 많지만, 핀란드 학교에서 중점을 두는 요소 중 감정적으로 아주 건강하고 문제 행동이 거의 발생하지 않으며 불안이 낮은 교실을 만드는 일과 직접적으로 관련된 네 가지를 정리하면 다음과 같다.

1. 교사의 강력한 리더십
2. 학생과 교사 간의 협력
3. 예술에 가치를 부여하고 함께 경험하는 것
4. 야외에서 함께 노는 시간을 마련하는 것

이 네 가지는 사는 지역이나 어떤 교육과정을 따르느냐에 상관없이 우리가 조금씩 실천할 수 있는 것들이다.

당신도 할 수 있는 '모으기' 방법

핀란드의 교육 모델에서 변화를 일으키는 요소를 자세히 들여다보면 그리 대단한 것은 없다. 이 모델에서는 요즘 교육 제도에서 선호하는 미래지향적 교육환경 구축에 주목하지 않는다. 학생들에게 최첨단 컴퓨터 프로그램이나 학습용 공간을 제공하지도 않는다. 그보다는 관계, 놀이, 야외 활동, 표현에 기반을 두고 있으며, 이러한 요소가 일상의 학습에 자연스럽게 녹아들어 있다.

학생들에게는 정해진 학습 시간 외에 일상 속 다양한 경험이 필요한데 구체적으로는 소소한 경험을 주기적으로 하는 것이 가장 중요하다. 여러 가지 감각을 일관되게 경험하는 것이야말로 우리를 자신의 감정에 닿을 수 있게 하기 때문이다. 교사는 교실의 친밀한 분위기 속에서 학생들을 위해 모든 것을 하나로 모아주는 즐거우면서도 강력한 경험을 유도할 수 있다.

점심시간과 쉬는 시간을 활용해 학생과 관계를 맺고 학생들의 감정 배출과 표현을 위한 공간을 마련해주는 방법으로 학교를 변화시킨 퀘벡의 한 학교 이야기를 들여다보자. 거창한 제도 변경이나 새로운 교육과정, 신규 장비 없이 오직 쉬는 시간만으로 이뤄낸 성과란 점이 놀랍다. 변화를 꿈꾸고 있지만, 무엇부터 시작할지 막막하다면 이 사례를 통해 자신감을 얻을 수 있을 것이다.

쉬는 시간의 마법

피에르 엘리엇 트뤼도Pierre Elliott Trudeau 초등학교
데이비드 맥폴David McFall 교장

춥지만 화창했던 2월 중순의 어느 날, 나는 쉬는 시간에 학생들이 노는 모습을 관찰하러 운동장으로 나갔다. 고학년용 운동장을 어슬렁대다 보니, 아이들이 거의 눈에 띄지 않았다. 우리 학교에는 고학년 학생만 300명이 넘고, 저학년 학생도 250명이나 있는데 어떻게 된 일일까?

운동장에 학생들이 별로 없던 데는 이유가 있었다. 학생들은 대부분 여러 가지 활동에 참여하고 있거나 저학년 학생들을 보살피고 있었다. 아마 이 순간이 피에르 엘리엇 트뤼도 초등학교에서 교장으로 보낸 지난 10년의 세월에서 가장 뿌듯한 순간일 것이다. 그 자리에 잠시 멈춰 서서 나와 학교를 완전히 바꿔놓은 눈부셨던 여정을 돌아보았다.

돌이켜보면 10년 전 우리 학교의 모습은 지금과는 완전히 딴판이었고, 10년 전의 나도 지금의 모습과는 거리가 멀었다. 당시 나는 초등학교에서 근무해본 적이 없는 상태로 갓 부임한 새내기 교장이었다. 고등학교 교사로 8년, 고등학교 교감으로 7년을 보내다 보니 초등학생을 보살피는 역할에 대한 준비가 부족했다. 스쿨버스의 문이 열리면서 아주 조그마한 아이들이 버스에서 내리던 순간, 잔뜩 주눅이 들어버린 첫날의 내 모습이 지금도 머릿속에 생생하다.

초등학교 교장으로 보낸 첫 6개월은 아주 형편없었다. 쉬는 시간과 점심시간마다 최소 열 명에서 스무 명의 학생들이 공격적이거나 예의 없는 행동을 해서 교장실로 보내졌다. 나는 매번 본능적으로 징계를 주곤 했다. 쉬는 시간이나 체육 시간을 박탈하거나 심지어는 정학 처분까지 내렸다. 나는 아이들에게 벌을 주는 데 너무 바쁜 나머지 점점 나빠지고 있는 상황을 제대로 보지 못했다.

그러던 어느 날, 마치 하늘이 준 선물처럼 나에게 인생을 바꿀 그리고 꿈에도 생각 못 했지만 여러 인생을 구할 기회가 찾아왔다. 내가 아동 발달에 문외한이라는 것을 눈치챈 한 교육위원회 위원이 '아동 이해하기(Making Sense of Children)'라는 뉴펠드 박사의 강의에 나를 등록해줬다. 첫 번째 강연을 듣고 나서 나는 몇 달 만에 처음으로 천천히 상황을 되짚어보기 시작했다. 그제서야 비로소 전체 상황을 다르게 바라볼 수 있었다.

그날 이후 행동치료 전문가인 데클란에게 쉬는 시간에 체육관에서 운동을 가르치도록 했다. 체육관에서 새롭게 실시하는 스포츠 프로그램은 내가 운동장에 없었으면 하는(자주 문제 행동을 일으키는) 아이들 15~20명만을 대상으로 했다. 쉬는 시간에 이렇게 작은 조치 하나를 취한 것만으로도 즉시 효과가 나타났다. 쉬는 시간마다 교장실로 보내지는 아이들이 순식간에 20명에서 10명가량으로 줄어들었다. 운동장에서 상습적으로 행동 문제를 일으키던 '가해자들'이 체육관에서 적절한 보살핌을 받으며 달라지기 시작했다.

운동 프로그램의 인기는 대단했다. 착한 아이들이 쉬는 시간에 체육관에 들어가고 싶어 일부러 나쁜 행동을 하려 한다고 교사가 언급하고 난 뒤로, 우리는 체육관 운영 방침을 매달 조금씩 변경했다. 학년마다 서로 다른 요일에 체육관을 이용할 수 있다는 개념을 도입했고, 자신의 학년에 해당하는 날에 체육관에 들어가고 싶은 학생들을 위해 가입 신청서도 비치했다.

교사의 울타리 속에서는 모든 아이가(심지어 피구 경기를 하는 아이들 50명까지도) 잘 어울려 놀 수 있다는 것을 알게 됐다. 아이들은 교사에게 깊은 애착을 갖게 됐고, 체육관에 가는 날이 돌아올 때마다 흥분한 모습을 보였다.

우리는 쉬는 시간에 할 수 있는 활동을 점차 늘려갔다. 운동 프로그램을 운영하며 알게 된 새로운 사실은 모든 아이가 운동을 좋아하지는 않는다는 것이었다. 저학년 학생들을 위해 레고 클럽을 신설했고, 고요함과 평화로움을 원하는 고학년 학생들을 위해서는 독서실을 마련해주었다. 쉬는 시간에 조금씩 변화를 도입하는 방법으로 우리는 운동장에서 발생하는 사건의 수를 하루 5회 정도로 줄일 수 있었다.

한 가지 더 새롭게 알게 된 사실은 학교 일을 돕는 데 관심 있어 하는 아이들이 많다는 것이었다. 그래서 우리는 학생들에게 전략적으로 돌보미 역할을 맡기는 방법에 관해 의논했다. 어떤 학생들은 식당에서 요리사를 도울 수 있는지 물었고, 어떤 학생들은 운동장에서 저학년 학생들과 놀아줘도 되는지 물었다. 우리는 몇 달 만에 '플레이메이커스Playmakers'라는 프로그램을 마련해 학생들에게 놀이를 진행하는 방법을 교육했고, 꼬마 요리사 프로그램을 마련해 주방에서 요리하고 보조하는 방법을 가르쳤다.

최고로 빛을 발한 순간은 학생들에게 점심시간에 운영할 클럽이나 활동을 위한 아이디어를 생각해보라고 말했을 때였다. 학생들이 클럽이나 활동을 제안하면 이것을 감독해줄 수 있는 교사를 구하면 되는 일이었다. 학생들은 매일같이 교장실을 문턱이 닳도록 드나들거나 복도에서 나를 불러 세우며 "선생님, 저희가 클럽을 시작하고 싶은데요."라며 말문을 열었다. 학생들에게 자신이 하고 싶은 것을 말할 기회를 마련해준 것이야말로 최고의 선물이었다. 클럽 활동을 통해 학생과 교사 간에 건강한 애착이 생겼고, 아이들은 평온한 상태로 보살핌을 받는 느낌을 알게 됐다.

저학년 운동장을 거닐다 보니 가장 아름다운 장면이 눈에 담긴다. 고학년 학생들은 어린 학생들을 돕고 있고, 수없이 많은 아이가 뛰어다니고 손뼉을 치며 몸을 흔들고 있다. 아이들이 뜨개질, 구슬치기, 노래, 요리, 춤, 독서, 드럼 치기, 만화책 만들기, 루빅큐브 풀기 같은 다양한 클럽이나 활동에 참여하며 교사와 유대를 맺고 있는 모습을 보고 있자니 가슴이 벅차오른다. 햇병아리 교장이었던 내가 이제야 아동기의 의미를 제대로 이해하게 되었다. 아동기의 핵심은 결국 놀이와 애착이었다. 교사들은 학교에서 매 순간 너무 바쁘게 지내다 보니 발달 과정의 결실을 직접 보는 기회를 거의 얻지 못한다. 하지만 실제로 변화를 눈앞에 마주할 기회는 곳곳에 존재한다.

나만의 방법을 찾자

교사는 학생들에게 새로운 기회를 만들어주기 위해 스스로 편안하다고 느끼는 방법을 찾아야 한다. 누군가는 운동을 활용할 수 있는데, 신체 활동은 억눌린 에너지를 발산하는 훌륭한 방법이자 사람들을 공동의 목표로 단합시키는 즐거운 활동이 될 수 있다. 누군가는 과학 탐구나 발명을 활용할지도 모른다. 누군가는 목공을 하며 함께 무언가를 만드는 즐거움을 누릴 것이다. 예술을 이용하는 사람도 있을 것이다. 또한 자연 속에서 학생들을 지도할 때 가장 편안하다고 느끼는 교육자도 있을 것이다. 그리고 당신은 당신만의 방법을 찾게 될 것이다. 학생들과 매주 산책하는 시간을 가질지도 모르고, 공동 텃밭을 만들어 학급 전체가 당신과 함께 채소를 키우고 관리하는 일을 할 수도 있을 것이다.

당신이 어떤 방식으로 학생들에게 경험을 마련해주든 이 과정을 따로 기억해야 할 필요가 없도록 주기적인 의식으로 만들어두면 좋다. 활동을 하는 시간이 정해져 있으면, 학급이 의지할 수 있는 체계가 만들어진다. 당신은 학생들과 유대를 맺고 있는 상태에서 학생들이 감정적으로 건재한지 확인할 수 있다. 학생들은 실제적이고 진실한 방법으로 자신의 선생님 그리고 친구들과 맺은 유대를 지킬 수 있다.

성장의 의미 확장하기

누구든 혼자서는 성장할 수 없다. 성장은 고독한 경험이 아니며, 혼자 따로 떨어져서는 절대 이룰 수 없는 것이다. 진정한 성장은 유대와 공동체라는 맥락 속에서 피어난다.

교사는 교실 안의 지도자로서 학생들에게 '관계'라는 선물을 줄 수 있다. 그리고 관계를 맺은 상태에서는 학생들이 자신의 진정한 모습을 드러낼 수 있을 정도로 안전하다고 느끼는 환경을 만들어 줄 수 있다. 학생들이 자신의 개성에 기반해 중심을 잡게 되면, 교사는 학생들에게 서로의 인간성을 감지하고 느낄 수 있는 경험을 마련해줄 수 있다. 이렇게 하면, 성장은 관계의 결실로 모습을 드러낼 것이며, 시간이 흐르면서 학생들은 더욱 멋지게 성장할 것이다.

내가 당신에게 바라는 것은 당신이 맨 처음 교사가 되었을 때 품었던 소명을 다시 꺼내 보는 것이다. 또한 당신이 아이들 삶의 일부가 되는 것에 흥분하게 만들었던 그 불꽃에 다시 불을 붙이는 것이다. 우리가 학생들에게 너그러운 마음을 가지려고 애쓰는 것과 마찬가지로 당신 자신에게도 너그러워지길 바란다. 당신이 학생들을 지금까지와는 다르게 바라보고 학생들에게 당신이 얼마나 필요한 존재인지 진정으로 깨닫는 데 이 책이 도움이 되었기를 바란다.

학생들에게는 당신이 필요하다. 지금은 물러설 때가 아니라, 적극적으로 개입해서 학생들의 진정한 성장을 이끌어내야 할 때다. 교사는 세상에 변화를 일으키는 존재이며, 세상은 그 어느 때보다 당신이 필요하다.

앞으로의 여정에서 우리가 '태양 같은 존재'라는 것을 항상 기억하자. 우리는 얼어붙은 아이들의 마음을 녹일 수 있고, 아이들이 가진 고유의 아름다움에 빛을 비춰줄 수 있다. 우리가 가진 온기는 학생들이 자신의 장막을 거둬내고 마음의 문을 열 수 있을 정도로 안전하다고 느끼게 할 만큼 강력하다. 또한 뒤돌아서 빛을 쬐고 싶을 만큼 온화하기도 하다. 매일 아침 태양이 우리를 깨우듯 우리는 따스한 리더십으로 학생들이 자기 자신에게, 우리에게, 서로에게 눈뜨고 자신의 완전한 인간성을 경험하는 데 필요한 환경을 제공해줄 수 있을 것이다. 이제 교실로 돌아가 당신만의 방법으로 아이들의 삶을 바꿀 차례이다.

학부모·교사·교장·상담교사를 위한 제안

학부모를 위한 제안

이 책을 읽었다면 당신의 자녀에게 필요한 것을 바라보는 통찰력이 생겼을 것이다. 자녀가 학교생활에 잘 적응하지 못한 채 힘겨워 하고 있다면 이 통찰력을 바탕으로 문제를 헤쳐나갈 방법을 찾을 수 있을 것이다. 도움이 될 만한 방법을 몇 가지 소개한다.

유대를 맺고 공간을 만들어주기

부모는 가정에서 의도적으로 자녀와 유대를 맺고, 자녀의 감정이 밖으로 표출될 수 있도록 충분히 안전한 정서적 환경을 만들어줘야 한다. 함께 달리기, 트램펄린에서 점프하기, 드럼 치기, 즉흥 댄스파티, 방과 후 간식 시간처럼 다양한 방법으로 하루 동안 쌓인 좌절감을 내보내고 불안을 잠재울 활동을 시도해보자.

충분한 놀이 시간 마련해주기

아이가 내면에 쌓인 감정을 배출하고, 자신을 표현하며, 세상을 탐색할 기회를 얻을 '자유 놀이 시간'을 주기적으로 제공하면, 자연스럽게 좌절감과 불안을 잠재우는 데 도움이 된다. 더불어 자녀에게 자연 속에서 보내는 시간을 마련해준다면 더욱 놀라운 효과를 얻을 수 있다.

아이가 부모와 떨어져 있는 시간을 버틸 수 있게 돕기

자녀가 아직 어리다면, 온종일 당신과 붙어 있으려 할지도 모른다. 이때 부모가 할 수 있는 일은 자녀가 학교에 있는 시간 동안 부모와의 유대를 확인할 수 있도록 도와주는 것이다. 점심 도시락에 넣어 놓은 쪽지든, 추억이 담긴 사진이든, 특별한 의미가 담긴 목걸이든 언제라도 당신을 떠올릴 수 있는 물건이 도움이 된다. 아주 사소한 변화로도 상황을 변화시킬 수 있다.

자녀를 교사와, 교사를 자녀와 맺어주기

자녀를 교사와, 교사를 자녀와 맺어줄 방법을 찾아야 한다. 당신이 교사를 특별히 좋아하지 않더라도 자녀에게는 교사에 대해 우호적으로 이야기해야 한다. 그래야만 아이가 마음의 준비를 하고 교사의 지도에 순응적인 태도를 보일 수 있다. 교사와 같은 편이 되어야 아이에게도 도움이 된다는 것을 명심하자. 아이를 키우는 마을 개념을 떠올려 보면 좋다. 아이가 자신을 믿어주는 환상적인 팀을 바라볼 수 있도록 해야 한다.

학부모와 통찰을 나누고 싶은 교사,
교사와 통찰을 나누고 싶은 학부모를 위한 제안

아이에 관해 얻은 통찰을 다른 사람과 공유하려면 어떤 방법을 써야 할까? 일단 신중하게, 정중하게, 서서히 해야 한다. 당신이 아무리 열정이 넘친다고 해도 새롭게 얻은 지식을 상대에게 억지로 주입해서는 효과를 보기 힘들다. 상대방이 우리의 말을 들을 준비가 되어 있지 않거나 들을 의지가 없을 수도 있다는 사실을 인정하는 데서부터 출발해야 한다. 우리가 너무 거침없이 밀고 들어가면 상대는 방어적인 자세를 취할 수도 있다. 우리는 그저 아이에 대해서 알게 되는 것을 공유할 만한 여지와 기회가 생기길 살필 뿐이다. 우리 방식대로 밀어붙이는 대신 상대의 마음을 헤아리는 태도를 보일 때, 해결책을 찾을 가능성은 더욱 커진다.

한편이 되기

전통적으로 부모와 교사는 같은 편이었다. 부모와 교사는 한 팀이 되어 아이들이 배우고 성장하도록 지원해왔다. 최근 들어 부모와 교사 사이에 분열이 생기거나 서로에 대한 비판이 난무하는 경우를 많이 보게 되는데, 부모와 교사는 어디까지나 학생들을 위해 존재한다는 사실을 잊지 말자. 학생들이 방황하거나 힘겨워 하고 있다면 부모와 교사는 언제든 한 팀이 될 수 있어야 한다. 의도적으로라도 뭉치고 협력하여 아이들에게 강한 팀의 모습을 보여야 한다.

비난과 비판을 삼가기

교사는 학부모가 자신을 비난하거나 과소평가한다고 느낄 때가 많다. 자신이 아이들에게 얼마나 많은 에너지와 마음을 쏟아붓는지 인정받지 못한다고 느낀다. 어떤 때는 학부모에게 휘둘리고 지시받는다고 느끼기도 한다. 한편 부모는 교사가 자신의 목소리를 외면한다고 느낄 수 있다. 부모 역시 교사가 자신을 비판하며 아이의 문제 행동에 대해 원망한다고 느낀다. 학부모와 교사 모두 아이 앞에서 서로에 대해 부정적으로 말하지 않는 것부터가 시작이다. 이에 덧붙여, 학부모와 교사 사이에 갈등이 존재한다면, 아이 앞에서 드러내지 않고 따로 해결하는 편이 좋다.

긍정적인 상황일 때도 유대를 맺기

아이가 학교에서 어떻게 지내는지 부모에게 알려주는 교사들이 많다. 주로 문제가 있을 때만 그렇게 하는 경우가 많은데, 긍정적인 상황에 대해서도 알려주려고 노력한다면, 부모가 아이를 대하는 방식과 아이가 자신을 바라보는 방식을 바꿔놓을 수 있다. 여기서 당면한 과제는 부모와 교사 어느 쪽도 방어적인 자세를 취하지 않으면서, 한 팀이 되어 서로의 마음을 헤아리는 것이다.

유대를 촉진하기

교사가 아이들에게 가족사진이나 가족 관련 소품을 가져오게 하는 것은 유대를 촉진하는 방법이 될 수 있다. 특히 어린아이들에게 효과적인데, 아이가 학교에 있는 동안 가족과 떨어져 있지 않다고 느끼기 때

문이다. 교사의 환영 편지나 가족이 쓴 자기소개서도 유대를 강화하는
데 도움이 될 수 있다.

공동체 의식 키우기

교사, 학부모, 학생이 함께하는 행사를 마련하고 준비하는 데 힘을 보
태는 일은 교사와 학부모 모두에게 유익하다. 바비큐 데이, 포틀럭 파
티, 디저트의 밤처럼 음식을 곁들인 자리는 아이에 대해 아는 것들을
자연스럽게 공유하고 공동체 의식을 높일 수 있는 훌륭한 기회가 될
수 있다. 계획을 세우는 게 조금 힘들긴 하겠지만, 결과적으로는 더 적
은 노력을 들이는 일이 될 것이며, 그에 더해 학부모와 교사 간 분열은
줄어들고, 아이들은 더 건강하고 행복해질 것이다.

교장과 소통하고 싶은 교사를 위한 제안

교사는 학생들이 학교에서 성공적인 학습 경험을 얻어갈 수 있도록 헌신하고 열정을 쏟는다. 교사의 영향을 가장 직접적으로 받는 대상은 학급 학생들이겠지만, 학교 문화 및 교내 모든 학생의 경험에 영향을 미칠 기회가 생길 때도 있다. 자신의 의견을 교장 선생님 혹은 학교 운영 위원회와 공유하고 싶을 때, 최대한 긍정적이면서 효과적인 결과를 보장받을 수 있는 방법은 무엇일까?

솔선수범 하기

당신이 새롭게 얻은 통찰을 학급에서 그리고 학생들과 소통하며 본보기로 보여주고 몸소 실천한다. 이 책에 소개하는 모으기, 맺어주기, 학급 내 학생들과 다리 놓기 등을 실시할 수 있다.

안전한 공간 마련하기

교실을 학생들이 보복, 선입견, 후폭풍에 대한 걱정 없이 안전하게 자신의 감정을 표현할 수 있는 공간으로 만들어 나가야 한다. 필요하다면, 전교생이 자신의 감정을 표현할 수 있는 안전한 장소를 이용할 수 있도록 교내에 공간을 마련하는 문제를 학교에 건의해볼 수도 있다.

감정의 가치 알아보기

정서적 성장을 우선에 두는 활동을 통해 잠시 학업 성취가 뒤로 밀려나더라도, 교사로서 학생의 감정 발달을 포용하는 모습을 보여야 한다.

감정 발달과 관련된 문제가 잘 보살펴질 때 학업 성취도도 자연스럽게 향상될 것이다. 학습은 절대 마음의 문제와 분리될 수 없다는 점을 기억하자.

언어 선택에 신중하기

학생, 동료 교사, 학부모가 개인적으로 사용하는 언어나 질문에 주의를 기울인다. 아래의 표현과 질문은 학생, 학부모, 동료 교사에게 뭔가 잘 풀리지 않는 일이 있을 때 상황을 파악하는 데 도움을 줄 수 있다.

> "요즘 무슨 일 있니?"
> "지금 [학생 이름]한테 뭔가 답답한 일이 있는 것 같은데."
> "[학생 이름]에게 잘 안 풀리는 일이 있니?"
> "이것 때문에 많이 속상하구나."
> "하루 동안(이번 주에, 이번 달에) [학생 이름]가 뭔가 달라진 것 같은데?"

동료들과 의견 나누기

행동 및 감정 문제를 보이는 학생들과 씨름하는 동료 교사들과 정기적으로 모이는 자리를 마련한다. 학생들을 이해하고 지원하는 방법을 찾아가는 여정에 이들을 초대하여 의견을 나누자.

씨앗 뿌리기

당신이 일궈나가는 변화를 동료 교사 및 교장 선생님이 알아봐 주는 순간을 포착해 당신의 성공담을 공유하는 기회로 삼는다. 교직원 회의 시간에 주어지는 전문 역량 교육, 점심 교육 시간, 방과 후 교사회의, 멘토링 제도처럼 당신이 얻은 통찰을 공유할 만한 순간을 물색한다. 점심을 먹거나 커피를 마실 때 나누는 짧은 대화처럼 일과 중에 동료 교사나 교장 선생님에게 당신이 새롭게 얻은 통찰의 씨앗을 뿌릴 만한 기회를 엿본다. 교장 선생님 혹은 학교 운영 위원회에 교사 연수 교육에 참여하거나 동영상 강의를 듣거나 연구 결과를 살펴보라고 권하는 방법으로 새로운 통찰을 향한 당신의 열정을 효과적으로 보여줄 수 있다.

관여하기

교직원 대상의 전문성 개발 계획을 주시하면서, 가능하다면 위원회에 합류해 의견을 내고 교장 선생님이 교육 계획을 수립하는 일을 옆에서 돕는다. 당신의 생각이 바로 의제로 채택될 거란 기대는 버리고, 당신이 가진 새로운 통찰을 전파할 방법부터 물색하자. 1~2년 정도 걸릴 수도 있는 일이기에, 인내심을 갖는 것이 대단히 중요하다.

교류하기

학교, 교육청, 지역사회 기관 내 사람들에게 먼저 다가가 새로운 통찰을 향한 당신의 열정을 나누며 도움을 준다. 따로 시간을 내어 상담해 주고, 가능하다면 당신이 동료 교사들과 함께하는 북클럽, 동영상 강의 시청, 사례 상담 모임에 합류하도록 초대한다. 비슷한 길을 걷고 있는 다른 교사들을 찾아 교류한다. 그들이 변화의 과정에 발을 담근 지 얼마 되지 않았더라도, 당신의 여정에 도움을 줄 통찰과 경험을 공유하는 데는 아무런 문제가 없을 것이다.

자원을 공유하기

관계 발달 접근법을 장려하는 논문, 도서, 자료 등 자원을 동료 교사 및
학교 운영진과 함께 이용한다. 예를 들어 뉴펠드 연구소의 동료인 데
보라 맥나마라Deborah McNamara 교수는 수많은 아동기 문제를 다루며 교
사, 학부모, 보호자에게 귀중한 통찰을 제공하는 아주 유용한 웹사이트
(macnamara.ca)를 운영한다. 뉴펠드 연구소의 웹사이트(neufeldinstitute.
org)에서도 다양한 자료를 이용할 수 있다.

교장을 위한 제안

교장은 학교 공동체 안에서 일어나는 모든 상황에 대한 최고 책임자이기에 교직원 교육, 학교 문화, 학부모의 참여, 가장 중요하게는 학생들의 경험에 상당한 영향을 미칠 수 있는 과정 및 절차를 시행할 수 있다.

교장이 새롭게 얻은 통찰을 교직원, 학부모, 학생에게 공유하고 싶을 때, 최대한 긍정적이면서 효과적인 결과를 보장받을 수 있으려면 무엇을 고려해야 할까? 이 책에서 언급한 아이디어와 제안이 모든 내용을 망라하지는 않으며, 이 주제에 대해 엄청난 통찰을 보태줄 분야별 전문가와 연구자가 많기에, 교장은 학교 공동체에 변화를 가져올 최신 연구를 참조하는 편이 좋을 것이다.

이 책을 포함해, 각종 자료, 워크숍에서 새롭게 얻은 통찰을 공유할 때는 사려 깊게 접근하는 것이 대단히 중요하다. 교장이 지나치게 열정과 에너지가 넘치는 모습으로 급하게 추진하려 들면, 교직원과 학부모에게는 반의지 본능이 일면서 부정적인 반응이 일어날 가능성이 생긴다. 누구에게든 새로운 지식을 억지로 주입해서는 효과를 보기 힘들다. 사람들은 보통 변화를 실제로 수용하기 전에 새로운 통찰과 지식을 흡수할 시간과 공간이 필요하기 때문이다.

공통기반을 마련하기

교직원 중에 자연스럽게 당신과 같은 통찰을 공유할 수 있는 사람을 찾아본다. 시간을 마련해서 개별적으로 대화를 나누며, 당신의 계획을 보여준다. 당신과 함께 걸어갈 동료를 찾는 과정도 시간이 걸릴 수 있는 일이기에, 인내심을 갖는 것이 중요하다.

기회를 물색하기

당신이 새롭게 알게 된 내용을 교직원 및 학부모와 공유할 기회를 모색한다. 교직원 회의, 교사 연수 시간, 학부모 위원회 회의, 점심 회의, 방과 후 학생 회의처럼 학교 공동체에 이미 마련되어 있는 시간이나 일정에서 이런 기회를 마련할 수 있다. 또한 북클럽, 점심 연구모임, 현장 연구, 사례 상담 모임처럼 관련 자료를 연구하고 개별 학생 혹은 학생 집단을 대상으로 실행에 옮길 방법을 마련한다.

솔선수범 하기

당신이 통찰력 있는 방법으로 학생들을 도우려 노력하는 모습을 교직원들이 볼 수 있도록, 학생들을 대상으로 새로운 제도와 의식을 시행해 본보기로 보여준다. 새로운 제도와 의식을 시행할 때는 기발한 이름을 붙여주면 좋다. 언어는 효과적으로 문화를 바꾸는 전략이 될 수 있다.

안전한 공간 마련하기

학생들이 보복, 선입견, 후폭풍에 대한 걱정 없이 안전하게 자신의 감정을 표현할 수 있는 공간을 교실과 학교 전체에 마련할 수 있도록 돕는다.

감정의 가치 알아보기

교사 및 직원들이 학생의 감정 발달을 포용하도록 허용한다. 정서적 성장을 우선에 두면 학업 성취가 다소 뒤로 밀려날 수 있는데, 감정 발달 관련 문제가 잘 보살펴질 때 결국 학업 성취도도 향상된다는 것을 명심해야 한다.

언어 선택에 신중하기

학생, 교직원, 학부모에게 개인적으로 사용하는 언어나 질문에 주의를 기울인다. 아래의 표현과 질문은 학생, 교직원, 학부모에게 뭔가 잘 안 풀리는 일이 있을 때 상황을 파악하는 데 도움을 줄 수 있다.

"요즘 무슨 일 있어요?"

"지금 [학생 이름]한테 뭔가 답답한 일이 있는 것 같네요."

"[학생 이류]에게 잘 안 풀리는 일이 있나요?"

"이것 때문에 많이 속상하군요."

"하루 동안(이번 주에, 이번 달에) [학생 이름]가 뭔가 달라진 것 같네요?"

학교 정책 및 절차 자세히 살피기

학교의 징계 규정, 위기 대응법, 감정 및 행동 폭발 대응법, 정학 절차와 같은 정책 및 절차를 자세히 살펴보고 잘못된 점이나 보완할 점이 없는지 확인한다.

조사를 통해 정보 얻기

시간을 내서 학교 문화를 돌아보고 분석한 다음 당신을 도울 대책위원회를 구성하거나 교직원으로 팀을 꾸린다. 학생, 교직원, 학부모, 지역사회를 대상으로 설문조사를 실시하면, 고려할 필요가 있는 시의적절한 정보를 얻을 수 있다.

교직원에게 관심 기울이기

행동 및 감정 문제를 보이는 학생들로 씨름하는 교직원에게 특별한 관심을 기울인다. 그들의 이야기에 공감하며 들어주고, 고충을 덜어주는 것이 시작이다. 행동 및 감정 문제를 보이는 학생들을 이해하고 지원하는 방법을 배워가는 당신의 여정에 그들도 합류하도록 초대해도 좋다.

학생 자료를 모아 분석하기

학생에 관한 자료를 정기적으로 검토한다. 고려해야 할 자료에는 징계 기록, 출석률, 정학 횟수 등이 있다. 이런 자료를 잘 수집해두면 당신이 새로운 제도나 프로그램을 시작한 후 결과를 분석할 때 도움이 될 수 있다.

교류하기

교육청, 지역사회 기관 내 사람 및 자원에 먼저 다가가 새로운 통찰을 향한 당신의 열정을 나누며 도움을 준다. 따로 시간을 내어 상담하고, 가능하다면 당신이 동료 교사들과 함께 하는 북클럽, 동영상 강의 시청, 사례 상담 모임에 합류하도록 초대한다. 비슷한 길을 걷고 있는 다른 교장 또는 학교 운영진을 찾아 교류한다.

자원을 공유하기

논문, 도서, 자료 등의 자원을 동료 교사 및 학교 운영진과 함께 이용한다. 예를 들어 뉴펠드 연구소의 동료인 데보라 맥나마라 교수는 수많은 아동기 문제를 다루며 교사, 학부모, 보호자에게 귀중한 통찰을 제공하는 아주 유용한 웹사이트(macnamara.ca)를 운영한다. 뉴펠드 연구소의 웹사이트(neufeldinstitute.org)에서도 여러 자료를 이용할 수 있다.

상담교사를 위한 제안

상담교사는 학생들을 지원하는 일, 가족 및 학교 양쪽과 자유롭게 교류하는 일에서 몇 가지 특권을 누린다. 그중 하나는 학생들과 일대일로 만나는 시간이 많으므로 개인적인 차원에서 더 섬세한 계획을 세워 접근할 수 있다는 점이다.

학부모와 교사에게 접근할 때도 좀 더 융통성을 갖는다. 예를 들어 학교 상황에 따라 학부모에게 담임 교사보다 더 자주 연락하게 될지도 모른다. 게다가 학생들을 다양한 자원과 이어준다는 측면에서 교사와 직접 협업할 수도 있다.

내가 상담했던 어떤 여학생은 불안 수준이 너무 심해 학업을 방해할 정도였다. 나는 교사에게 아이가 주변의 기대를 감당하기 버거워서 힘들어 하고 있다는 이야기를 전했다. 교사는 더 자세한 내용을 듣지 않고도 아이의 마음을 헤아려 아이에게 어느 정도 맞춰줄 수 있었다. 나는 아이 어머니의 마음도 헤아려, 아이의 감정 표현을 촉진하는 방법을 찾도록 도울 수 있었다. 예술가였던 어머니는 차고에 커다란 캔버스를 갖다 놓고 둘이 함께 잭슨 폴록Jackson Pollock(대형 캔버스 위에 물감을 붓거나 뿌리는 드리핑기법을 개발한 대표적인 추상표현주의 화가-옮긴이) 스타일로 물감을 뿌리는 활동을 마련했다. 내가 한 일은 그저 작은 아이디어를 낸 것이었고, 실행은 어머니의 몫이었다. 결과적으로는 두 사람 모두에게 좋은 치유의 경험이 되었다.

문제 행동 이면의 감정적 토대를 볼 수 있게 되면, 표현과 배출 방법을 찾아주는 일이 더 명확해질 수 있다. 드럼 치기, 콜라주(종이 위에 그림, 사진, 천, 나뭇잎 등 온갖 재료를 오리거나 찢어 붙여 작품을 완성하는 미술 기법의 일종-옮긴이), 밖으로 나가 운동장 트랙 걷기, 축구공 차기 등 아주 다양한 활동 중에서 방법을 직접 찾아주거나, 음악 교사, 미술 교사, 체육 교사와 학생을 맺어줄 수도 있다. 상담교사가 자신의 역할을 '연결하는 이'로 받아들인다면, 오로지 혼자만의 힘으로 해결책을 마련해야 한다는 부담을 덜 수 있을 것이다. 주변의 여러 사람, 다양한 자원을 충분히 활용하면, 학생들 앞에 놓인 장애물을 제거하고 정서적 안전이 생겨날 환경을 마련하는 데 도움을 줄 수 있다.

상담교사가 고려해볼 만한 몇 가지 방법을 다음과 같이 제시한다. 그 외 다른 방법도 얼마든지 생각해볼 수 있다.

눈물을 보일 수 있는 안전한 공간 마련해주기

학교 상담교사만이 누리는 또 다른 특권은 학생들이 눈물을 보일 수 있을 만큼 안전한 공간을 만들어줄 수 있다는 것이다. 모든 아이에게는 마음껏 울 수 있는 안전한 장소가 필요하다. 상담교사 시절, 나와 함께 자주 대화를 나누며 경계심을 푼 어느 남학생이 기억에 남는다. 아이는 살면서 자신이 통제할 수 없었던 일들을 너무나 많이 겪었다. 규칙적인 상담 과정을 통해 상담실에서는 충분히 안전하다는 느낌을 받자, 아이는 이내 폭포수처럼 눈물을 쏟아내기 시작했다. 그날 이후로는 상담실에만 들어서도 눈에 눈물이 그렁그렁했다. 나에게 주어진 과제는 아이의 퉁퉁 부은 눈을 다른 아이들이 눈치채지 못하게 하면서 아이를 자연스럽게 교실로 복귀시키는 일이었다.

편안한 상담 환경 조성하기

나는 초, 중, 고등학생들을 모두 상대했기에, 상담실에 관심사가 다양한 전 연령대의 아이들을 끌어들일 만한 온갖 물건을 갖춰 놓았다. 너무 위협적이거나 취약하지 않은 방식으로 아이들과 함께 즐길 수 있는 게임도 마련해두었다. 이렇게 하면, 아이들이 더 편안하게 마음의 문을 열게 되는데, 상담이라기보다는 자연스럽게 대화하는 느낌을 주기 때문이다. 상담 시 자신의 마음이나 감정을 시로 표현하는 활동을 하면, 감정을 표현하는 언어의 폭을 넓히고 자기 내면의 감정에 닿게 할 수 있다. 시를 스티커로 꾸미는 활동도 시도해 볼 수 있는데, 스티커 붙이기는 글쓰기나 그림 그리기에 비해 덜 부담스러운 느낌을 주기 때문이다.

놀이를 지지하기

어떤 부모들은 아이의 일과 속에 놀이를 더 많이 도입해야 한다는 의견에 열린 마음을 갖고 있을 것이다. 그런 부모들에게도, 그저 놀면서 좌절감을 배출할 공간을 만들어주는 것만으로도 아이의 공격성을 낮춰 학교 내 문제 행동을 줄일 수 있다는 것은 새로운 정보일 수 있다. 어떤 부모들은 당신의 도움과 지원을 받고 싶어 할지도 모른다. 열정 넘치는 부모에게는 놀이 시간을 따로 떼어놓거나 일과를 만들라는 조언을 할 수 있을 것이다. 놀이는 다른 환경에서라면 적절하지 않다고 느껴질 만한 행동을 실험하고 표현해볼 안전한 장소 역할을 하기에, 아이가 악당 역할을 맡거나 거칠고 나쁜 모습을 보인다 해도 크게 걱정할 필요가 없다는 것을 기억하자.

아이를 자신의 부모와 맺어주기

부모가 자녀의 좋은 면을 바라볼 수 있도록 도와주면 유대를 키우는데 놀라운 힘을 발휘할 수 있다. 부모에게 아이의 긍정적인 면에 대해 자주 이야기하자.

주도적으로 움직이기

만약 전학생이 유난히 불안이나 공격성이 높아 보이면, 첫 등교일 전에 하루 날을 잡아 학생이 당신과 담임교사를 만날 기회를 마련해줄 수 있다. 이는 첫째 날이 주는 긴장을 낮춰, 더욱 수월한 모으기 및 관계 맺기가 가능한 여건을 만들어준다. 또한, 이 시간을 활용해 아이가 특별히 관심을 두는 것을 알아낼 수 있고, 가능하다면 축구코치, 미술 교사, 음악 교사 등 다른 교사들에게 아이를 소개해줄 수도 있다. 이렇게 일대일로 관계를 맺는 시간은 학생의 정서적 안전을 크게 높여줄 뿐만 아니라 관계의 기반도 다져줄 것이다.

해나가 전하는 감사 인사

부모가 되는 인생의 가장 큰 축복을 경험하게 해준 나의 자녀들 토마스, 매들린, 에반에게 감사의 마음을 전합니다. 세 아이가 아동과 교육을 향한 내 안의 열정에 불을 지펴주었고, 모든 아이에게 도움을 주고 싶다는 열망에 기름을 부어주었습니다. 자료 조사를 도와주고 교육에 관한 여러 주제로 길고 열띤 대화를 나눠준 토마스에게 감사를 전합니다. 책에 등장하는 학생들의 가명을 정하는 일을 도와주고 아낌없는 응원을 보내준 매들린과 책 제목 및 표지를 정하는 데 창의적인 아이디어를 제공해준 에반에게도 고마운 마음을 전합니다.

수년간 나에게 마음의 문을 열어준 내 학생들에게도 감사의 마음을 전합니다. 여러분을 가르칠 수 있어서 이루 말할 수 없이 행복했고, 여러분은 내 삶을 즐거움으로 가득 채워주었습니다. 여러분은 각자 자신만의 특별한 방식으로 내 마음의 지평을 넓혀줘, 내가 교육자로 성장할 수 있게 해주었습니다.

남편인 달시는 늘 내가 하는 일에 확고한 믿음을 보여주었고, 내가 출장을 가고 집필 작업을 하며 수업을 하고 아이들의 성장을 돕는 일을 계속해 나갈 수 있도록 힘을 주는 정신적 지주가 되어주었습니다. 당신의 지원과 사랑이 없었다면, 여기까지 오지 못했을 거예요.

힘이 되어준 부모님, 형제자매, 친구들에게도 감사를 전합니다. 가족들의 응원이 아주 큰 힘이 되었습니다.

집필 과정 내내 계속해서 응원을 보내준 케이에타 와이트Caieta Whyte, 처음부터 한결같은 믿음을 보내주신 스티븐Steven과 쉘리 웰크너 Shelley Welchner에게도 감사드립니다. 여러분이 제가 보지 못한 것을 봐준 덕분에 저도 새로운 눈을 가질 수 있었습니다. 여러분의 절대적인 지지 덕분에 이 책이 세상에 나올 수 있었습니다.

타마라가 전하는 감사 인사

최고의 스승이 되어주었을 뿐만 아니라, 최고의 기쁨을 안겨준 두 딸 키아라와 시네드에게 감사를 전합니다. 그들이 없었더라면, 그들을 통해 배우지 못했더라면, 그들이 날마다 내 삶에 가져다준 것이 없었더라면, 나는 이 자리에 없었을 겁니다.

열린 마음으로 학습에 임하며 내가 가르치는 일을 얼마나 사랑하는 사람인지 깨닫게 해준 학생들에게도 감사의 마음을 전합니다. 나에게 영감을 주고, 내 마음을 자극하며 내 개인적인 학습 여정에도 중요한 교훈을 주었습니다.

새로운 시선으로 아이들을 이해하는 고무적인 이론을 만들어주시고, 이러한 메시지를 세상에 널리 전하는 일을 곁에서 함께 할 수 있는 특별한 기회를 누리게 해주신 나의 아버지, 고든 뉴펠드 박사께 감사드립니다. 아버지가 발달과학 분야에 미친 지대한 공헌과 아이들을 이해하는 일에 바치신 헌신에 감사드립니다. 박사님의 연구는 전 세계 수많은 아이의 삶을 변화시키고, 아이들의 인생에서 '돌봐주는 어른'의 역할이 필수적이라는 사실에 눈뜨게 해주었습니다.

　　또한 강의를 진행하고, 애착 기반 발달 접근법으로 얻은 통찰을 나누며, 보이는 곳에서나 보이지 않는 곳에서 아이들을 보살피는 일에 온 힘을 다해주시는 뉴펠드 연구소에 계신 모든 멋진 분들께도 감사의 인사를 전합니다.

　　이 모든 과정에서 매 순간 아낌없는 응원과 격려를 보내주신 어머니, 내가 하는 모든 일에 확고하고 지속적인 지지를 보내주는 제네비브께도 감사드립니다. 이번 책 작업에서는 특히 더 많은 힘이 되었습니다.

　　언제나 힘을 주는 리안과 내가 나만의 색깔을 찾도록 도와준 트리나, 책 작업을 포함해 어떤 일에서든 내 곁에서 온갖 고민거리를 상담해주는 타샤, 나를 무조건 믿어주고 이번 책 작업에도 열렬한 응원을 보내준 캐시에게도 감사드립니다.

　　하늘에서도 계속해서 저를 응원해주시는 할머니 두 분께도 감사드립니다. 저를 부르는 앤 할머니의 목소리가 지금도 귓가에 울려 퍼지고, 중심을 잃지 않도록 저를 잡아주시고 격려해주시는 할머니의 모습은 제 마음속에서 변함없습니다. 그러네티 할머니께서 '불가능하다는 건 그저 시간이 조금 더 걸리는 일'이라고 해주신 말씀은 가슴 속에 깊이 새겨놓았습니다. 교육과 젊은이를 향한 할머니의 열정을 전하는 일에 이 책으로 작게나마 기여할 수 있길 바랍니다.

그리고 더 나은 세상을 만드는 일에 함께해주신 세계 각국의 독자 여러분께 진심으로 감사의 마음을 전합니다.

1) 지두 크리슈나무르티Jiddu Krishnamurti의 말은 1950년 1월 22일 Colombo Ceylon 2nd Radio Talk 프로그램의 〈Relationship〉에서 인용했다.

2) 켄 로빈슨의 말은 2008년 풀 세일 대학교(Full Sail University) 동영상 강의 녹화본 〈Developing Imagination in Education〉에서 인용했다.

3) 또래 지향성을 살펴보려면 고든 뉴펠드Gordon Neufeld와 가보 마테Gabor Maté가 쓴 《아이의 손을 놓지 마라》(김현아 옮김, 북라인, 2018)를 참조하자.

4) 셰리 터클Sherry Turkle, 《외로워지는 사람들》, 이은주 옮김, 청림출판, 2012

5) 데이빗 엘킨드David Elkind, 《놀이의 힘》, 이주혜 옮김, 한스미디어, 2008

6) 안토니오 다마지오Antonio Damasio, 《The Feeling of What Happens》, Houghton Mifflin Harcourt, 1999 / 고든 뉴펠드, 2019년 뉴펠드 연구소 강의 〈Science of Emotion〉

7) 고든 뉴펠드, 2011년 뉴펠드 연구소 강의 〈Teachability Factor〉

8) 1964년도에 출간한 이솝우화 《The North Wind and the Sun》을 개작했다.

9) 앨리스 슈머혼Alice Schermerhorn, 2018년 3월 13일 〈Journal of Social and Personal Relationships〉에 실린 〈Associations of Child Emotion Recognition with Interparental Conflict and Shy Child Temperament Traits〉를 참조했다.

10~11) 관계의 기반을 닦고 관계를 유지하는 행동을 나타내는, 이해하기 쉽고 직관
적인 표현인 '모으기, 다리 놓기, 맺어주기'는 고든 뉴펠드 박사가 만들었다.

12) 헨리 데이비드 소로Henry David Thoreau의 말은 그가 1851년 8월 5일 작성한 일기
에서 인용했다.

13) 이 주제에 대한 더 자세한 내용을 살펴보려면 셰리 터클의《외로워지는 사람들》
과 마리 K. 스윙글Mari K. Swingle의《i-Minds》(NewSocietyPub, 2019)를 참조하자.

14) 슈머혼, 〈Associations of Child Emotion Recognition with Interparental
Conflict and Shy Child Temperament Traits〉

15) 낙하산 예시는 퀘벡 지역 내 양육 지원 센터(Nurturing Support Centres)에서 활동
하고 있는 마틴 디머스Martine Demers의 이야기를 참조했다. 더 자세히 살펴보려면
웹사이트(cebm.ca.)를 참조하자.

16) 진 나카무라Jeanne Nakamura · 미하이 칙센트미하이Mihaly Csikszentmihalyi, 〈The
Concept of Flow〉 / 실비 프리곤Sylvie Frigon, 《Dance》 / 해나 비치Hannah Beach,
《I Can Dance My Feelings》

17) 제임스 베이 커뮤니티 스쿨에 관한 자세한 내용은 홈페이지(jamesbay.sd61.bc.ca.)
를 참조하자.

18) 공감의 뿌리(Roots of Empathy) 프로그램에 관한 더 자세한 내용은 홈페이지
(rootsofempathy.org.)를 참조하자.

19) 매들렌 렝글Madeleine L'Engle의 말은《A Circle of Quiet》(Farrar Straus Giroux, 1972)
에서 인용했다.

20) 프레드 로저스Fred Rogers의 말은《You Are Special》(Running Press, 2002)에서 인
용했다.

21) 피터 레이놀즈Peter Reynolds,《느끼는 대로》, 엄혜숙 옮김, 문학동네어린이, 2004

22) 장 바니에Jean Vanier,《인간 되기》, 제병영 옮김, 다른우리, 2010

23) 새러 클레이든Sarah Claydon, 2018년 3월 29일 CBS 라디오, 〈The Science
Behind Why Choir-singing Is Good for You〉

24) 로빈슨, 2018년 4월 2일 TED-Ed 블로그, 〈Why Dance Is Just as Important
as Math in Schools〉

25) 샬럿 스벤들러 닐슨Charlotte Svendler Nielsen · 스테파니 버릿지Stephanie Burridge,

《Dance Education around the World》, Routledge, 2015

26) 로빈슨 · 루 애로니카Lou Aronica, 2018년 4월 2일 TED-Ed 블로그, 〈Why Dance Is Just as Important as Math in Schools〉/《누가 창의력을 죽이는가-표준화 가 망친 학교 교육을 다시 설계하라》, 최윤영 옮김, 21세기북스, 2019

27) 비치, 《I Can Dance My Feelings》, Tournesol Dance, 2011

28-29) 조나단 맨들Jonathan Mandell, 2013년 5월 29일 뉴욕극장 블로그, 〈Our Town in Sing Sing Prison〉

30) 프리곤, 《Dance》, 오타와대학 출판부, 2019

31) 즐릴 뷔스나흐Zlil Busnach, 〈Arts Education in Finland〉

32) M.J. 퓌렁Furlong · R. 길먼Gilman · E.S. 휴브너Huebner, 《학교긍정심리학2》, 김광수 외 5인 옮김, 학지사, 2018

33) 팀 워커Tim Walker, 2016년 12월 〈This Is Finland〉 사이트, 〈The Simple Strength of Finnish Education〉

34) 퓌렁 · 길먼 · 휴브너, 《학교긍정심리학2》

35) 워커, 〈The Simple Strength of Finnish Education〉

36) 퓌렁 · 길먼 · 휴브너, 《학교긍정심리학2》

교사는 어떻게 아이의 삶을 바꾸는가

초판 1쇄 발행 2022년(단기 4355년) 1월 25일
초판 4쇄 발행 2023년(단기 4356년) 4월 14일

지은이 | 해나 비치 · 타마라 뉴펠드 스트라이잭
옮긴이 | 박영주
펴낸이 | 심남숙
펴낸곳 | ㈜ 한문화멀티미디어
등록 | 1990. 11. 28. 제 21-209호
주소 | 서울시 광진구 능동로 43길 3-5 동인빌딩 3층 (04915)
전화 | 영업부 2016-3500 편집부 2016-3507
홈페이지 | http://www.hanmunhwa.com

운영이사 | 이미향
편집 | 강정화 최연실
기획 · 홍보 | 진정근
디자인 · 제작 | 이정희
경영 | 강윤정 조동희
회계 | 김옥희
영업 | 이광우

만든 사람들
책임편집 | 한지윤 디자인 | 풀밭의 여치blog.naver.com/srladu
인쇄 | 천일문화사

ISBN 978-89-5699-423-9   03370